本书为国家自然科学基金项目（批准号 41971416）阶段性研究成果，获项目经费资助
本书获中国海洋大学一流大学建设专项经费资助

北极地区海洋划界与
北极航运法律问题研究

刘惠荣　　马炎秋　　主编

中国海洋大学出版社
· 青岛 ·

图书在版编目(CIP)数据

北极地区海洋划界与北极航运法律问题研究 / 刘惠荣,马炎秋主编 . -- 青岛:中国海洋大学出版社,2024.12. -- ISBN 978-7-5670-4033-5

Ⅰ. D993.5

中国国家版本馆 CIP 数据核字第 2024JC8771 号

出版发行	中国海洋大学出版社			
社　　址	青岛市香港东路 23 号		邮政编码	266071
出 版 人	刘文菁			
网　　址	http://pub.ouc.edu.cn			
订购电话	0532-82032573(传真)			
责任编辑	邵成军　刘怡婕		电　　话	0532-85902533
印　　制	日照日报印务中心			
版　　次	2024 年 12 月第 1 版			
印　　次	2024 年 12 月第 1 次印刷			
成品尺寸	170 mm ×240 mm			
印　　张	13.5			
字　　数	214 千			
印　　数	1—1 000			
定　　价	79.00 元			

序
PREFACE

　　1982 年《联合国海洋法公约》（以下简称 1982 年《公约》）规定了基线以及从基线量起的外部海域的界限，分别设立了领海、毗连区、专属经济区、大陆架等管辖海域，各区域均给沿海国及其国民规定了一系列权利和义务，同时他国及其国民在这些区域内也享有某些权利。确定沿海国领海基线的位置是确定不同海洋管辖区的必要前提。基线本身虽然不能起到扩大领海范围的作用，但选择在何处划定基线以及选择怎样的基线，对沿海国的主权管辖范围是有直接影响的。1982 年《公约》确定了沿海国可以根据本国的自然地形来采用正常基线、直线基线或混合基线，但由于公约规定得不明确，导致各国的领海基线的标准不统一，引起有关国家的划界争端。而且，1982 年《公约》仅规定了群岛国基线，大陆国家远洋群岛在海洋法中的地位则未予规定，而大陆国家远洋群岛基线的确定是解决当前沿海国之间海洋划界问题的关键所在。大陆国家的远洋群岛在国际法上具有怎样的地位以及可以主张怎样的权利，这一问题在国际法学界一直存在争议，而在国际法层面上对于上述问题并没有明确的规定和结论。作为各国利益协调的产物，1982 年《公约》也存在一定的局限性，面临着谈判时未能充分认知的问题和无法预见的新挑战，海平面上升对基线及基线外部海域法律地位的影响就是一个典型问题。

　　海洋边界的确定不仅对各国国家主权和管辖范围内的海洋区域有直接影响，也关系到这些国家在海洋渔业、海洋科学研究和海洋生物资源、矿物和石

1

油资源、航海与其他海洋利用方面的权利。伴随着人类对海洋研究与开发的深入,海洋法也面临着新的挑战,北极法律问题恰是这种挑战的体现。北极域内国家出于自身国家利益的考虑,在制定和北极相关的法律时,一般都会突出本国的主张,维护本国的权益,而这些法律往往会和国际法中各国所共同认可的一些规则发生冲突。北极当下面临的问题错综复杂,其中外大陆架划界问题是最为棘手也是最为重要的一个。这一问题不仅涉及北极的丰富资源最终花落谁家,也涉及北极地区的后续治理问题,同时还涉及国际社会共同海底区域的大小问题。

随着北极地区冰层逐渐消融,北极航道中西北航道和东北航道的法律地位和法律规则的适用等问题,日益受到国际社会的关注。极地恶劣的气候和脆弱的环境,对该地区近乎空白的船舶航行管理提出了更高的要求,加之北极域内国家国内法对航行的规定较为零散和严苛,国际社会呼吁出台统一的极区航行规则,《国际极地水域航行船舶规则》(以下简称《极地规则》)应运而生,而北极重油禁令和控制北极黑碳排放决议等则弥补了《极地规则》的不足。

因北极独特的地理位置和地缘政治环境,非北极国家参与北极地区的开发与利用存在障碍,而1920年缔结的《斯匹次卑尔根群岛条约》(以下简称《斯约》)使斯匹次卑尔根群岛成为非北极国家参与北极地区开发利用的一个例外。《斯约》规定挪威对斯匹次卑尔根群岛连同熊岛等"具有充分和完全的主权",但各缔约国的公民可以在遵守挪威法律的范围内自由出入该岛,无需签证,享有在斯匹次卑尔根群岛地域及其领水内的捕鱼、狩猎权,开展海洋、工业、矿业、商业活动的权利和开展科学调查活动的权利。中国作为非北极国家,其开发利用北极的权利很大程度上取决于对北极国际海底区域范围的认定和《斯约》的适用范围。

中国在地缘上是"近北极国家",是陆上最接近北极圈的国家之一,并依据《斯约》、1958年《领海与毗连区公约》(以下简称1958年《公约》)、1982年《公约》等国际条约和一般国际法在北冰洋公海、国际海底区域等海域和特定区域享有科研、航行、飞越、捕鱼、铺设海底电缆和管道、资源勘探与开发等自由或权利。因此,北极地区海洋划界结果关乎包括我国在内的所有非北极沿岸国的切身利益。

本书正文由三部分组成,分别为北极海洋划界的法律依据、北极地区海洋划界、北极开发利用。第一部分分为三章:第一章通过公约对正常基线、直线基线的有关规定以及各条款之间的紧密联系来分析领海基线和基点的划定;第二章主要介绍1982年《公约》对群岛国基线的规定以及大陆国家远洋群岛基线划定的国家实践以及习惯国际法依据;第三章首先介绍了基线外部海域的划定及其法律地位,然后就海平面上升对基线外部海域法律制度可能产生的影响予以概括。在第一部分的基础上,第二部分就北极地区的海洋划界展开讨论,由环北极八国海洋划界和北极地区200海里外大陆架划界两章组成,第四章主要阐述了美国、俄罗斯、加拿大、丹麦、挪威、芬兰、瑞典和冰岛等北极国家与划界有关的海洋立法和划界主张等;第五章首先介绍了200海里外大陆架划界规则的特殊性及其适用标准,并对作为专门处理200海里外大陆架外部界限划定问题的专业性技术机构的大陆架界限委员会的法律性质、职责、委员会"建议"的依据、性质和效力进行分析,在此基础上,列举了目前环北极国家提交的申请案,从申请案的审议结果来分析阻碍划界通过的各种缘由以及其中的利害关系。第三部分北极开发利用分为两章,第六章首先分析北极航道法律地位及相关国内法,然后介绍有关北极航运法律法规,并就我国船舶北极商航面临的民事责任问题予以探讨;第七章基于《斯约》,从《斯约》的制定背景、《斯约》赋予缔约国的权利内容以及《斯约》的适用争议等方面进行探讨。

马炎秋

2024年8月

目 录
CONTENTS

第一部分
北极海洋划界的法律依据

　　量算领海的宽度要有一条起点线。这条起点线在海洋法中被称为"领海基线"。确定沿海国基线的位置是确定不同海洋管辖区域的必要前提,基线内向陆地一侧的水域称为内水,向海的一侧依次是领海、毗连区、专属经济区、大陆架等管辖海域。基线上的基点,对于确定与邻国的海洋边界非常重要,特别是对于那些以中间线为基础划定的边界。每个基点和每条基线的确立,都表明着国家领土和管辖范围的主张。[①]1982 年《公约》对内水、领海、毗连区、专属经济区、大陆架的法律地位和法律制度均作出规定,因而领海基线具有非常重要的作用。

---

① 李令华. 中国海洋划界与国际接轨的若干问题[J]. 中国海洋大学学报:社会科学版,2005(1):3.

第一章
确定领海基线的一般方法

  在现代国家海洋区域划定的制度中，领海基线制度是一个基础却非常重要的问题。对于一个沿海国家而言，不论是要确定自身可管辖海域范围的外部界限，还是要解决与他国的海域界限划定争议，首先要做的就是划定其领海基线。

  起初，领海的测算都是从海岸开始的，起点则是通常所说的陆地上的海岸，一般是指高潮线。现代基线概念的形成可以追溯到 19 世纪初。1805 年，西班牙船"安娜号"在墨西哥湾内距离美国大陆 3 海里以外但距离密西西比河口的一些冲积岛屿约 2 海里的地方被一艘英国私掠船捕获。美国于 1793 年接受 3 海里的领海宽度，而确定案件管辖权首先需要解决的是从何处起算美国的领海：如果从美国大陆海岸线起算，则捕获的位置在美国领海 3 海里之外；如果从密西西比河口的小岛起算，则在美国的领海之内。虽然案件被提交英国捕获法院，但法院认为，岛屿作为临近海岸形成的天然附属物，国家对其保有统治权，因为对领土的保护应从这些岛屿开始。被捕获的船只位于美国领水之内，应予以释放并交由美国处理。"安娜号"事件之后，领海基线问题开始被各国重视，并作为一个法律概念逐渐被各国实践和国际条约所采用。①

  在国际实践中，领海基线主要有正常基线、直线基线、混合基线三种，对此 1982 年《公约》第二部分第二节作出专门规定，并规定沿海国有权根据实际情况决定采用正常基线法、直线基线法或者混合基线法来确定领海基线。1982 年《公约》对具体的划法并未规定统一的标准和规则，导致各国的领海基线的标准不统一，引起有关国家的划界争端，而直线基线的适用成为国际上突出的

---

① 刘楠来，周子亚，王可菊，等. 国际海洋法[M]. 北京：海洋出版社，1986：52-53.

问题之一。

第一节　正常基线

正常基线也称自然基线,是沿海国官方承认的大比例尺海图所标明的海岸低潮线(零米线),即无论是在大陆旁、半岛侧或者岛屿四周者,以海水落潮时海水退到离岸最远的潮位线——低潮线,作为测算领海的基线。[①] 正常基线的一般定义包含 1982 年《公约》第 5 条、第 6 条、第 11 条和第 13 条所述的要素,即沿大陆海岸和岛屿周围的低潮线(包括永久海港工程的外缘线)、某些低潮高地的低潮线,以及岛屿周围的环礁和岸礁的向海低潮线。[②]

正常基线多适用于海岸线比较平直的沿海国。当沿海国海岸线比较平缓且邻接海岸没有分散众多岛礁、岩石和港口设施时,应采用正常基线。由于一国海岸线不可能完全平缓且没有入海口、海湾、岛礁、港口设施等,所以完全采用正常基线的国家比较少,一般都是在海岸平缓处采用正常基线,而在海岸特殊地理位置采用直线基线。

一、正常基线的确定标准

1982 年《公约》第 5 条规定,除本公约另有规定外,测算领海宽度的正常基线是沿海国官方承认的大比例尺海图所标明的沿岸低潮线。

(一)低潮线的确定

最早规定从低潮线起算领海的是 1839 年的《英法渔业条约》,此后一些沿海国在有关管辖海域的国内立法、双边或多边条约中,采用沿岸低潮线作为基线,并逐渐形成国际习惯。[③] 到 1920 年,虽然作为领海基线的"低潮线"应以何种潮汐数据为确定标准尚未达成共识,但为了海洋划界的目的,大部分沿海国

---

① 蒋新宁. 有关领海基线的国际法规则[J]. 求实,2005(2):203.

② 国际海道测量组织,国际大地测量协会. 1982《联合国海洋法公约》技术手册(中文版)[M]. 北京:海洋出版社,2022:51.

③ 华敬炘. 海洋法学教程[M]. 青岛:中国海洋大学出版社,2009:74.

将其法律上的基线定义为"海岸的低潮线"。^① 由于低潮线是最向海心的陆海交界线,沿海国以低潮线为领海基线所能获得的管辖海域范围最大。因此在确定领海基线时,低潮线逐渐获得沿海国的青睐。

在国际联盟主持的 1930 年海牙国际法编纂会议召开之前,对于筹备委员会关于"领海基线是海岸的低潮线还是海岸、岛屿或岩礁最外缘各点之连线,抑或是其他任何线"的问卷调查,绝大多数国家回复低潮线是合适的基线。但是当时存在着如垂直基准面、海图基准面等多种划定低潮线的方式,且并无任何国际公约或者协定就"何种方法在划定作为正常基线的低潮线时具有更高效力"这一问题作出明确规定,各国实践中也并不存在相对一致的标准。德国认为应当采用"沿海国……在海图中所示的海平面",而美国则认为"低潮标(Low-water Mark)应当是沿海国为特定海岸所采用的(标识)"。^②1930 年海牙会议负责划界问题的第二委员会所提交的草案采用的表述为"低潮线是官方所承认之海图中所标识的线,只要其不明显偏离平均大潮线"。这实际上是在选择继续认可各国自己的海图中的情况下,附加了"不明显偏离平均大潮线"这一条件,从而避免了各国实践的过大差异。海牙国际法编纂会议虽然最终没有形成正式文件,但是以低潮线作为领海基线的海洋法实践在编纂会议上获得了认可。至此,低潮线替代了模糊的"蜿蜒海岸线",成为国际认可的沿海国领海基线。^③

在 1958 年《公约》的起草过程中,对于基线的划定,出于对航海人员面临的实际困难的考虑,国际法委员会的一个专家委员会提出,测量领海宽度的基线应当是可得的沿海国官方所承认的最大比例尺的海图上所标识的低潮线。这里的"最大比例尺海图"是指任何谨慎的航海员在航行至近岸时都会参考的海图。这一建议被国际法委员会采纳,并成为 1958 年《公约》第 3 条的基础,亦被 1982 年《公约》第 5 条几乎完全照搬。

① W. Michael Reisman and Gayl S. Westerman. *Straight Baselines in Maritime Boundary Delimitation*[M]. London: Palgrave Macmillan, 1992: 10.

② Judge Dolliver Delson and Coalter Lathrop. *Baselines Under the International Law of the Sea*[M]. Brussels: International Law Association, 2012: 546.

③ S. W. Boggs. Delimitation of the Territorial Sea: The Method of Delimitation Proposed by the Delegation of the United States at the Hague Conference for the Codification of the International Law[J]. *The American Journal of the International Law*, 1930(2): 545.

对于何为低潮线,1982年《公约》并未加以定义,学界存在不同的解释。一种解释是平均低潮线,即在若干大潮过后,取几次海水退落较低的低潮线位,而得出的平均低潮线,这样可把领海的外部界限尽可能地推到距离海岸最远的地方。这种平均低潮线又可分为大潮平均低潮线(月球一年中最大倾斜角为23.5度的24小时期间内两股连续低潮所形成的平均高度)和小潮平均低潮线(两周内两股连续低潮所形成的平均高度)。另一种解释则出于尽量为船舶航行提供安全保障使船舶不致搁浅的考虑,选择历史记载的最低潮线来定义"低潮线"。所谓最低潮线,海洋学上叫作潮位零米线,由于是历史的记载,也只是理论上的存在,实际上并非某一海岸的真正的最低潮线。[1] 在海潮范围广而海底坡度小的海岸区域,这些最低潮线往往可能在大潮平均低潮线向海若干海里处,从而扩大了沿岸内水的范围。还有一种解释用"零米等深线"这一用语代替低潮线,但这种解释并未为国际法律文件所采纳。[2]

虽然以低潮线作为测算领海宽度之正常基线更为实际,易于测量,合乎习惯,但低潮线处于变化的状态中,海岸轮廓的不规则增加了确定适当低潮线的复杂性。[3] 选择的低潮线越低,正常基线就位于向海越远的位置,这使其领海的界限向海推进。因而沿海国通常更倾向于使用最低的垂直基准面。1958年《公约》和1982年《公约》均未对在海图上描绘低潮线以用来确定正常基线的垂直基准面作出规定。因此,各国使用不同的基准面提供一系列的低潮线,由此产生争议空间。[4]

(二)官方承认的大比例尺海图

海图是一种精确测绘海洋水域和沿岸地物的专门地图,其在表示的内容和表示方法上明显区别于普通地图(陆图)。只有海图会标明低潮线、低潮高地、干礁等海洋地物。海图为一国划定领海基线提供了基础地理数据,因此,一国

---

① 蒋新宁. 有关领海基线的国际法规则[J]. 求实,2005(2):203.

② 在第一次海洋法会议上,法国代表曾提出这样的主张,但由于普遍认为"零米等深线"在不同的国家可能有不同的含义,因而未被接受。1930年海牙国际法编纂会议曾经对低潮线作出解释,认为低潮线不得与平均大潮低潮线相距过远。

③ [美]路易斯·B. 宋恩,克里斯汀·古斯塔夫森·朱罗,约翰·E. 诺伊斯,等. 海洋法精要[M]. 傅崐成,等译. 上海:上海交通大学出版社,2014:56.

④ Victor Prescott and Clive Schofield. *The Maritime Political Boundaries of the World* [M]. 2nd Edition. Leiden:Martinus Nijhoff Publishers,2005:95-96.

海图制定方式的偏好直接影响着该国最终领海基线的划定结果。1982年《公约》第5条规定的正常基线是沿海国官方承认的大比例尺海图所标明的沿岸低潮线,这就要求海图是"官方承认的海图"且是"大比例尺海图"。

一般而言,绝大多数沿海国会出版自己的海图,并在其上详细标注该国海岸及离岸海洋地形地物的具体位置及数据参数。但不排除由于经济、技术等条件所限,某些沿海国没有自己的海图,在此情形下,应当采用承担了该国海岸及离岸海洋地形地物的具体位置及数据参数测绘工作的国家所制作的海图,此时该海图具有"官方承认的海图"的地位。①

鉴于海图的重大功用之一即在于引导船舶适航以避免搁浅等海难事故的发生,因此在海图制作中,多数沿海国倾向于选择将历史上出现过的最低潮的位置作为海图低潮线的标准。此举固然可以为航海提供更为可靠的安全保障,但同时也导致了一个最为直接的法律后果,即扩大了领海基线与海岸的距离,进而扩大了沿海国的内水范围,从整体的视角而言,也就是扩大了沿海国的海洋权益边界。

根据1982年《公约》第16条的规定,直线基线、封口线(或由此产生的界限)和划界线应标示在适当比例尺的海图上,且能确定其位置,或者用列出各点的地理坐标并注明大地基准点的表来代替。"适当比例尺"要求所选比例尺应足够大,能覆盖有关区域并确保其准确性。而海图上各种线和其他要素绘制的准确性与比例尺相关。根据《1982〈联合国海洋法公约〉技术手册》的规定,比例尺选择的标准是所确定的领海基线和边界线的精度能够达到沿海国初始编制海图的精度。对于专属经济区和大陆架界限,适当比例尺范围通常为1∶100 000至1∶1 000 000,而描述领海内领海基线、界限和边界的比例尺应为1∶50 000至1∶100 000。在所使用的各种比例尺下,绘图误差(在纸上约为0.5毫米,相当于绘制墨水线的宽度)大致如下:比例1∶50 000≈10米;比例1∶200 000≈40米。②

正常基线取材于有实际地理基础的低潮线,而海图上虽然也标注低潮线,但海图低潮线与实际低潮线之间是可能存在差异的,而这直接关系到海图在正

---

① 周江. 正常基线中海图的效力[J]. 社会科学辑刊,2017(6):109.

② 国际海道测量组织,国际大地测量协会. 1982《联合国海洋法公约》技术手册(中文版)[M]. 北京:海洋出版社,2022:40.

常基线中的效力问题。对此,理论及实务界有两种不同的看法。一种观点认为,海图上标注的基线(通常就是低潮线)具有当然的法律拘束力,而不管该沿海国海岸的实际情况,即使是该国海岸已经发生自然或者人为的变化,只要在其官方承认的海图中没有反映,那么海图上的基线仍然是具有法律拘束力的。如国际海洋法法庭前法官安德尔森(Anderson)认为,从性质上讲,低潮线也并非完全不确定的(Completely Ambulatory),它不是最后一次退潮的线,也不是在批准或加入 1982 年《公约》那一天的线,而是当前沿海国颁布的大比例尺海图上所示的线,如果该沿海国没有颁布这样的大比例尺海图,那就是该沿海国认可的海图上所示的线。这些线与海图一样保持不变(Remains Fixed),除非进行了新的勘察或采用了新的海图基准。① 另一种观点认为,1982 年《公约》中的低潮线是实际低潮线(Actual Low-Water Line)而非海图中所标识的低潮线(Charted Line)。② 尽管海图是重要的参考依据,但由于正常基线不稳定的本质特征,其会随着低潮线因海水侵蚀(Erosion)、沉积(Deposition)、海岸上人工构筑物等原因所产生的变化而变化,因此海图上的领海基线并不是具有当然法律拘束力的基线,具有法律拘束力的基线应当以实际的基线(低潮线)为准。③ 学界和国际司法实践也基本认同后一种观点。联合国海洋事务与海洋法办公室在其编著的《基线:对联合国海洋法公约相关条款的检视》中表示,沿海岸的低潮线是一个事实而不管其在海图上的呈现状况如何。④ 在尼加拉瓜诉洪都拉斯领土和海洋争端案中,双方未将海图作为证据提交法院,而是用卫星云图来试图证明低潮线的实际位置。法院判定,没有在实际低潮线上的基点不能被用作基点。⑤ 在圭亚那诉苏里南海洋划界案中,当事人双方均不认可经过官方承认的

① David Anderson. *Modern Law of the Sea-Selected Essays*[M]. Leiden:Martinus Nijhoff, 2008:453-454.

② Judge Dolliver Delson and Coalter Lathrop. *Baselines Under the International Law of the Sea*[M]. Brussels:International Law Association,2012:548.

③ Lewis,M. Alexander. Baseline Delimitations and Maritime Boundaries[J]. *Virginia Journal of International Law*,1983,23(4):535.

④ Office for Ocean Affairs and the Law of the Sea(United Nations). *Baselines:An Examination of the Relevant Provisions of the United Nations Convention on the Law of the Sea*[M]. New York: United Nations,1989:1-5.

⑤ ICJ. The Reports of International Court of Justice[EB/OL]. (2007-07-31)[2021-12-15]. https://www. icj-cij. org/sites/default/files/annual-reports/2007. pdf.

海图具有决定性意义,并且都围绕海图的准确性展开了举证。虽然仲裁庭未从正面回答海图低潮线与实际低潮线孰先孰后的问题,但至少表明,海图低潮线是可被质疑的。在卡塔尔诉巴林案中,虽然杰拉达岛(Qit'at Jaradah)并未反映在海图中,但国际法院在判决中根据事实证据将该岛认定为岛屿,并在划定中间线时予以考虑。①

由此可见,尽管海图通常经过沿海国官方认证,且对航海而言具有非常重要的价值,但国际司法实践倾向于认为具有法律拘束力的基线应当以实际的基线(低潮线)为准,海图上的领海基线仅是具有法律拘束力的正常基线的一种呈现形式,具备推定的准确度。但当有证据表明相关海岸或海洋地物的构造发生明显的重大变化时,这种推定就是不成立的,而应当以实际低潮线为准。②

二、河口、海湾封口线和海洋地物基线的确定

对于河口、海湾封口线和其他特殊地形的基线属于正常基线还是直线基线,学界存在不同见解。一种观点将其归入正常基线,③另一种观点将其归入直线基线。④

海湾封口线与直线基线在外在形式上均为"直线型"基线,不同之处在于前者为横越海湾的直线,后者为连接低潮线上适当的点的直线。二者在内在属性上,相较于正常基线的自然形成而言,均为人工基线。但海湾封口线与直线基线的区别在于,海湾封口线适用于法律上的海湾,而直线基线主要适用于海岸线极为曲折的地方或者紧接海岸有一系列岛屿的情况。而且,海湾封口线规则有 24 海里最大长度限制,而直线基线规则尚无长度限制。这也成为某些情况下区分海湾封口线和直线基线的方法,例如,一个海湾,在地理条件上符合半圆标准的检验,但是其划出的封口线大于 24 海里,那么该线只能是直线基线,

① ICJ. The Reports of International Court of Justice[EB/OL]. (2001-07-31)[2021-12-15]. https://www.icj-cij.org/sites/default/files/annual-reports/2001.pdf.
② 周江. 正常基线中海图的效力[J]. 社会科学辑刊,2017(6):112.
③ [英]詹宁斯,瓦茨. 奥本海国际法(第一卷第二分册)[M]. 王铁崖,等译. 北京:中国大百科全书出版社,1995:24;华敬炘. 海洋法学教程[M]. 青岛:中国海洋大学出版社,2009:75-80;赵少群. 论领海基线和基点的划定[J]. 当代法学论坛,2007(4):2.
④ 高伟浓. 国际海洋法与太平洋地区海洋管辖权[M]. 广州:广东高等教育出版社,1999:11-15;国际海道测量组织,国际大地测量协会. 1982《联合国海洋法公约》技术手册(中文版)[M]. 北京:海洋出版社,2022:52.

而非法律上的海湾的封口线。海湾封口线具有其自身的适用条件和限制,其并非一般意义上的直线基线,同时它也不是一般意义上的正常基线(低潮线)。

(一)河口、海湾封口线的基线

对于河口的领海基线,1958 年《公约》和 1982 年《公约》作出了同样的规定:如果河流直接流入海洋,基线应是一条两岸低潮线上两点之间横越河口的直线;如果河流流入海湾,出现河口湾,则根据海湾的规则来确定基线;如果在湾口还有其他沙洲、岩石、冲积岛时,则可以在它们的外缘选定一些点,并用直线连接起来形成直线基线。对于河流经过港湾流入海洋的情况如何确定基线,两个公约均未规定。有学者认为,除具有单纯的溪流形式的河口外,河口湾必须从习惯法的观点予以评估,考虑所有相关因素,包括地理的、地球物理的、历史的、政治的、经济的和社会的因素。①

海湾领海基线通常是在湾口划出一条直线。这条直线也称湾口封闭线,这条线的向陆一侧为一国的内水或内海,从这条线的向海一侧开始测算一国的领海宽度。1958 年《公约》第 7 条第 2 款对法律上的海湾作出了规定,1982 年《公约》第 10 条第 2 款对其作出一些细微的修改之后予以继承。依据上述规定,海湾是明显的水曲,其凹入程度和曲口宽度的比例,使其有被陆地环抱的水域,而不仅为海岸的弯曲。但水曲除其面积等于或大于横越曲口所划的直线作为直径的半圆形的面积外,不应视为海湾。依据上述规定,只有在地理上满足半圆检验的"明显的水曲"才能构成法律上的海湾。而且为了测算,其封口线不能超过 24 海里。地理条件要求是构成法律上的海湾的前提条件,不符合这一要求,即便其封口直线不超过 24 海里,这一海湾也并非法律上的海湾。

关于湾口封闭线长度,在 1958 年《公约》和 1982 年《公约》之前,因存有不同主张而并无一项公认的结论。法英两国签订的有关渔业的《法英专约》规定海湾湾口所划的封闭直线不超过 10 海里,湾内划定 10 海里长的基线。在英美"北大西洋沿岸渔业仲裁案"中,英国主张不考虑海湾面积大小和湾口宽度,只要在地理意义上使用"海湾"一词,在图上予以标明,并公认为海湾的水域即为内水。美国则认为,从法律意义上讲,海湾只有在封口距离不超过 6 海里(3海里领海的 2 倍)时,方可禁止他国在其内捕鱼。海牙仲裁法院裁决,只有在湾

---

① [英]詹宁斯,瓦茨. 奥本海国际法(第一卷第二分册)[M]. 王铁崖,等译. 北京:中国大百科全书出版社,1995:25.

口最近点距离不超过 10 海里的海湾,沿海国才有权禁止外国进入捕鱼。然而,国家实践中多宣布海湾湾口的封闭线超过 10 海里。①

1958 年《公约》和 1982 年《公约》均规定湾口封闭线为 24 海里。② 根据 1982 年《公约》第 10 条的规定,如果海湾天然入口两端的低潮标之间的距离不超过 24 海里,则可在这两个低潮标之间划出一条封口线,该线所包围的水域应视为内水。如果海湾天然入口两端的低潮标之间的距离超过 24 海里,24 海里的直线基线应划在海湾内,从而划入该长度的线所可能划入的最大水域。该条使用的"低潮标",通常被解读为"低潮线"的同义词。在划定法律定义上的海湾封口线时,必须明确是否存在明显的水曲和确定封口线终端的适当点的位置。确定水曲是一个法律定义上的海湾后,就需要考虑封口线的位置。如果存在两个或更多的封口线,则这个过程中的关键参数是天然入口两端封口线的长度,或封口线长度之和。一个单独的大的水曲岸线周围往往可能有大量更小的水曲,其中一些小水曲可能分别满足法律定义上的海湾的标准。如果大的水曲入口宽度超过 24 海里,则可能不能将其封口作为法律定义上的海湾,但更小的水曲如果各自满足条件,则能作为法律定义上的海湾处理。另外,主海湾内可能存在子水曲,且其中一些可能分别满足法律定义上的海湾的条件。在考察一个水曲是否可作为海湾处理时,该水曲内的岛屿必须作为水域的一部分。尽管一些国家已经形成了自己的方法,但在确定"天然入口"方面尚未达成普遍共识。当海湾入口有岛屿时,或者海湾的一侧偏离海岸的总体方向而向内弯曲时,确定湾口封口线可能存在困难。③

但上述规定不适用于历史性海湾,也不适用于采用 1982 年《公约》第 7 条所规定的直线基线的任何情形。④ 所谓历史性海湾,是指那些海岸属于一国,虽其湾口宽度超过领海 1 倍,但沿岸国对其享有历史上的权利并一向被承认为内海的海湾。1962 年国际法委员会为联合国秘书处准备的研究文件《关于历史性水域,包括历史性海湾的法律制度》中指出,一国取得历史性权利的水域

---

① 采取此做法的有加拿大、挪威、瑞典和古巴等。
② 这一规定之所以获得通过,是因为一般认为,海湾入口的两岸都有领海,因此,湾口封闭线的长度至少应当是领海宽度的两倍。
③ 国际海道测量组织,国际大地测量协会. 1982《联合国海洋法公约》技术手册(中文版)[M]. 北京:海洋出版社,2022:52-53.
④ 1982 年《公约》第 10 条第 4 款、第 5 款和第 6 款。

应具有三个要素：(1)主张历史性权利的国家应对该水域行使权利；(2)该权利的行使应是连续地在一个相当长的时间内，并实际上已发展成为惯例；(3)各国的态度，即为各国所默认。此外，也有提及第四个要素的，即证明是基于经济、国家安全及其重大利益上的需要或类似理由而主张的。①

（二）海洋地物的基线

1. 岛屿和岩礁

低潮高地、岛屿和包括人工岛屿在内的其他近海地物的作用、地位和权利，一直是国际法的一个长期主题。②1982年《公约》第121条第1款将岛屿定义为"四面环水并在高潮时高出水面的任何自然形成的陆地区域"。这里的"自然形成的陆地区域"主要有两层含义：一是它必须是陆地，即具有固定性、永久性，其实体一直延伸到海底并与海底的底土相连接，而不是漂浮在水面上或者通过锚链或其他设施固定在海洋中一定位置上；二是岛屿形成方式必须是自然的。因此，"人工岛屿、设施和结构"都不是该条所规定的岛屿，而是由公约另行加以规定。③

1982年《公约》第121条第2款规定，除第3款另有规定外，岛屿的领海、毗连区、专属经济区和大陆架应按照本公约适用于其他陆地领土的规定加以确定。这里所说的"本公约适用陆地领土的规定"是指1982年《公约》第7条第1款的规定，即在海岸线极为曲折的地方，或者如果紧接海岸有一系列岛屿，测算领海宽度的基线的划定可采用连接各适当点的直线基线。也就是说，岛屿可以作为划界的基点，但对如何选择岛屿作为基点，1982年《公约》并没有作明确的规定，只是在第7条第3款和第6款规定，直线基线的划定不应在任何明显的程度上偏离海岸的一般方向，而且基线内的海域必须充分接近陆地领土，使其受内水制度的支配。一国不得采用直线基线制度，致使另一国的领海同公海或专属经济区隔断。因此，只有利用科学技术手段才能确定哪些岛屿可以作为划界的基点。不管低潮线包围的这样的地貌大小如何，都可以构成基线或基线的一部分，并从这些基线开始测量海上区域。

---

① 蒋新宁. 有关领海基线的国际法规则[J]. 求实, 2005(2)：204.

② Hugo Caminos.（ed.）. *Law of the Sea*[M]. London：Taylor and Francis, 2001：115-134.

③ 1982年《公约》第11、60、80条和第147条第2款对"人工岛屿、设施和结构"另有规定。

1982年《公约》第121条第3款规定,不能维持人类居住或其本身的经济生活的岩礁,不应有专属经济区或大陆架。对于什么是"不能维持人类居住或其本身的经济生活",虽然在第三次联合国海洋法会议期间有过激烈的讨论,但因未能达成一致,1982年《公约》没有就此作出明确规定。有学者认为,虽然1982年《公约》未对岩礁作出界定,但将其规定在第121条岛屿制度下,其应属于岛屿,只不过是当岩礁的面积小于1平方千米而不适合人类居住的情况下,其不应有专属经济区或大陆架。维持人类居住或其本身的经济生活的资源应来源于岩礁本身,而非依赖外来资源。这是因为,利用现今科学技术,将岩礁通过扩大或改造使其能够维持人类居住或经济生活并非难事。

自1982年《公约》第121条第3款以是否适于人类居住来区别岩礁与岛屿以来,这一要素便成为司法实践中判定岛屿外海洋地形的地位与作用的重要指标。[①] 不能维持人类居住与经济生活成为案件中某些关键地形的重要判别点,法院判决与法官意见均持这一立场,直接否定其地位或表达不赞成的意见。[②] 在1988年格陵兰岛和扬马延岛间海洋划界案中,法官认为,扬马延岛符合1982年《公约》第121条第1款和第2款的要求,应被识别为岛屿而非岩礁,因此,应在适用其他陆地的规则下拥有领海、毗连区、专属经济区和大陆架。

尽管在以专属经济区和大陆架为代表的海洋区域划界问题上岩礁依然无法与岛屿相提并论,且随不同个案中的裁判考量而有所摇摆,[③] 但1982年《公约》框架下的岩礁至少在权利确认层面获得了明显高于低潮高地的法律价值。目前尚无明确的条约及司法实践禁止或排除通过占有岩礁获得其主权。即使是不能维持人类居住和经济生活的岩礁也可能拥有领海。而这一相对地位也在国际司法实践中得到某些印证。[④] 在突尼斯/利比亚大陆架案中,法官认为,第121条第3款仅仅否定了"不能维持人类居住或其本身的经济生活"的岩礁,

---

① 与此有关的案子包括格陵兰岛与扬马延岛之间区域海洋划界案、加勒比海关于领土和海洋争端案、利吉丹岛和西巴丹岛主权案、尼加拉瓜诉哥伦比亚领土及海洋争端案等。

② 周江,刘畅. 国际司法实践对"水下地形地物"法律内涵的影响[J]. 江苏大学学报:社会科学版,2020,22(4):75.

③ ICJ. *I.C.J. Reports*[M]. New York:International Court of Justice,1951:166-169.

④ 周江,刘畅. 国际司法实践对"水下地形地物"法律内涵的影响[J]. 江苏大学学报:社会科学版,2020,22(4):72.

意即能够具备上述要素的岩礁同样可以拥有专属经济区和大陆架。① 而在尼加拉瓜诉哥伦比亚领土及海洋争端案中,法院认为,双方都未能证明 QS32 不是一个符合 1982 年《公约》第 121 条第 3 款的"不能维持人类居住或经济生活的岩礁",因此,其没有获得专属经济区和大陆架的权利;同时,虽然基塔苏埃尼奥被归属于 1982 年《公约》第 121 条第 3 款的岩礁,它不能拥有专属经济区与大陆架,却可以拥有不超过 12 海里的领海。② 由此可以看出,法官们对不同个案视具体情形而独立判断,海洋司法实践在岛屿和岩礁法律地位的问题上始终维持着相当谨慎的姿态,并逐渐在前后实践中形成较为一致但笼统的排除意见。

2. 低潮高地

低潮高地曾被视为岛屿的一类,现代国际法意义上的低潮高地概念正式形成于第一次联合国海洋法会议期间。1930 年海洋法编撰会议上,一些国家主张仍将低潮高地视为岛屿,但在认定标准上存在不同观点:一种观点认为高潮时高于水面是认定为岛屿的必要条件,另一种观点认为只需要达到在低潮时露出水面就可以认定其为岛屿。最终,筹备委员会提出了一种折中意见:如果"岛屿"满足高潮时高于水面的标准,那么它自身可以拥有领水;如果"岛屿"仅满足在低潮时高于水面,只要其满足地理位置位于其他岛屿或陆地的领水范围内这一补充条件,便可作为测定一国领水范围的基线。

在 1956 年第一次联合国海洋法会议期间,国际法委员会的最终草案中关于低潮高地的用语"干出礁(Drying rocks)、干出滩(Banks)"过于模糊和不精确,为此,美国代表团提出了专门的"低潮高地提案"。该提案界定了低潮高地的概念,并以能否在高潮时露出水面作为其和岛屿的唯一区分标准,而在海洋权利上,提案建议将低潮高地的领海有无同其与岛屿和陆地的距离进行挂钩。该提案最终被会议第一委员会吸取,并在会后通过的 1958 年《公约》中首次以公约条款形式确立了现代海洋法意义上的低潮高地概念。该公约第 11 条规定,称低潮高地者谓低潮时四面围水但露出水面而于高潮时淹没之天然形成之陆地。低潮高地之全部或一部位于距大陆或岛屿不超过领海宽度之处者,其低潮

---

① ICJ. *I.C.J.Reports*[M]. New York: International Court of Justice, 1982: 283.

② 联合国. 国际法院的报告[EB/OL]. (2013-07-31)[2022-03-15]. https://www.icj-cij. org/sites/default/files/annual-reports/2012-2013-ch.pdf.

线得作为测算领海宽度之基线。低潮高地全部位于距大陆或岛屿超过领海宽度之处者，其本身无领海。也就是说，当低潮高地靠近陆地和岛屿时，便可以作为测定领海宽度的基线，当它远离陆地和岛屿时，则不享有领海权利。可见，该公约未对低潮高地的领海权利给出单一的肯定或否定结论，而是使用了一种附条件（与岛屿和陆地的距离）的方法来认定某一特定低潮高地是否有权拥有领海。该公约第 4 条第 3 款进一步规定，低潮高地不得作为划定基线之起讫点，但其上建有经常高出海平面之灯塔或类似设置者，不在此限。由此，现代海洋法中的低潮高地海洋制度已经基本成型，低潮高地的概念和区分标准得到明晰，并被 1982 年《公约》第 13 条所沿用，① 并在第 7 条第 4 款对低潮高地直线基点的确定作出规定："除在低潮高地上筑有永久高于海平面的灯塔或类似设施，或以这种高地作为划定基线的起讫点已获得国际一般承认者外，直线基线的划定不应以低潮高地为起讫点。"也就是说，原则上直线基线的划定不应以低潮高地为起讫点，除非低潮高地上筑有永久高于海平面的灯塔或类似设施或者以低潮高地作为划定基线的起讫点已获得国际一般承认。

　　1951 年英挪渔业案对岛屿与低潮高地进行了初步区分，并指出低潮高地仅在领海范围内方具备基线划定的意义。即使一个低潮高地位于原始领海中的另一低潮高地所测算出的领海宽度之中，只要这一低潮高地本身位于原始海岸线量起的领水带之外，它也仍然不具备基线划定的意义。即低潮高地只有在位于从大陆或岛屿的真正低潮标量起的领海宽度中时才能被纳入考虑。② 在 2001 年卡塔尔诉巴林案中，国际法院重申，尽管位于领海中的低潮高地可以用于确定领海宽度，但这并不意味着位于距离该低潮高地 12 海里以内但在国家领海界限以外的另一低潮高地也有同样地位。海洋法并不适用所谓的"蛙跳"模式。这一意思暗含在海洋法公约的相关条款之中并已得到普遍承认。低潮高地也正因此无法获得与岛屿或其他领土相同的权利。③ 但法官认为，法庭在考虑小岛和低潮高地时应更谨慎。虽然根据 1958 年《公约》低潮高地可以作为测量领海的基线的一部分，而这一基线在大陆架划界测定等距离线时也应适

---

① 根据 1982 年《公约》第 13 条的规定，如果低潮高地全部或一部与大陆或岛屿的距离不超过领海的宽度，该高地的低潮线可作为测算领海宽度的基线；如果低潮高地全部或一部与大陆或岛屿的距离超过领海的宽度，则该高地没有自己的领海。

② ICJ. *I.C.J. Reports*[M]. New York: International Court of Justice, 1951: 76.

③ ICJ. *I.C.J. Reports*[M]. New York: International Court of Justice, 2001: 102.

用,但在大陆架划界时考虑低潮高地仍是不适当的。尤其该案中只有突尼斯海岸有大量低潮高地存在,并因此设置了一条远离真实海岸线的测算国家领海的基线,这令法官更为坚持,低潮高地应被排除在大陆架划界外。①

综上,低潮高地是否可作为测算领海宽度的基线,取决于它与大陆或岛屿的距离。如果低潮高地符合距离标准(同正常基线),或者筑有永久高于海平面的灯塔或者类似设施,则可以作为直线群岛基线的起讫点。②

3. 礁石

1982 年《公约》第 6 条规定,在位于环礁上的岛屿或有岸礁环列的岛屿的情形下,测算领海宽度的基线是沿海国官方承认的海图上以适当标记显示的礁石的向海低潮线。根据该条规定,如果海岸平直的大陆在其沿海地带有环礁上的岛屿或岸礁上的岛屿,由于这些岛屿通常是贴近大陆海岸和海岛周围生长的边缘地带,因此,有这类地理情况的沿海国家的领海基线应该是礁石向海一面的低潮线。③ 以适当符号标出且不是环礁组成部分的孤立礁块,可视为普通的低潮高地,并按低潮高地处理。④ 但是,在岸礁有几处宽达数海里的缺口,或岸礁不完全即只有部分岛屿的边缘存在岸礁的情况下,无法划定这些不完全岸礁的低潮线。没有被岸礁包围住的向岛屿一侧的水域不是封闭水域,无法对其适用内水制度。这也是正常基线的缺陷所在。⑤

4. 海港工程

1982 年《公约》第 11 条规定,出于划定领海的目的,构成海港体系组成部分的最外部永久海港工程应视为海岸的一部分。近岸设施和人工岛屿不应视为永久海港工程。根据《1982〈联合国海洋法公约〉技术手册》,海港工程指沿海岸建造的永久人工构筑物,如港口码头、防波堤以及海岸保护工程,这些工程

---

① ICJ. *I.C.J. Reports*[M]. New York: International Court of Justice, 1982: 266, 271.

② 国际海道测量组织,国际大地测量协会. 1982《联合国海洋法公约》技术手册(中文版)[M]. 北京:海洋出版社,2022: 56.

③ 赵少群. 论领海基线和基点的划定[J]. 当代法学论坛,2007(4): 2.

④ 国际海道测量组织,国际大地测量协会. 1982《联合国海洋法公约》技术手册(中文版)[M]. 北京:海洋出版社,2022: 58.

⑤ 李洁宇. "基线"研究及南海争端中的"基线"因素[J]. 海南师范大学学报:社会科学版,2015(5): 97.

使得自然低潮线变得模糊。正常基线处的海港工程会直接导致该区域划界海域面积的扩大,①直线基线处的海港工程如果超出基线范围,则可能对基线划定以及划界海域面积产生潜在影响。有学者通过模拟实验表明,领海面积变化量受海港工程的形态、位置及其周边关系等因素的影响,且工程大小、形态和工程周边基线走势对领海变化影响更大。据此建议有关部门在海港工程选址和形态设计方面重视海港工程对海洋划界所造成的影响。②

1982 年《公约》第 11 条将构成海港体系组成部分的最外部永久海港工程视为海岸的一部分的同时,规定近岸设施和人工岛屿不应视为永久海港工程。③ 根据 1982 年《公约》第 121 条的规定,岛屿是四面环水并在高潮时高于水面的自然形成的陆地区域。而人工岛屿与设施则是基于勘探和开发、养护和管理海床上覆水域以及海床及其底土的自然资源等目的而人为修建的不具岛屿外在特征的建筑。包括人工岛屿在内的离岸设施不具备岛屿的地位,即使这种建筑永久地位于高潮水位以上,因此它们不构成基线的一部分,也没有自己的领海。④ 但对于何为"人工岛屿"1982 年《公约》并未作出明确定义。由于1982 年《公约》相关条款表述不明确,在海洋划界实践中,对于"岛屿""人工岛屿""岩礁"的界定存在歧义。⑤

根据 1982 年《公约》第 7 条第 4 款和第 47 条第 4 款的规定,除在低潮高地上筑有永久高于海平面的灯塔或类似设施,或者以这种高地作为划定基线的

---

① 以卡塔尔拉斯拉凡港为例,在推算卡塔尔领海界限时,如果以拉斯拉凡港人工岸线作为领海基线进行推算,拉斯拉凡港的修建使得该区域的领海面积扩大了约 316 平方千米。见吴金橄、梁其山、吴劲雄、吴艳兰、谭树东著,《海港工程对海洋划界的影响分析》,发表于《海洋测绘》,第 36 卷第 5 期,第 24 页。

② 吴金橄,梁其山,吴劲雄,吴艳兰,谭树东. 海港工程对海洋划界的影响分析[J]. 海洋测绘,2016,36(5):24-25.

③ 1982 年《公约》虽然明确规定人工岛屿的存在不影响海洋界限的划定,但并未对"人工岛屿"作出明确定义。

④ 国际海道测量组织,国际大地测量协会. 1982《联合国海洋法公约》技术手册(中文版)[M]. 北京:海洋出版社,2022:56.

⑤ 金永明. 岛屿与岩礁的法律要件论析——以冲之鸟问题为研究视角[J]. 政治与法律,2010(12):99-106;颜行志,张凯. 冲之鸟礁法律地位的国际法思考[J]. 江南社会学院学报,2013(3):72-75;黄瑶,卜凌嘉. 论《海洋法公约》岛屿制度中的岩礁问题[J]. 中山大学学报:社会科学版,2013(4):174-188;白续辉. 规避"人工岛屿陷阱":海洋岛屿的"经济生活"概念及海洋旅游的特殊价值[J]. 中山大学法律评论,2014(1):201-229.

起讫点已获得国际一般承认者或低潮高地全部或一部与最近的岛屿的距离不超过领海的宽度外,直线基线或群岛基线的划定不应以低潮高地为起讫点。①因此,当符合这些情况时,低潮高地如果建造有永久高于海平面的灯塔或类似设施,则其可能作为直线基线或群岛基线的起讫点。

对于本身既有自然因素形成的部分,又有人为修建成分的混合岛屿,因其既不能适用 1982 年《公约》有关岛屿的规定,也不能适用人工岛屿的规定,这类岛屿能否作为直线基线的基点,目前只能取决于国家实践。如日本最南端的冲之鸟礁(日本称其为冲之鸟岛)属珊瑚环礁,由于海水的长期侵蚀,露出水面的岩礁逐年缩小和降低,面临最终被海水吞没的危险。日本斥巨资对其进行加高加固,使该岩礁成为其声称周围为管辖海域的依据,其在海洋划界中的效力存在广泛争议。

第二节　直线基线

一、直线基线规则的历史演进

如果海岸十分曲折或者沿岸岛屿密布,则低潮线难以确定。在这种情况下,沿海国可以采用直线基线的方法来确定领海基线。直线基线就是指在沿岸各突出点和沿海岛屿的外缘选定一系列的基点,然后用直线将相邻的基点连接起来所形成的一条折线。②直线基线和正常基线的划定方法不同,表现出来的特点也不同。正常基线在通常情况下与海岸平行,为沿着海岸的低潮线,这决定了正常基线位于海岸上。直线基线为连接低潮线上适当点的直线,直线基线只有这些点位于海岸上,其他部分则位于海上,因此与海岸之间存在一定的距离。虽然直线基线的划定应沿着海岸的一般方向,但是直线基线仍不可能是海

---

① 1982 年《公约》第 7 条"直线基线"的第 4 款规定,除在低潮高地上筑有永久高于海平面的灯塔或类似设施,或以这种高地作为划定基线的起讫点已获得国际一般承认者外,直线基线的划定不应以低潮高地为起讫点。该公约第 47 条"群岛基线"的第 4 款规定,除在低潮高地上筑有永久高于海平面的灯塔或类似设施,或者低潮高地全部或一部与最近的岛屿的距离不超过领海的宽度外,这种基线的划定不应以低潮高地为起讫点。

② 王虎华. 国际公法学[M]. 北京:北京大学出版社,2006:201.

岸的平行线。相比正常基线,直线基线可以使有关国家获得更大的海域面积。基线划定的法律结果就是基线向陆地一侧的海域成为一国的海洋内水,该国家对其行使完全的、排他的主权;基线向海洋一侧依次为领海、毗连区、专属经济区和大陆架,决定了国家行使不同内容的海洋主权。

关于一国是否有权采取直线基线测算领海宽度,在实践中曾引起过国际争议。国际法院于 1951 年在英挪渔业案中以司法裁决的形式确认了挪威的直线基线"不违反国际法"。^①虽然从严格意义上讲,国际法院的裁决不具有造法意义,但这一立场仍产生了深远影响。

1935 年 7 月 12 日,挪威国王颁布了一项敕令,划定领海以外 4 海里宽的海域为专供本国渔民用的渔区,领海宽度用直线基线测算。英国对此敕令在国际法上的合法性提出异议。在谈判失败后,两国于 1949 年 9 月 28 日将这项争端提交国际法院解决。

英国认为挪威的直线基线违反国际法,理由有三:(1)一国领海基线应当为沿岸低潮线;(2)出于简化领海边界的目的,一国不应该采用直线基线;(3)在某些特殊沿岸地区,一国确实可以划定直线基线,但是直线基线段的长度不应超过 10 海里。挪威对此采取的策略是强调历史性权利,并未对英国的责难予以正面的回应。

国际法院在审视了挪威海岸线的自然地理形态后,认为挪威与其他沿海国的情况不同,因此无需严格以海岸线作为其领海基线。而由于挪威大陆的西部与石垒构成了整体,因而在确定挪威领海范围时不得不考虑石垒的外缘,并在判决中认为该解决方案是由挪威的地理现实决定的。国际法院对于英国主张直线基线段的长度不应超过 10 海里的观点也未予以认可。国际法院于 1951 年 12 月 18 日对本案作出了判决,认定挪威 1935 年国王敕令中规定的划定渔区的方法和确定领海宽度的直线基线都不违反国际法。

该判决首次确认直线基线的合法性,并提出领海基线的划定应考虑的几个基本因素,包括领海对陆地的紧密依存性、领海基线的划定不能离开海岸一般方向的适当范围、某些海域与分隔或包围这些海域的陆块之间存在的或多或少

---

① Judgement of Fisheries(United Kingdom v. Norway)[EB/OL].(1951-12-18)[2020-01-25]. https://www.icj-cij.org/sites/default/files/case-related/5/005-19511218-JUD-01-00-EN.pdf.

的密切联系、一个地区所特有的经济利益，[①]而这些因素相继被1958年《公约》和1982年《公约》所接受，成为各沿海国划定领海基线时所遵循的规则。

对于国际法院在英挪渔业案中所确立的直线基线适用规则，不少专家认为过于模糊和宽泛。为此，专家委员会对直线基线的适用规则提出了一些技术性的建议，以期能够使渔业案所确立的规则明确化。比如弗朗索瓦教授在1953年起草的供讨论用的草案第5条a款（2）项中，为直线基线设置了严格的量化条件——直线基线段长度不得超过10海里，直线基线段距离陆地领土的距离不得超过5海里。在1958年《公约》起草阶段，对于是否应该以建立量化标准的形式规制直线基线适用的问题存在争论。一种观点认为，应当延续渔业案的精神，模糊直线基线适用规则，以适应世界上复杂多样的沿岸自然地貌。另一种观点则认为应当限制沿海国管辖权，防止沿海国主权侵害公海自由，避免直线基线规则被滥用。[②]

第一次联合国海洋法会议延续了英挪渔业案中国际法院的观点，保持了直线基线适用规则的模糊性，这一点为1958年《公约》第4条所确定。该条第1款规定，在海岸线甚为曲折之地区，或沿岸岛屿罗列密迩海岸之处，得采用以直线连接酌定各点之方法划定测算领海宽度之基线。经过之后的讨论与修改，最终由1982年《公约》第7条固定下来。该条规定旨在寻求在适用正常基线之外构建一个在划定复杂领海基线与防止过度扩展领海范围之间实现平衡的机制，但也面临着如何"适度"适用直线基线规则的困境。

二、直线基线规则的适用

由于直线基线具有易于实施管理、同沿岸低潮线变化关联较小，且有利于当事国获得更大管辖海域等优点，因而被广泛应用于沿海国家领海基点选取及基线的确定。

（一）适用直线基线规则的前提条件

1982年《公约》第7条第1款规定，在海岸线极为曲折的地方，或者紧接海岸有一系列岛屿，测算领海宽度的基线的划定可采用连接各适当点的直线基

---

① 梁淑英. 国际法教学案例[M]. 北京：中国政法大学出版社，1999：95.

② Victor Prescott and Clive Schofield. *The Maritime Political Boundaries of the World* [M]. 2nd Edition. Leiden：Martinus Nijhoff，2005：145.

线法。也就是说,直线基线的适用必须以特定的地形为条件,即海岸线极为曲折或者紧接海岸有一系列岛屿。

1. 海岸线极为曲折

根据 1958 年《公约》第 4 条与 1982 年《公约》第 7 条的规定,"海岸线极为曲折"是沿海国得以适用直线基线的第一种情形。但是对于何为曲折以及海岸曲折的标准是什么,两个公约的内涵界限不明确,学界对其认定标准以及沿海国领海基线实践也缺乏统一性。

有学者从语义角度将"极为曲折"拆解为"深深凹入"(Deeply Intended)与"切入"(Cut Into),并认为前者指对陆地横向的切入,而后者指的可能是水曲纵向切入陆地的形态。[①] 还有学者从 1982 年《公约》条款之间的关系的角度分析,认为"极为曲折"必然指的是位于一条海岸线上的水曲的数量及其复杂程度使得 1958 年《公约》第 7 条有关海湾的规定(对应 1982 年《公约》第 10 条)的运用变得无意义且无关紧要,同样,尽管并非每一个水曲都需要符合前述海湾条款所设置的最小面积关系,但很明显,绝大多数水曲应当满足上述关系以符合"极为曲折"的措辞。[②] 更有学者基于对 1982 年《公约》第 10 条的逻辑推演以及联合国海洋事务与海洋法司 1989 年的报告 "Developing Standard Guidelines for Evaluating Straight Baselines" 的分析,从定量指标角度提出"极为曲折"应满足必须存在至少三个深度凹陷区、三个深度凹陷区需紧密相邻且每个凹陷区的凹陷深度需超过封闭凹陷区口的直线的一半这三个条件。[③]

即便是最适合划定直线基线的海岸,也很可能存在不符合要求之处。根据平缓海岸在沿海国所有海岸中占据的比例及平缓的程度,又可分为局部海岸较

① Victor Prescott and Clive Schofield. *The Maritime Political Boundaries of the World*[M]. 2nd Edition. Leiden: Martinus Nijhoff, 2005: 145.

② P. B. Beazley. *Maritime Limits and Baselines: A Guide to Their Delineation*[M]. Dagenham: The Hydrographic Society Special Publication, 1987: 8.

③ J. Ashley Roach and Robert W. Smith. *Excessive Maritime Claims*[M]. Leiden: Martinus Nijhoff Press, 2012: 61-62.

为平缓、大部分乃至整个海岸均较为平缓[1]以及海岸仅为弯曲[2]三种不同的情况。在划定直线基线的海岸整体符合规定的情况下,局部海岸较为平缓是被包括美国在内的广大国际社会所承认的。[3]北极地区这方面的国家实践有挪威和瑞典,冰岛(基点 19 至基点 30 之间的南部海岸)也存在类似的实践。[4]

1951 年英挪渔业案以后,挪威又根据 1952 年 7 月 18 日皇家法令划定了其南部的直线基线。然而,挪威东南部海岸,即面向斯卡格拉克海峡(Skagerrak Strait)的海岸较为平缓,无法与挪威北部诺尔辰角(Cape Nordkinn)附近"极为曲折"的海岸相提并论。1955 年,挪威公布了围绕扬马延岛四周的直线基线。该岛海岸平缓,缺乏深度水曲,而且没有边缘岛屿,其适用的基线应为低潮线。[5]挪威已于 2002 年对扬马延岛直线基线进行了修改,直线基线长度更短,封闭的水域面积也更小。

瑞典于 1934 年公布西部海岸和厄兰岛(Oland)东海岸的直线基线大比例尺海图,并于 1966 年 6 月 3 日通过《关于瑞典领海的第 374 号法案》公布了新版海图。在新海图中,基点数量大幅减少,基线长度显著增大。瑞典直线基线图显示,瑞典西海岸面向卡特加特海峡(Kattegat/Kattegatt)的部分海岸和厄兰岛东海岸都较为平缓。尽管瑞典划定直线基线的海岸中部分为平缓海岸,但是美国对瑞典直线基线的合法性予以肯定,同时指出位于平缓海岸的直线基线并未明显扩大领海的外部界限。

目前,平缓海岸适用直线基线并不具有条约法方面的依据,因此,必须从

---

① 这类情况以巴西、埃及、印度和西班牙等国较为典型。这些国家的海岸整体较为平缓,但是其仍然划定了直线基线。埃及的直线基线遭到美国的抗议,印度的直线基线遭到巴基斯坦抗议,其余两国的直线基线到目前为止并未遭到任何抗议。

② 此类情况以哥伦比亚、意大利、马达加斯加和伊朗等国的实践较为典型。哥伦比亚的直线基线遭到美国的抗议,伊朗的直线基线除遭到美国的抗议外,还遭到沙特、卡塔尔、科威特和阿联酋等邻国的抗议。

③ 申钟秀. 直线基线适用的法律问题研究[D]. 武汉:武汉大学,2019:64.

④ W. Michael Reisman and Gayl S. Westerman. *Straight Baselines in Maritime Boundary Delimitation*[M]. London:Palgrave Macmillan, 1992:125.

⑤ Victor Prescott and Clive Schofield. *The Maritime Political Boundaries of the World* [M]. 2nd Edition. Leiden:Martinus Nijhoff, 2005:140.

习惯法方面加以分析。在平缓海岸划定直线基线的国家虽为数不少,[①] 然而,参与实践的国家在数量上还不占优势,使得国家实践不具有普遍性,尽管从挪威在扬马延岛划定直线基线以来,这一实践已经持续了 60 余年,基本上具备了习惯法形成所需要的时间。总体上,大多数国家对平缓的海岸划定直线基线表现出一种宽容和认可的态度,但一些国家的实践遭到美国的抗议。总体上来看,从划定直线基线的海岸局部平缓到几乎全部平缓,继而到划定直线基线的海岸为微型弯曲,随着直线基线封闭水域面积的增加,直线基线遭到的抗议也很可能随之增加。虽然平缓海岸适用直线基线的国家实践为宽松解释"极为曲折"提供了材料和"依据",但平缓海岸划定直线基线应以没有显著扩大内水和领海的面积为首要的限制条件,直线基线的目的并非不合理地增加领海面积。[②]

2. 紧接海岸有一系列岛屿

对于"紧接海岸有一系列岛屿"这一适用前提条件,可分为"一系列岛屿"和"紧接海岸"两方面进行分析,前者包括对于岛屿范围的限定、构成"一系列"岛屿的数量要求,后者则涉及岛屿之间及其与大陆的关系。

1982 年《公约》第 121 条规定,岛屿划定领海和其他海域的权利与其他陆地领土相同,而岩礁仅能够划定领海而不能划定其他海域。有学者认为,在体系解释之下,构成"一系列岛屿"的岛屿仅为上述 121 条中的"岛屿"(四面环水并在高潮时高于水面的任何自然形成的陆地区域),而不包括"岩礁",从而对构成"一系列岛屿"的地物作出了限制。[③] 仅有几个分散独立的小岛并不足以构成"一系列"。[④] 也有学者认为,应对"一系列岛屿"中"岛屿"一词进行宽松解释,只要岩礁数量足够多,岩礁之间及岩礁和大陆海岸之间联系足够紧密,仅有岩礁也能够构成"一系列岛屿"。同时,当岛屿足够密集时(如呈团状分

① 美国国务院的系列报告《海洋界限》(Limits in the Seas)对 40 多个国家的直线基线进行了详尽的分析,这在一定程度上反映了美国视角下世界范围内最具典型意义的直线基线实践。

② UN Office for Ocean Affairs and the Law of the Sea United Nations. *Baselines: An Examination of the Relevant Provisions of the United Nations Convention on the Law of the Sea*[M]. New York: UN, 1989: 21.

③ W. Michael Reisman and Gayl S. Westerman. *Straight Baselines in Maritime Boundary Delimitation*[M]. London: Palgrave Macmillan, 1992: 85.

④ 姜皇池. 国际海洋法[M]. 台北: 新学林文化事业有限公司, 2004: 152.

布),对岛屿分布方向的要求会有所降低。①

在 1951 年英挪渔业案中,当确认挪威直线基线的合法性时,国际法院认为,构成挪威海岸线的是由岛屿、小岛、岩礁和礁石共同构成的"石垒"的外线,该外线在划定领水时必须予以考虑。② 在 1993 年厄立特里亚诉也门案中,达赫拉克群岛由岛屿和小岛构成,也门沿岸的"边缘系统"由岛屿、小岛和礁石构成。仲裁庭对构成"一系列岛屿"的认定是基于其地物数量众多,结构复杂,与大陆海岸联系紧密等;仲裁庭也不排斥小岛和礁石作为"一系列岛屿"的组成部分。从上述案例中可以发现,国际司法机构并没有按照 1982 年《公约》第 121 条中"岛屿"的定义来解释"一系列岛屿",而是从岛屿数量、岛屿之间的关系及岛屿与大陆海岸之间的关系等要素对沿岸群岛进行整体把握,并未对岛屿和其他地物进行特别的区分。无论是挪威的"石垒"群岛还是厄立特里亚的达赫拉克群岛或也门西北部的沿岸群岛,这些划定或适合划定直线基线的"一系列岛屿"均包含岛屿、小岛、岩礁或礁石等。

一般而言,"一系列岛屿"意味着岛屿并非一个,但具备多少个岛屿才能满足"一系列"的要求,1982 年《公约》并未明确规定,联合国海洋事务和海洋法办公室的研究报告也指出很难确定具体的最小数目。有学者建议参照群岛的有关说法将"一系列岛屿"解释为一群相当大的岛屿,至少由三个岛屿组成。另有学者基于 1958 年《公约》和 1982 年《公约》将海岸与岛屿同时处理这一点认为,岛屿是海岸的延伸,是海岸的组成部分,岛屿的数量并不影响岛屿可以合法地被承认为海岸的延伸,因而一系列岛屿可以理解为海岸组成部分,而不论其数量多少。③ 国际司法实践则考虑以不同的因素界定"一系列岛屿"。在卡塔尔诉巴林案中,巴林认为其主岛附近的岛屿为紧接海岸的一系列岛屿,因而其可以在这些岛屿上选择合适的基点划定直线基线。国际法院认为,巴林主岛附近的岛屿太小且数量有限,即使将主岛考虑进去,这些岛屿也仅能是"一

---

① 申钟秀. 直线基线适用的法律问题研究[D]. 武汉:武汉大学,2019:84.

② Judgement of Fisheries(United Kingdom v. Norway)[EB/OL].(1951-12-18)[2020-01-25]. https://www. icj-cij. org/sites/default/files/case-related/5/005-19511218-JUD-01-00-EN. pdf.

③ 赵少群. 论领海基线和基点的划定[J]. 当代法学论坛,2007(4):4.

簇小岛",而非 1982 年《公约》第 7 条第 1 款所指的"一系列岛屿"。^① 在 2022 年加勒比海主权权利和海洋空间受侵犯的指控案中,国际法院认为,尽管无关于岛屿最低数量限制的规则,但是"一系列岛屿"意味着岛屿数量与相关海岸长度相对,岛屿的数量不宜过少。^②

1982 年《公约》要求一系列岛屿要"紧接海岸线",这就需要岛屿形成紧邻大陆的一道屏障,线状排列,彼此紧邻,平行而非垂直于大陆。^③ 考虑到沿岸岛屿本身的大小和跨度,"紧接海岸"的这一数值距离是指沿岸岛屿向大陆或岛屿一侧距离大陆或岛屿的距离。^④ 学界和实践中虽然有 12 海里、24 海里、48 海里等多种方案,但至今尚无统一的方案,已经宣布直线基线的国家实践中基线与最近陆岸的距离从 4 海里至 105 海里不等,大多介于 10 海里与 50 海里之间。近年来,划界技术专家依据大量的国际司法实践认为,紧接海岸的距离意指 12 海里。^⑤

对于岛屿之间或者岛屿与大陆之间要有多大距离才能有自己的领海,有学者主张至少要有领海宽度的 2 倍。如果岛屿之间的距离不超过领海宽度的 2 倍,则构成一系列岛屿,这样在确定基线的基点时,应从一系列岛屿的最外缘量起,群岛以内的水域应为内水,这同样适用于距离大陆不超过领海宽度两倍的岛屿。只有岛屿之间或岛屿到大陆海岸之间的距离超过领海宽度的 2 倍,才能有自己的领海。

① Judgment to Case Concerning Maritime Delimitationand Territorial Questionsbetween Qatar and Bahrain[EB/OL]. (2001-03-16)[2020-05-30]. https://www.icj-cij.org/sites/default/files/case-related/87/087-20010316-JUD-01-00-EN.pdf [2001] ICJ report 40, paras 210-211.

② Alleged Violations of Sovereign Rights and Maritime Spaces in the Caribbean Sea (Nicaragua v. Colombia)[EB/OL]. (2020-05-30)[2022-04-21]. https://www.icj-cij.org/sites/default/files/case-related/155/155-20220421-jud-01-00-en.pdf.

③ UN Office for Ocean Affairs and the Law of the Sea United Nations. *Baselines: An Examination of the Relevant Provisions of the United Nations Convention on the Law of the Sea*[M]. New York: UN, 1989: 21; W. Michael Reisman and Gayl S. Westerman. *Straight Baselines in Maritime Boundary Delimitation*[M]. London: Palgrave Macmillan, 1992: 82-83.

④ Victor Prescott and Clive Schofield. *The Maritime Political Boundaries of the World* [M]. 2nd Edition. Leiden: Martinus Nijhoff Publishers, 2005: 147.

⑤ 赵少群. 论领海基线和基点的划定[J]. 当代法学论坛, 2007(4): 3-4.

但是,构成"一系列岛屿"的条件是相对的,而非绝对的。虽然"紧接海岸"需要岛屿沿着海岸分布,基本平行于海岸而非垂直,但是当沿岸群岛岛屿数量众多、分布较为集中时,即便岛屿分布方向与大陆海岸一般方向"显著"不一致,也仍然可能构成一系列岛屿,北极地区中加拿大北极群岛(Arctic Archipelago)和芬兰奥兰群岛(Aland Islands)(瓦尔肯群岛)就是典型的例子。

北极群岛为加拿大北冰洋沿岸众多岛屿所组成的岛屿群。[①] 北极群岛深入北极圈内,全年大部分时间为冰冻状态,居民主要住在南部一些岛上。[②] 1985年,加拿大政府通过法令建立了将北极群岛和大陆连为一体的直线基线。因为北极群岛规模庞大,呈三角形轮廓,而且被帕里海峡(Parry Channel)分割为北部岛群和南部岛群,与大陆海岸的一般方向似乎垂直,显然不能满足学者提出的"一系列岛屿"需要岛屿的分布在整体上与大陆海岸平行的标准。[③] 但是,北极群岛各海岸分布着沿岸群岛、深度凹入的海湾、破碎的海岸等,审理1951年渔业案的麦克奈尔法官和里德法官均认为其与挪威深度凹入的海岸极为相似。[④] 基于此,将北极群岛视为加拿大的"一系列岛屿"似乎是合理的。

芬兰破碎的海岸线为其划定直线基线提供了基础。芬兰通过相关立法[⑤]采用了直线基线将奥兰群岛的最外部与大陆海岸连接起来。从整体上来看,芬兰的海岸符合"海岸线极为曲折或紧接海岸有一系列岛屿"的要求。但是,从局部来看,某些部分并不符合上述要求。奥兰群岛并非严格意义上的"一系列岛屿",且芬兰围绕奥兰群岛的直线基线形成一个与大陆海岸几乎垂直的"凸起"。芬兰位于波的尼亚湾(Gulf of Bothnia)中部的瓦尔肯群岛(Kvarken Archipelago)也属于这种情况。虽然这个群岛在满足"海岸的总体方向"这一

---

① 北极群岛南起大陆北缘,北至埃尔斯米尔岛(Ellesmere Island)。北端的埃尔德里奇海角,陆地面积约130万平方千米,属大陆岛。第四纪冰期后海平面上升,与大陆分离。

② 几千年来这里是因纽特人生活的地方,16世纪起大批欧洲探险队长时间在这里寻觅一条穿过群岛通向东方的西北航道,发现许多可以居住的地点,人口才稍有增加。

③ Mark Killas. The Legality of Canada's Claims to the Waters of Its Arctic Archipelago[J]. *Ottawa Law Review*, 1987, *19*(1): 113.

④ Judgement of Fisheries(United Kingdom v. Norway)[EB/OL]. (1951-12-18)[2020-01-25]. https://www.icj-cij.org/sites/default/files/case-related/5/005-19511218-JUD-01-00-EN.pdf.

⑤ 芬兰于1956年8月18日颁布《芬兰领海划界法(第463号)》,并于1995年7月31日颁布《关于芬兰领海划界法的法令(第993号)》,对该法予以修订。

要求时产生了问题,即直线基线的划定偏离了海岸的一般方向,但是直线基线却紧密地反映了这个群岛的轮廓,而且所使用的短距离的直线基线似乎并没有造成太大的偏离。因而没有任何国家对芬兰的直线基线提出质疑和挑战。芬兰直线基线被认为几乎是其边缘岛屿结构的复制,是最不具备扩张性的直线基线系统,[①] 可能是世界上最适度和最令人钦佩的直线基线。[②]

北极群岛和奥兰群岛(瓦尔肯群岛)的共同之处在于群岛均为"团状"而非线状。假如这些群岛呈"线状"分布且与大陆海岸垂直,那么其仍然难以构成"一系列岛屿"。[③] 如果沿岸群岛的岛屿数量众多、分布密集,而且岛屿之间及岛屿与大陆之间的联系较为密切,那么对岛屿分布方向的要求可以有所降低,甚至允许出现岛屿分布方向与海岸一般方向"明显"不一致的情况。

(二)适用直线基线规则的限制条件

在海洋划界中,适用直线基线规则受制于各种因素。1982 年《公约》第 7 条的第 3 款至第 6 款是关于直线基线限制条件的规定。在海洋划界实践中,相关方对于 1982 年《公约》第 7 条第 4 款至第 6 款的理解比较一致,而对于第 3 款的限制条件"直线基线的划定不应在任何明显的程度上偏离海岸的一般方向,而且基线内的海域必须充分接近陆地领土,使其受内水制度的支配"这一规定的理解分歧较大,主要集中在何为海岸的一般方向以及在采用直线基线制度的情况下偏离海岸一般方向具体包含哪些情形这两个问题上。对此,1982 年《公约》并无明确规定,在用语和实践上都存在不小的模糊之处,有待对规则进行解释。

1. 海岸线一般方向的确定

在直线基线的限制条件中,"海岸的一般方向"尤为重要,其与"紧接海岸有一系列岛屿"密切相关,因为"紧接"能够促进直线基线对海岸一般方向的

---

① US Department of State. Limits in the Seas No. 48: Straight Baselines[R]. Finland, 1972: 8.

② Victor Prescott and Clive Schofield. *The Maritime Political Boundaries of the World* [M]. 2nd Edition. Leiden: Martinus Nijhoff Publishers, 2005: 140.

③ 申钟秀. 直线基线适用的法律问题研究[EB/OL]. (2022-07-16)[2023-03-21]. https://kns. cnki. net/kcms2/article/abstract?v=6RtRr0kVastuxtqqIxH-OEo-JqfcLblT-Iw6JO1uLM_h70hnE1A0R_9iehPcAHi9mXDnTmaoaUou.

遵循。使用直线基线法时,海岸的一般方向是一个标准而不仅仅是一个条件。[①]
在通常意义下,"一般方向"仍是首要条件,缺乏这一条件就不能建立直线基
线,即便符合两个地理条件之一。"海岸的一般方向"似乎提供了约束直线基
线的原则,而直线基线正是适用这一原则的结果,这一原则可以说是国际法院
的一种创新。[②] 通常认为,一般方向以一条直线为代表,因此,任何直线基线与
海岸线的一般方向的偏离都可以测算出。从技术角度看,"直线基线的划定不
应在任何明显的程度上偏离海岸的一般方向"这一描述所指的是海岸线总体
方向与建议的直线基线之间的收敛角或发散角,无论如何是可以确定的。

　　对于以大陆海岸还是一系列岛屿外缘作为"海岸一般方向"的"海岸",不
同的认定方法会产生截然不同的结果。以加拿大北极群岛为例,北极群岛几乎
所有的海域都布满了无数的岛屿、岩石和暗礁,海域和岛屿紧密地融合在一起,
水陆面积比为 0.822∶1。如果以大陆海岸为"海岸",由于北极群岛呈三角形轮
廓,基线必然偏离大陆海岸的东西方向,则北极群岛的直线基线偏离"海岸的
一般方向"。而如果以北极群岛本身为"海岸",那么其直线基线与海岸的方向
完全一致,并未偏离海岸的一般方向。北极群岛的岛屿之间及岛屿与大陆之
间的联系如此紧密,以至于群岛的外部边缘能够构成本地区海岸的一般方向。
真正构成加拿大海岸线的是群岛的外线,而北极群岛的直线基线遵循这一外
线。[③]

　　学界和国际司法机构倾向于认为可以对"海岸一般方向"的"海岸"作宽
松解释,即在沿岸群岛与大陆海岸基本平行或与大陆海岸紧密相连的情况下,
可将其外部海岸视为大陆海岸。在实践当中,这种解释对判断沿岸群岛直线基

---

① D. P. O'Connell. *The International Law of the Sea (Vol.I)* [M]. Oxford: Clarendon Press, 1992:209.

② Yoshifumi Tanaka. *The International Law of the Sea* [M]. 3rd Edition. Cambridge: Cambridge University Press, 2019:58.

③ Mark Killas. The Legality of Canada's Claims to the Waters of its Arctic Archipelago[J]. *Ottawa Law Review*, 1987, *19*(1):114, 117; Suzanne Lalonde. Increased Traffic Through Canadian Arctic Waters: Canada's State of Readiness[J]. *Revue Juridique Themis*, 2004, *38*(1):72.

线的合法性具有重要影响。① 当紧接海岸有一系列岛屿时，这些岛屿与大陆之间存在整体性关系。当沿海国以其海岸"紧接海岸有一系列岛屿"为依据划直线基线时，岛屿外缘才是陆地与海洋真正的分界线，所以判断直线基线是否偏离，应当以岛屿外缘为准据，即判断直线基线是否偏离方向的基准海岸线应当是这一系列岛屿的外部界限，而不再是大陆海岸线。②

在 1951 年英挪渔业案中，国际法院将"石垒"的外线（直线基线本身）作为海岸一般方向。③ 在 1982 年突尼斯诉利比亚案中，虽然从突尼斯大陆海岸的卡布迪亚角（Ras Kaboudia）至克肯纳群岛东北方的埃尔-姆泽布拉（El-Mzebla）之间的直线基线偏离了海岸的一般方向，但在综合考量地理因素、特殊经济因素、基线长度等的基础上，法官认为突尼斯的直线基线具有合法性。在 2022 年加勒比海主权权利和海洋空间受侵犯的指控案中，国际法院认为，尼加拉瓜的岛屿并未足够靠近彼此而构成一群或一串沿着海岸的岛屿，同时这些岛屿并未充分靠近大陆成为大陆的外沿。从一般意义上证明某些海洋地物在地理上整体构成该国的一部分并不能满足 1982 年《公约》第 7 条的要求，这些岛屿必须是海岸结构不可分割的一部分。④ 基于上述案例，尤其是加拿大北极群岛、芬兰奥兰群岛和挪威"石垒"等北极地区实践可知，对海岸一般方向的判定并非如一些观点所认为的那样严格，海岸一般方向的作用和影响似乎没有那么重大。当沿岸群岛的岛屿之间及岛屿与大陆之间存在密不可分的联系，沿岸群岛的外线可以视为大陆的海岸线。

2. 充分接近陆地领土使其受内水制度支配的界定标准

1982 年《公约》第 7 条第 3 款除了要求"直线基线的划定不应在任何明显

---

① 申钟秀.直线基线适用的法律问题研究[EB/OL].（2022-07-16）[2023-03-21]. https://kns. cnki. net/kcms2/article/abstract?v=6RtRr0kVastuxtqqIxH-OEo-JqfcLblT-Iw6JO1uLM_h70hnE1A0R_9iehPcAHi9mXDnTmaoaUou.

② 马得懿,夏雨.直线基线规则的演进、适用及其限制:判例、立法与学说[J].中国海洋大学学报:社会科学版,2022（2）:8-9.

③ Judgement of Fisheries（United Kingdom v. Norway）[EB/OL].（1951-12-18）[2020-01-25]. https://www. icj-cij. org/sites/default/files/case-related/5/005-19511218-JUD-01-00-EN. pdf.

④ Alleged Violations of Sovereign Rights and Maritime Spaces in the Caribbean Sea（Nicaragua v. Colombia）[EB/OL].（2020-05-30）[2022-04-21]. https://www. icj-cij. org/sites/default/files/case-related/155/155-20220421-jud-01-00-en. pdf.

的程度上偏离海岸的一般方向",同时规定"直线基线内的海域必须充分接近陆地领土,使其受内水制度的支配"。但对"充分接近"没有明确的数学标准。在英挪渔业案中,虽然国际法院在判决中提到这一限制条件时强调"陆地支配海洋",但并未找到准确评估该规则的科学手段。在 1958 年《公约》签订之前,有关直线基线段最大长度限制的争论持续了几年,特别报告员弗朗索瓦教授为解决特定技术问题组织召集了一个专家委员会。该委员会倾向于将直线基线段的最大长度限制在 10 海里,该提议被弗朗索瓦教授认可并纳入公约草案中,但时任国际法委员会主席和斯堪的纳维亚半岛的国家对此均表示反对,认为 10 海里的长度限制并非习惯国际法。国际法委员会在起草 1958 年《公约》时也试图为这项限制条件设置精确的数值标准,将直线基线与海岸线之间的最大距离限制在 5 海里,但最终通过的公约并未给出如何判断接近陆地的具体标准。[①]

1982 年《公约》出台后,对于第 7 条第 3 款"直线基线内的海域必须充分接近陆地领土,使其受内水制度的支配"的规定,热衷于限制直线基线适用的美国学者结合 1982 年《公约》第 7 条的"紧邻海岸""充分接近陆地领土"、第 8 条的内水无害通过权以及第 10 条海湾封口线的 24 海里限制的要求,认为直线基线段的最大长度应为 24 海里。理由主要包括以下几点。(1)1982 年《公约》第 7 条第 3 款的规定暗含着基线内的水域在被转化为内水之前必须是沿海国的领海的前提条件。假如两个基点之间的距离超过 24 海里,那就意味着基线上的水域可能原本属于公海。(2)只有原先适用"无害通过"制度的领海被转变为内水之后,该制度才能继续得以适用,而原先属于公海的水域内因直线基线而由"公海自由"减损为"无害通过"的结果是不能被接受的。(3)海湾的认定除了需要满足"半圆法"的客观检验标准外,海湾封口线还需满足不得超过 24 海里的长度限制。[②]

(三)海图或地理坐标表的交付

1982 年《公约》第 16 条规定,按照第 7 条、第 9 条和第 10 条确定的测算

---

① 该公约第 4 条第 1 款和第 2 款规定,在海岸线甚为曲折之地区,或沿岸岛屿罗列密迩海岸之处,得采用以直线连接酌定各点之方法划定测算领海宽度之基线。划定此项基线不得与海岸一般方向相去过远,且基线内之海面必须充分接近领陆方属内水范围。

② J. Ashley Roach and Robert W. Smith. *Excessive Maritime Claims*[M]. Leiden:Martinus Nijhoff Press,2012:68-69.

领海宽度的基线,或根据基线划定的界限,和按照第 12 条和第 15 条划定的分
界线,应在足以确定这些线的位置的一种或几种比例尺的海图上标出。或者,
可以用列出各点的地理坐标并注明大地基准点的表来代替。沿海国应将这种
海图或地理坐标表妥为公布,并应将该海图和坐标表的一份副本交存于联合国
秘书长。由此对缔约国提出了"绘制海图或用地理坐标表代替海图""将此种
海图或地理坐标表妥为公布""将该海图和坐标表的一份副本交存于联合国秘
书长"三重义务,其目的是确保国际社会充分了解一个沿海国的领海边界(包
括基线、外界线和划界线)。而这种公布的目的是保护沿海国在其领海内的主
权,确保国际航行不会在无意中进入沿海国的领海而违反关于无害通过的规
则。①

　　该条款所要求的海图,是指以海道测量为基础、专门为满足海洋航行需求
而设计的地图,其中应显示水深、海底性质、高程、海岸形态和特征、危险以及
助航设备。②1982 年《公约》对沿海国所交存的海图只作出了宽泛的要求,仅
要求该海图拥有"足以确定这些线的位置的一种或几种比例尺"。在 1982 年
《公约》的语境下,地理坐标是定义了地球表面上一点的位置,并与高度一起定
义了垂直于该点上方或下方的位置的纬度和经度的参数。③

　　海法司在提及 1982 年《公约》项下的"妥为公布"时,将其定义为"在合
理的时间内,通过适当的当局以适当的方式通知某一特定行动的一般信息"④。
因此,可以认为"妥为公布"是一种结果导向的表述,它对沿海国并没有规定
具体的行为义务,1982 年《公约》本身没有说明沿海国是否可以仅通过立法或
法令程序公布信息履行"妥为公布"的义务,但联合国系统在 1982 年《公约》
缔约后续则强调"仅仅存在或通过立法(即使其中包含海图或地理坐标表)不

① Nordquist M. H., Rosenne S., Yankov A., et al. *United Nations Convention on the Law of the Sea 1982: A Commentary (Volume II)* [M]. Leiden: Brill Nijhoff, 1993:145.

② Division for Ocean Affairs and the Law of the Sea. *Guidelines on Deposit with the Secretary-General of Charts and Lists of Geographical Coordinates of Points Under the United Nations Convention on the Law of the Sea* [M]. New York: United Nations, 2021:19.

③ George K. Walker (ed.). *Definitions for the Law of the Sea: Terms Not Defined by the 1982 Convention* [M]. Leiden: Martinus Nijhoff, 2012:213.

④ Division for Ocean Affairs and the Law of the Sea. *Baselines: An Examination of the Relevant Provisions of the United Nations Convention on the Law of the Sea* [M]. New York: United Nations, 1989:55.

能被视为根据 1982 年《公约》向联合国秘书长交存的行为"。这进一步说明 1982 年《公约》下对于交存行为所达到的"妥为公布"要求更倾向于使用结果标准,在 1982 年《公约》本身没有指明行为方式的前提下,沿海国可以通过其认为"适当的方式"对相关信息作出通知,但应达到使各其他沿海国知晓该信息的效果,实践中,秘书处在完成对交存材料的技术审查后,向联合国所有会员国和 1982 年《公约》缔约国分发《海洋区通告》,将交存一事通知各国。

(四)北极国家直线基线的国家实践

在北极海域,虽然除了加拿大北极群岛的北部、丹麦格陵兰岛的北部和俄罗斯的法兰士约瑟夫地群岛,大部分北极海域的海岸在一年中的部分季节是无冰的,沿着北极海域的海岸确定低潮线并不会有太大的困难,但是北极沿海国中,除了美国采用正常基线之外,其他北极国家均采用了直线基线,其中加拿大和俄罗斯在北极海域的基线实践尤其值得关注。

1964 年加拿大颁布《领海与捕鱼区法案》规定了直线基线,并随后宣布对沿着纽芬兰-拉布拉多省(New Foundland & Labrador)、新斯科舍省(Nova Scotia)的海岸和英属哥伦比亚(British Columbia)的西部海岸适用直线基线。而之前加拿大采用的是正常基线。在 1985 年美国的破冰船"极地海"号从东至西横穿位于加拿大北极群岛的西北航道后,加拿大宣布从 1986 年 1 月 1 日起对加拿大北极群岛将采取直线基线的划定方法。①

对于加拿大北极群岛采用直线基线的有效性,无论是国际社会还是国际法学界均存在较大争议,认为加拿大沿北极群岛划定的直线基线明显偏离大陆海岸的一般方向,而且加拿大北极群岛非常广阔并从加拿大陆地一直向远处延伸,此种情况似乎也不太符合"直线基线的划定不应在任何明显的程度上偏离海岸的一般方向"这一划定直线基线的原则之一。但加拿大认为,如果将北美大陆作为一个整体看待的话,加拿大北极群岛是加拿大陆地的延伸,这符合国际法院所指出的"在判定直线基线是否偏离海岸的一般方向时要把全部海岸作为一个整体考虑"。北极群岛冻结的海冰与加拿大陆地相连,从而使得基线内的海域充分地与陆地相连。而居住在北极群岛的部分岛屿上的加拿大因纽特人对北极群岛海域的历史性使用和经济依赖,使加拿大划定的直线基线

---

①   Joe Clark. Statement by the Minister for Extern Affairs[J]. *Canada House of Commons Debates (Vol. V)*, 1985(September): 64.

似乎完全符合了国际法院的判例和国际海洋法公约所予以考虑的经济社会因素。①

俄罗斯的北极海域包括巴伦支海、喀拉海、拉普捷夫海、东西伯利亚海、楚科奇海。早在沙皇俄国时期颁布的有关领海的法令中就将固冰的最外部边界作为领海的基线，这是唯一曾经宣布以北极海域的海冰外缘为基线的国家。1971 年,苏联立法规定了低潮线、连接一系列基点的直线基线、由国际条约确立的基点三种类型的基点。1984 年和 1985 年,苏联分别沿着太平洋海岸、日本海、鄂霍次克海、白令海、波罗的海、黑海和最北部的北极海域划定了直线基线。在北部的北极海域划定基线时,苏联围绕着新地群岛、北地群岛和新西伯利亚群岛的外缘选择了基点。新地群岛的直线基线将巴伦支海与喀拉海分开,几乎以直角的方向从大陆海岸延伸出去并穿过了三个海峡。北地群岛向西北方向延伸至北冰洋,将喀拉海从拉普捷夫海分离,穿过四个海峡并由直线基线与陆地相连。而新西伯利亚群岛的直线基线的划定是沿着该群岛的西部划定的,包括三个海峡。俄罗斯在北极海域划定的直线基线连接群岛与陆地的基线长度从31海里至60.1海里,因基线内的海域距离陆地领土太遥远而受到质疑,其有效性遭到了一些国家的反对。②

俄罗斯在北冰洋某些海岸部位的基点位置确定在没有设施的且距离陆地较远的沙滩上或岩石小岛上,其一些基线还偏离了海岸一般方向的合理范围。在千岛群岛,一些周围地势平坦的岛屿或海岸区域理应划为正常基线的却划出了直线基线,俄罗斯的这种做法遭到美国、加拿大、挪威和丹麦的强烈反对。

（五）直接基线制度存在的问题和发展趋势

有关领海基线划定,存在问题最多、由此产生的争议也最多的是直线基线。有学者归纳为以下几个方面。一是应采用正常基线却选择采用直线基线,不公平、不合理地把其领海和其他管辖区域向海方向扩展,增加其内水区域,从而减少了其他国家或国际上可以使用的公海区域。二是一些国家在其海岸既不极为曲折也不紧接一系列岛屿的情况下,也采用了直线基线,导致国家之

---

① Mike Perry. Rights of Passage: Canadian Sovereignty and International Law in the Arctic[J]. *University of Detroit Mercy Law Review*, Summer 1997: 664-665.

② Donat Pharand. *Canada's Arctic Waters in International Law*[M]. Cambridge: Cambridge University Press, 1988: 153.

间相互指责或者抗议。① 三是领海直线基线过长。1982 年《公约》未对直线基线的标准作出统一规定,虽然海洋法专家普遍认为一条直线基线的最大长度以不超过 24 海里长为宜,但目前已经宣布建立直线基线或颁布立法欲建立直线基线的沿海国中有一半以上国家的领海直线基线过长,或基线走向大大偏离海岸一般方向,存在采用过长的基线的趋势。② 许多国家最长直线基线超过了 50 海里,有的甚至达到 200 海里以上。而有的海湾封口线超过规定的 24 海里长,违背了 1982 年《公约》第 10 条第 5 款的精神。四是直线基线偏离海岸一般方向角度过大。英国挪威渔业案中直线基线偏离海岸一般方向线最大为 15°,而由有关专家统计的 10 个沿海国建立的直线基线某些线段居然偏离海岸一般方向线范围达到 40° 至 90° 之间,加拿大在拉布拉多海巴芬岛海岸的直线基线为偏离海岸一般方向之最。③

对于领海基点和基线确定的标准,有技术专家给出了建议:必须限制直线基线的使用条件,在海岸平坦的地方必须运用正常基线,必须限制每条直线基线的长度不超过 24 海里,不超过 15° 日益成为直线基线偏离海岸方向的一般方向的标准。而海洋法专家们则建议起草和制定新的领海基线规则,修正和简化有关海岸线曲折和海湾直线基线的确定规则,严格限制其最大长度,最终目标是在地理上、裁决上以及在实践上形成符合现实情况的条文。

最近几年来,国际上要求领海基点选择标准统一的趋势日趋明显。根据 2004 年联合国海洋法第 54 号通报报道,2003 年 6 月 27 日挪威国王颁布了新的领海与毗连区法令,宣布其按照海岸低潮线划出了大陆和环绕扬马廷岛以及斯瓦巴德群岛的领海基线,从而大大缩小了内水的面积,确保了与国际法相一致。④ 而在 2000 年卡塔尔诉巴林案中,与以往国际法院和仲裁庭在审理海洋划界案时对当事国采用的领海基线存在的问题加以默许或回避不同的是,国际法院开始重视沿海国直线基线准确运用的问题。在该案中,法院坚持巴林国应当按照其海岸和岛屿的地理事实来确定基点,认为巴林无权应用直线基线方

---

① 例如,瑞典反对丹麦边界的一部分,而丹麦则反对瑞典边界的一部分。

② 在 150 多个沿海国中,已有 80 多个沿着各自的海岸位置划出了直线基线,并且有的国家颁布了立法,公布了基线坐标或海图。

③ 曹英志,范晓婷. 论领海基点和基线问题的发展趋势[J]. 太平洋学报,2009(1):70.

④ 王沐昕. 关于重新确定我国领海基点和基线的建议,中国律师网[EB/OL].(2007-05-14)[2020-05-30]. http://www.acla.org.en/pages/2007-5-14/p46149.html.

法。^① 在厄立特里亚诉也门案中，法院拒绝接受在一个不干礁的珊瑚上设立领海基点。^②

第三节　混合基线

　　混合基线法的确立主要是考虑世界上任何一个海岸线，并不一定是完全平直而仅适用正常基线法就可以简便易行地划定领海基线，也可能并不是极为曲折而仅适用直线基线法就可以划定领海基线。有些沿海国家的海岸线或许仅有部分平整、部分极为曲折，又或许紧邻一系列的岛屿，因此 1982 年《公约》第14 条确定了混合适用基线的方法，即针对拥有前述复杂海岸特征的沿海国家，可以选择在海岸线较为平整的部分适用正常基线法，在极为曲折或紧邻有一系列岛屿的海岸线部分，用直线基线法划定领海基线。1958 年《公约》中并没有与之相应的规定。这一规定是在第三次海洋法会议讨论过程中，在审议我国于1973 年提出的应当承认沿海国在各种相关因素方面"合理界定其领海的宽度和界限"的能力的一项建议的基础上，对沿海国使用一系列方法确定领海基线的能力进行讨论后形成的。最初这项规定被置于 1982 年《公约》第 7 条项下，但经过第三次海洋法会议最终讨论后，形成了独立的第 14 条"确定基线的混合办法"。

　　虽然第 14 条的文字内容很短，但它为沿海国根据海岸地形划定领海基线提供了保证，并表明国家所划定的领海基线类型取决于海岸的地理情况，而不是沿海国政府的主观意愿。首先，沿海国可以用这种混合方式确定基线。这使得沿海国家在划定领海基线时并非必须依赖基线技术的组合，并确认沿海国可以仅依靠第 5 条正常基线方法或第 7 条直线基线方法确定其基线。其次，基线可以交替使用"前述条款"规定的任何方法确定。在这里使用"交替"这个词是有意义的，表明应当"根据情况"或"适应不同条件"来作出选择。该条款的文本也证实了沿海国采用这些方法要"适应不同地理条件"，从而明确承认各国在评估如何确定其领海基线时的沿海情况并不完全相同。也就是说，1982

---

① 邵沙平. 国际法院新近案例研究（1990—2003）[M]. 北京：商务印书馆，2006：120.

② 曹英志，范晓婷. 论领海基点和基线问题的发展趋势[J]. 太平洋学报，2009（1）：72.

年《公约》允许沿海国家可以根据海岸地形选择单独或者混合使用正常基线或者直线基线,但是不允许沿海国家根据自己的主观意愿在不符合地理要求的地方绘制直线基线,而应遵循低潮线规则。

第二章
群岛基线

　　从地理属性看,群岛可以分为群岛国的群岛和大陆国家的群岛,而大陆国家的群岛还可分为大陆国家的沿岸群岛(中文亦称为"近海群岛")和大陆国家的远洋群岛(中文也称其为"洋中群岛")。[①] 为便于区分,本文中对于后两种群岛分别采用"沿岸群岛"和"远洋群岛"的称谓。群岛国是指全部由一个或多个群岛构成的国家,并可包括其他岛屿。沿岸群岛是指离大陆较近可以被看成是大陆的一部分的群岛。这种群岛在某种程度上构成沿海国的海岸线并且领海可以从其开始测量。如挪威的被称作"岩石壁垒"的连续不断的群岛,此外还有冰岛、芬兰、瑞典等国的沿岸群岛。而远洋群岛是指在地理位置上远离大陆却具有独立性整体性的群岛。[②] 一般认为,大陆国家的远洋群岛具有以下三点特征。其一,从本质上看,大陆国家的远洋群岛与群岛国的远洋群岛一样,都是地理意义上的远离大陆海岸的群岛。其二,这类群岛处于一个独立的大陆国家的主权之下。其三,这类群岛并不构成一个独立主权国家的全部领土。[③]

　　对于大陆国家的沿岸群岛而言,由于其符合1982年《公约》第7条直线基线规定的"紧接海岸有一系列岛屿"的情况,从而适用该条规定的采用直线基

---

① Satya N. Nandan and Shabtai Rosenne. *United Nations Convention on the Law of the Sea 1982: A Commentary (Vol.II)* [M]. Leiden: Martinus Nijhoff Publishers, 2002: 408.

② Jens Evensen. *Certain Legal Aspects Concerning the Delimitation of the Territorial Waters of Archipelagos, Official Records of the United Nations Conference on the Law of the Sea (Volume I)* [M]. New York: United Nations, 1958: 290.

③ Mohamed Munavvar. *Ocean States: Archipelagic Regimes in the Law of the Sea* [M]. Dordrecht: Martinus Nijhoff Publishers, 1995: 136.

线制度,本章不再赘述。值得注意的是,1982 年《公约》中将沿岸群岛的直线基线内的水域定性为"内水"的同时,也规定了特殊情况下的无害通过权,即第 8 条第 2 款规定的"如果按照第 7 条所规定的方法确定直线基线的效果,使原来并未认为是内水的区域被包围在内成为内水,则在此种水域内应有本公约所规定的无害通过权"。

第一节　群岛国基线制度

一、群岛国基线制度的形成

在传统国际法上,基于陆海二分,群岛在法律地位上不是一个整体,群岛内的各个岛屿及岛屿间的海域是分裂开的,各个岛屿沿其低潮线拥有领海,因而群岛内的水域中往往存在公海。[1] 在 1982 年《公约》制定前,在划定海疆时,仍将岛屿视同陆地,再小的岛屿都可以拥有与其他大陆沿海国家相似的领海。但岛屿大小相差悬殊,尤其是如果一个国家的领土全部由群岛构成,比照一般国际法划定领海的方式,将使其所辖的岛屿各自拥有自己的领海,这种情况并非群岛国家所能接受。

早在 20 世纪 20 至 30 年代,就有国际法学者与机构指出应有一套独立的制度规制群岛,并且在海牙国际法编纂会议上曾有相关的提议,但未能形成共识。在 1924 年国际法协会斯德哥尔摩会议上,阿尔瓦雷斯教授提出关于群岛整体性的建议:群岛应该被看作一个政治、经济上的整体,并且在划定其领海时应被当作一个整体予以考虑,应把距离中心最远的岛屿作为基点来划定领海。但是,在这一时期,世界上的主要洋中群岛多处在欧美列强的殖民统治之下,这些列强,作为海上强国,首要考虑的是维护公海自由。迫于当时海洋大国的压力,国际法协会并未对此予以评论。[2]1930 年在海牙召开的国际法编纂会议中,一些国家反对把群岛作为一个单元的概念,另一些国家则坚持围绕群岛可以划定一个统一的领海带,只要群岛的岛屿或小岛与群岛中心的距离不超过某一限

---

① 郑凡."群岛水域国家实践"研讨会综述[J]. 中国海洋法学评论,2013(1):292.
② 贾楠. 论大陆国家远洋群岛的法律地位[J]. 中国海洋法学评论,2012(1):32-33.

度即可。葡萄牙代表曾就群岛问题主张,对全部或部分由岛屿组成的群岛国而言,应当将这些组成的岛屿宏观上视为一个整体,并且在划定领海基线以及测算领海宽度的时候,应当以最外缘的岛屿为基准。但因遭到以美国为首的几个国家的反对,海牙国际法编纂会议最终未能对群岛问题有一个具体的结论,筹备委员会只是提出一份折中方案,建议把群岛作为一个整体来看待,但条件是群岛的岛屿或小岛之间的最大距离不超过领海宽度的两倍。另一方面,在群岛的岛屿之间封闭的水域,不是作为内水而是作为领海。

　　在第一次海洋法会议期间,丹麦代表提出,紧邻海岸的海域对沿岸居民而言,具有重要的经济利益,因此有必要扩充各国的领海宽度。菲律宾和南斯拉夫也曾提案,希望将直线基线法适用于群岛,但后来又撤回了这项提案。① 第一次联合国海洋法会议原本有可能解决群岛问题,但因英国代表坚持群岛问题属于重要问题,应再做研究,使会议最终未能就此问题展开实质性讨论。第二次联合国海洋法会议因对历史性水域进行专题研究,群岛问题并未得以深入讨论。1973 年春,在联合国国际海底管理局委员会会议期间,菲律宾、印尼、毛里求斯和斐济四个东南亚国家向国际海底管理局委员会提交了一份"群岛原则案"。该议案详细规定了什么是群岛国、如何测划组成群岛国的群岛基线、群岛国对于群岛水域可以主张怎样的权利以及无害通过权是否应当应用到群岛水域的国际航行等问题,可以视为群岛国家就群岛理论所提出的条文化草案的开端。到了同年秋季会议,涉及群岛问题的提案共有 7 个,群岛问题逐渐受到各国重视。在第三次联合国海洋法会议期间,群岛问题成为单独的议题,第三次联合国海洋法会议就群岛问题进行了详细的分析并最终形成了 1982 年《公约》第四部分的九个条款,内容包括群岛国的地位和群岛直线基线。

二、1982 年《公约》关于群岛国直线基线的规定

　　根据 1982 年《公约》第 46 条的规定,"群岛"是指一群岛屿,包括若干岛屿的若干部分、相连的水域或其他自然地形,彼此密切相关,以致这种岛屿、水域和其他自然地形在本质上构成一个地理、经济和政治的实体,或在历史上已被视为这种实体。1982 年《公约》将群岛作为整体处理的根本原因在于,构成

---

① Clive Ralph Symmons. The Maritime Zones of Islands in International Law[J]. *The Hague*,
　1979(8):4-5.

群岛组成部分的各种海洋地物、水域等相互之间的关系如此紧密,以至于已构成一个地理、经济和政治实体,或历史上已被视为构成这样的实体,从而可将其作为一个法律主体来确定其海洋权利,即基于地理、经济和政治上的内在聚合性,在法律上可将群岛作为一个实体对待。

根据 1982 年《公约》第 121 条第 1 款,岛屿是四面环水并在高潮时高于水面的自然形成的陆地区域,从而将人工岛屿排除在外。[①] 而"其他自然地形"即指相连"水域"中"岛屿"外的其他海洋地物。相较于"岛屿","其他自然地形"并无低潮时或高潮时高于水面的要求,也无维持人类居住或经济生活的要求,因此,其不仅包括"低潮高地",还包括在 1982 年《公约》中没有明确地位的暗滩、暗沙、暗礁等各色与其功能相似的水下地形地物。虽然"其他自然地形"出现在"群岛"概念之下,但有与一定"岛屿"及"水域"的"密切"关联的要求,即"地理、经济和政治"上的整体性,并一定程度上允许"历史性"判定标准的引入。[②]

从 1982 年《公约》第 46 条规定可知,群岛的自然地物之间需要彼此密切相关,其判断标准是是否在本质上构成地理、经济和政治的实体或者在历史上已被视为这种实体。连接地理角度、经济角度、政治角度和历史角度之间的单词是"或(or)"而非"且/和(and)",这意味着这两个判断整体性的要素是并列关系并无位次之分,满足二者之一即符合整体性的要求。但对于"地理上的密切相关"和"经济上的密切相关"并无确定的数值标准,应根据个案具体情况进行具体的判定,以免因预先确定具体的数值而可能产生个案的不适当。衡量经济上密切相关的因素,可以是岛屿上居民的生产生活活动、为此对岛屿和相连水域的使用和建设,以及对周围资源的利用和开发活动。如在马来西亚诉新加坡白礁岛、中岩礁和南礁案中,1947 年至 1951 年新加坡处于英国殖民时期,英国通过建设灯塔而占有白礁岛并确立所有权。国际法院考虑了以建设灯塔而具备这一经济上的因素,将争议岛屿的主权判归新加坡。[③] 而一群岛屿是否为"政治的实体",则需要确定所有岛屿是否归属于同一主权实体,但并不要

[①] 将人工岛屿排除在外的原因之一在于防止一国通过科技手段构建人工岛屿,使一国海域扩大。

[②] 周江. 群岛概念下的"其他自然地形"[J]. 社会科学辑刊,2019,244(5):87.

[③] 张卫彬. 国际法上岛屿的"占有"与南沙群岛问题 [J]. 法商研究,2016(5):175.

求必为一个国家,也包含一个国家的自治领土或附属。[①]"在历史上已被视为这种实体"意味着即便不满足前一个标准,但从历史角度已被认为具有整体性的,也可被认定为是具有整体性的群岛。

群岛基线本质上也是一种直线基线,只是因为适用于群岛国而自成一类。[②]虽然群岛基线与直线基线有些许相似之处,但二者在适用条件和适用效果方面却极为不同。根据1982年《公约》第47条的规定,群岛国可划定这种基线以连接群岛最外缘的岛屿或干礁的最外缘各点,从而形成一个封闭的区域。虽然这种基线在基线基点的选择、基线的大致走向以及基线的划定不得致使另一国的领海同公海或专属经济区隔断等方面可以说是基本比照或重复了1982年《公约》第7条有关直线基线的规定,但对于基点的选择、水陆面积比例、基线长度等这些限制性要求是一般直线基线所没有的。在地理条件允许的情况下,沿海国既可依据1982年《公约》第7条划定直线基线,也可依据第47条划定群岛基线。只要符合1982年《公约》第7条规定的条件,无论是大陆国家还是群岛国,均可适用直线基线。如果适用直线基线,则基线内的水域为内水,其他国家仅可依照1982年《公约》第8条第2款主张无害通过权,而采用群岛基线后,基线内的水域为群岛水域,它既不同于内水,也不同于领海,而是自成一体的水域。这种水域使得群岛国可以对比领海更多的水域取得领土主权,从而相较原先的领海可拥有更多的资源。

1982年《公约》第47条对构建群岛基线的具体技术标准、保障可能受到影响的邻国权利以及记录和公开群岛基线三方面作出规定。该条规定要求群岛基线必须包围群岛的主要岛屿,但并未清晰地定义"主要岛屿"。被基线包围的区域内的水面积和陆域面积之比必须在1:1和9:1之间,陆域面积可以包括环礁、岛屿、干出礁和封闭潟湖水域,以及岛屿岸礁内的水域。[③]

水陆比(Water-to-Land Ratio)概念的提出相当于为群岛制度的限制条件中增加了一个数学比例公式,旨在衡量划界所形成的范围以及水域面积的合理性,并以客观的方式表明群岛是各个岛屿紧密相连的岛组,其海洋水域空间与

---

① 戴瑛. 群岛整体性法律地位溯源及南海实践[J]. 法学杂志,2017(8):67.

② 贾宇. 极地法律问题研究[M]. 北京:社会科学文献出版社,2014:212.

③ 国际海道测量组织,国际大地测量协会. 1982《联合国海洋法公约》技术手册(中文版)[M]. 北京:海洋出版社,2022:54.

陆地面积的比例不会高出一个范围。这一数据标准是为了限制群岛制度的适用对象为"相对紧凑的海洋岛群",与此同时,这样的限制也可能导致群岛国本身无法适用群岛基线的问题。而且,基线不得在任何明显的程度上偏离群岛的一般轮廓,正如"海岸的一般方向"一样,这是一个主观标准。大多情况下,很可能群岛基线本身即可反映群岛的一般轮廓。单一基线的长度不得超过 100 海里,只有划定群岛基线时,允许不超过总数 3% 的群岛基线可以长达 125 海里。可以绘制的基线线段数量没有限制。但是,如果为了包括大量长度超过 100 海里的线段而决定增加更短线段的数量以满足 3% 的标准,那么必须注意还要满足其他标准。基线可以划为连接群岛的最外缘各岛和各干礁的最外缘各点的连线。但基线划定不能以低潮高地为起讫点,除非其上筑有永久高于海平面的灯塔或类似设施或者该低潮高地完全地或部分地位于最近岛屿的领海宽度内。这些规定与 1982 年《公约》第 7 条第 4 款关于直线基线制度的规定不同。

三、群岛基线内水域的性质与地位

群岛水域的性质与地位问题在 1930 年海牙国际法编纂会议中就被提及,但因涉及各国在群岛基线划定的水域中的利益,对是否应直接将群岛基线包围的水域认定为内水产生了争议,拥有群岛的国家要求维护其领土和水域的完整,并坚持如同内水一般最大限度地控制群岛相关水域,而群岛邻国和海洋大国则试图在这些水域内保留最大限度的自由,以维护其航行与捕鱼等权利。[①] 最终筹备委员会表示考虑到各国对整个问题的意见完全相反的现实,暂时不就群岛基线内水域的性质与地位问题发表任何建议。[②] 正是在这个问题上的争议促使以印度尼西亚和菲律宾为代表的部分国家提出了构建一种新的"群岛

[①] Mohamed Munavvar. *Ocean States: Archipelagic Regimes in the Law of the Sea*[M]. Dordrecht: Martinus Nijhoff Publishers, 1995: 283.

[②] 刘楠来,周子亚,王可菊,等. 国际海洋法 [M]. 北京:海洋出版社,1986: 163.

水域"的主张。① 不过当时以英国为首的海洋大国认为应进一步研究再议,最终会议未对该问题展开实质性讨论。② 在第三次海洋法会议的讨论中,汤加和秘鲁分别提及群岛水域的概念,③ 两国提出应在被群岛领海基线包围的水域内实行排他性管辖权的同时,也承认需要保障其他国家在这一水域中的通航权和既得权利,问题在于明确这些权利的确切性质、程度和范围。④ 经过第三次海洋法会议的讨论,最终群岛水域概念产生了,尽管其适用范围被限制在群岛国。

根据 1982 年《公约》,群岛水域所指向的水域仅为群岛国对其群岛划定领海基线所包围的水域,并不包括其他国家之群岛(如大陆国家的远洋群岛、沿岸群岛)领海基线包围的水域。群岛国对群岛水域行使主权,不论其深度或距离海岸、海床和底土及群岛水域的上空的远近如何。作为一种特殊的水域,群岛水域的法律地位介于领海与内水之间,但与领海的地位更接近,或可称之为"属于国家主权范围内的第三种水域"。

1982 年《公约》规定的群岛制度与领海制度的相似之处在于国家在水域中所行使的权利性质都是主权,行使的范围都包括水体及其中的资源、上空、海床和底土。外国船在群岛水域享有无害通过的权利,只有在出于安全原因而有必要时才能暂时停止该权利。但二者的不同之处在于,领海是指与国家的海岸线紧密相连并受国家主权支配和管辖下的一定宽度的海水带。根据 1982 年《公约》规定,沿海国领海宽度应为从领海基线量起不超过 12 海里。而群岛国领海宽度是从群岛基线量起而不是领海基线,其领海不是在内水之外,而是在

---

① 　1967 年 12 月 13 日印度尼西亚通过发布一项政府声明,表明其领海基线由使用直线连接其最外缘岛屿的向海最突出点形成,该基线包围的水域为内水,印度尼西亚在该水域内享有绝对的主权,该基线向海推进 12 海里为印度尼西亚的领海,并在第一次联合国海洋法会议中再次提出类似的观点。菲律宾和印度尼西亚均表示,群岛和一般岛屿存在本质的区别,应当区别对待。应该回归群岛早期的概念,即群岛的主体指向"岛屿林立的一片水域",而不是仅将群岛主体指向"岛屿"但忽视水域。

② 　Polomka Peter. Ocean Politics in South-East Asia[J]. *Institute of Southeast Asian Studies*, 1978(7): 11-12.

③ 　汤加提及"群岛国"与"群岛水域"这两个概念,但只是简单地表明二者之目的均是为了维护其诸多岛屿的整体性和统一性。秘鲁则明确表示,为了更好地巩固群岛国的群岛岛屿和水域的完整与统一,他支持构建"群岛水域"的概念,必要时可以"为整个群岛建立单一的领海及专属经济区",并将群岛水域视为内水。

④ 　Jayewardene H. W. *The Regime of Islands in International Law*[M]. Leiden: Martinus Nijhoff Publishers, 1990: 40.

群岛水域之外。除了无害通过权之外,1982 年《公约》承认了群岛海道和空中航道这种新的通过制度,群岛国可在获得国际海事组织批准后指定上述海道和航道。这种通过与 1982 年《公约》第 36 条用于国际航行的海峡的过境通行类似,是指"专为在公海或专属经济区的一部分和公海或专属经济区的另一部分之间继续不停、迅速和无障碍地过境的目的,行使正常方式的航行和飞越的权利"。即使群岛国没有指定群岛海道或航道,外国以及某些情况下的第三国仍可通过"正常用于国际航行的航道",行使这种通过权。值得注意的是,其中没有提及飞越。[1] 另外,在群岛水域内,直接相邻的国家还可以行使传统的捕鱼权及其他合法权利,其他国家铺设的现有海底电缆也应受到尊重,与群岛国家有协定的国家可以按照协定规定行事。而任何国家在沿海国的领海中一般不可能享有这些权利。[2]

第二节　大陆国家远洋群岛基线

一、大陆国家远洋群岛基线问题的讨论

如前所述,联合国海洋法会议对群岛问题的关注有一个变化的过程。群岛国和大陆国家的远洋群岛最初是作为同一个问题(远洋群岛)被提出来的,在第一次和第二次联合国海洋法会议期间,群岛问题尚未成为单独的议题,只能附属于相关议题。

在第三次联合国海洋法会议期间,群岛问题成为单独的议题,群岛被区分为群岛国和远洋群岛进行讨论。在 1974 年召开的联合国海洋法第三次会议的第二期会议上,包括群岛国和拥有远洋群岛的大陆国家在内共 9 个国家,以非正式文件形式主张大陆国家远洋群岛同等适用群岛法律制度,[3] 但就大陆国家

---

[1]　Mohamed Munavvar. *Ocean States: Archipelagic Regimes in the Law of the Sea*[M]. Dordrecht: Martinus Nijhoff Publishers, 1995: 171.

[2]　Piemas Carlos Jimenez. *Archipelagic Waters* [M]. Oxford: Oxford University Press, 2012: 533-559.

[3]　傅崐成,郑凡. 群岛的整体性与航行自由——关于中国在南海适用群岛制度的思考 [J]. 上海交通大学学报: 哲学社会科学版, 2015(6): 9.

远洋群岛的法律地位以及群岛国制度的适用问题，参会国家产生分歧。一部分国家认为，群岛国的原则和权利只能适用于完全由岛屿群或者部分岛屿群组成的国家，不能够适用于大陆国家的远洋群岛。① 参会的大部分国家反对将群岛国原则扩大适用至大陆国家的远洋群岛中来。另一部分拥有远离大陆的远洋群岛的国家② 则主张群岛国的理论也应当适用于大陆国家的远洋群岛，但未能坚持并充分论证自己的主张，该主张最终被该次会议制定的草案等书面性文件完全忽略。③

1975 年召开的第三期会议的文字性成果是《非正式单一协商文件》（Informal Single Negotiating Text），该文件将"群岛国"和"大陆国家的远洋群岛"分列两章，群岛国一章由 14 个条款组成，详细阐述了组成群岛国的岛屿群的定义及适用原则，而第二期会议中 9 个国家有关大陆国家远洋群岛的主张被减为第 131 条这一个条款，表明对群岛国的规定不影响构成大陆国家组成部分的海洋群岛的地位。在 1976 年召开的第四期会议上形成的《修订的非正式单一协商案文》（Revised Informal Single Negotiating Text）中，该条规定则干脆被删除。最终于 1982 年召开的第十一期会议形成了 1982 年《公约》，其第四部分用 9 个条款规定了群岛国制度，但依然回避了大陆国家的远洋群岛问题。④ 由此可见，第三次联合国海洋法会议尽管曾形成远洋群岛适用群岛基线的案文，但因存在分歧使与会国仅制定了群岛国制度，该制度只适用于群岛国，并不适用于大陆国家远洋群岛。大陆国家远洋群岛在海洋法中的地位成为 1982 年《公约》未予规定的事项。

二、1982 年《公约》第 7 条和第 47 条对大陆国家远洋群岛的适用

"群岛"作为一个法律概念，既然可以适用于大陆国家的沿海岛屿和群岛国的群岛，根据同样的地理事实也完全可以并且应该同样适用于大陆国家的远洋群岛。⑤ 大陆国家要对其远洋群岛划定直线基线，主张领海、毗连区、专属

① 支持这一观点的主要包括菲律宾、印尼、毛里求斯以及斐济等群岛国。
② 这些国家包括印度、厄瓜多尔、加拿大、挪威、新西兰、智利、冰岛等。
③ 姜丽，张洁. 浅析群岛制度的适用及南海划界[J]. 中国海洋法学评论，2010(1)：157.
④ 袁古洁. 国际海洋划界的理论与实践[M]. 北京：法律出版社，2001：238-240。
⑤ 张海文.《联合国海洋法公约》释义集[M]. 北京：海洋出版社，2006：88-89.

经济区、大陆架等各类海洋权利,理论上要么依据 1982 年《公约》序言的指引,以 1982 年《公约》之外的国际法规则和原则为依据主张群岛的整体性基线,要么在 1982 年《公约》中寻找相关的条款,作为主张大陆国家远洋群岛整体性基线的替代性方案。1982 年《公约》第 7 条和第 47 条分别确立了沿岸群岛的直线基线制度和群岛国的群岛基线制度,但对大陆国家远洋群岛的整体性地位和基线划定方法未作出明确规定。由于 1982 年《公约》对大陆国家拥有的远洋群岛所适用的法律制度不明,致使学界对于大陆国家的远洋群岛应当采取怎样的法律制度存在两种截然不同的观点:一种观点认为,对于大陆国家的远洋群岛应比照 1982 年《公约》第 7 条的直线基线制度,为远洋群岛划定直线基线,基线内水域为内水。[①] 另一种观点认为,大陆国家的远洋群岛可比照适用 1982 年《公约》第四部分的群岛国制度,为远洋群岛划定直线群岛基线,基线内水域为群岛水域。[②]

但是,从 1982 年《公约》的规定看,大陆国家远洋群岛基线划定难以找到明确具体的法律依据。无论是从群岛国制度制定过程还是从 1982 年《公约》框架内容看,1982 年《公约》第四部分群岛国制度仅可适用于群岛国,而不适用于大陆国家的远洋群岛。[③] 而且,大陆国家远洋群岛适用群岛国基线难以满足群岛基线有关长度和水陆比的要求。即使国家领土事实上大部分由群岛构成的国家,其群岛的地理状况也未必都能满足群岛基线的限制条件,更勿论国家领土只有少部分是远洋群岛的大陆国家了。

从立法旨意看,1982 年《公约》第 7 条规定的直线基线制度并未将大陆国家远洋群岛纳入其适用范围,这从第三次海洋法会议上对于大陆国家远洋群岛

---

① 赵理海. 海洋法问题研究[M]. 北京:北京大学出版社,1996:32-33;张海文.《联合国海洋法公约》释义集[M]. 北京:海洋出版社,2006:90-91;贾楠. 论大陆国家远洋群岛的法律地位[J]. 中国海洋法学评论,2012(1):40;卜凌嘉,黄靖文. 大陆国家在其远洋群岛适用直线基线问题[J]. 中山大学法律评论,2013(2):117;洪农,李建伟,陈平平. 群岛国概念和南(中国)海——《联合国海洋法公约》、国家实践及其启示[J]. 中国海洋法学评论,2013(1):208;王勇. 中国在南海地区构建远洋群岛法律制度析论[J]. 政治与法律,2016(2):99-104.

② 陈德恭. 现代国际海洋法[M]. 北京:海洋出版社,2009:117;傅崐成,郑凡. 群岛的整体性与航行自由——关于中国在南海适用群岛制度的思考[J]. 上海交通大学学报:哲学社会科学版,2015(6):11.

③ 1982 年《公约》第四部分标题即为"群岛国",且纵观 1982 年《公约》第四部分,除第48 条和第 54 条没有明文提及"群岛国",其余各条均限定于群岛国。

是否也要适用群岛国制度的争论可以看出。而且,1982 年《公约》第 7 条规定国家在使用直线基线划定领海时需要满足独特的海岸地理特征,即"海岸极为曲折""紧接海岸有一系列岛屿"以及"海岸的一般方向"的要求。群岛基线的划定是一个受岛礁分布、海岸线方向、水陆距离等地理因素直接影响的法律问题。1982 年《公约》第 7 条来源于大陆沿岸群岛基线划定的个案实践,但大陆的沿岸群岛与远洋群岛的地理情况存在明显差异,数量较多的远洋群岛地物呈分散分布,这就决定将该条全局性适用于远洋群岛基线划定具有较大的局限性,仅仅在一定条件下可变通适用于部分大陆国家远洋群岛基线的划定,将群岛作为整体划定基线。①

三、大陆国家远洋群岛基线划定的国家实践

大陆国家将其远洋群岛视为一个整体并独立地创设法律制度的实践要远早于 1982 年《公约》。据考证,丹麦将其拥有主权的洋中群岛法罗群岛视为一个整体并采取正常基线划定宽度为 3 海里的渔区肇始于 1903 年。② 大陆国家远洋群岛基线划定的国家实践目前呈现出多样化的情形:有的国家对其远洋群岛采用直线基线,线内封闭水域为内水;有的国家对其远洋群岛的每个岛屿采用正常基线(低潮线);还有国家对其远洋群岛采取混合基线,即部分或交替适用正常基线和直线基线。但是,迄今没有大陆国家对其远洋群岛比照适用1982 年《公约》第四部分群岛国的群岛制度。有关大陆国家远洋群岛的法律制度在目前尚处于理论争鸣、国家实践多元、理论与实践脱节的状态。这种状态在客观上导致了大陆国家远洋群岛法律制度的无序。③

(一)大陆国家适用正常基线划定远洋群岛领海基线的国家实践

美国和希腊都是航运比较发达的国家,他们不仅在对各自的远洋群岛领海基线进行划定时使用正常基线法,而且在国家领海基线划定时也都只使用正常

---

① Mark Killas. The Legality of Canada's Claims to the Waters of its Arctic Archipelago[J]. *Ottawa Law Review*,1987(19):119.

② Sophia Kopela. *Dependent Archipelagos in the Law of the Sea*[M]. Leiden:Martinus Nijhoff Publishers,2013:195.

③ 包毅楠. 论大陆国家的远洋群岛制度[J]. 上海大学学报:社会科学版,2020(1):78.

基线法。① 除美国和希腊之外,法国在法属波利尼西亚群岛、英国在维京群岛、俄罗斯在斯弗朗茨约瑟夫群岛也采用了正常基线划定领海基线。

美国在其整个国家领海基线划定时采用正常基线,其中包括夏威夷群岛和佛罗里达群岛等。夏威夷群岛主要由 8 个大岛和 124 个小岛组成,总体呈"一"字形排列,各岛间并不存在环绕等关系。在整个 19 世纪,夏威夷王国将岛屿与附近水域视为一个整体,但在 1898 年夏威夷并入美国成为美国联邦夏威夷州之后,美国联邦政府于 1951 年否认了这一说法,规定各岛只能采用低潮线来划定海域,并坚持 3 海里领海宽度。尽管当地政府反对,但因夏威夷仅是美国的一个州,其政策不能违背联邦的总政策。②

美国至今尚未批准 1982 年《公约》,并认为其在任何国家领海之外(包括国际海峡在内)所有海域都有进行自由航行和飞越的权利。③ 对夏威夷群岛采用直线基线能封闭更大的水域,而采用正常基线则在位于西北的两个岛屿之间有一大片水域位于领海基线之外。美国的考虑更多在于维护国家航行权利或者说促进商业贸易的发展,并通过对他国的直线基线主张提出抗议声明和积极开展"航行自由计划"活动,希望保留更多的"公海"以利于其自由航行和开发利用其中的资源。

希腊爱琴海群岛由基克拉泽斯群岛、北斯波拉德群岛、多德卡尼斯群岛和爱琴海东部的岛屿等岛屿群组成。前两个群岛靠近希腊大陆海岸,而多德卡尼斯群岛在距离上更靠近土耳其大陆海岸。有学者认为,爱琴海群岛在地理、政治、经济和文化上与大陆紧密联系,可视为沿岸群岛,可以使用直线基线将前两个群岛与邻近大陆的海岸连接起来。④ 希腊早在 1936 年就颁布法令宣布领海宽度为 6 海里,并在批准 1958 年《公约》时对第 6 条第 1 款与大陆架相邻或相向的国家有关大陆架边界划定规定作出保留,并声明在没有国际协议的情况

---

① 从时间上看,美国和希腊对于各自的领海基线划定时间均在 1982 年《公约》制定或者生效之前,其中美国至今仍未批准 1982 年《公约》,希腊则是在 1995 年成为 1982 年《公约》的成员国。

② Jon M. Van Dyke. An Overview of the Jurisdictional Issues Affecting Hawaii's Ocean Waters[J]. *The International Journal of Marine and Coastal Law*, 1996, *11*(3): 363.

③ 洪农. 浅析美国对《联合国海洋法公约》的立场演变[J]. 中国海洋法学评论, 2005(1): 117.

④ Politakis G. P. The Aegean Agenda: Greek National Interests and the New Law of the Sea Convention[J]. *Int'l J. Marine & Coastal L.*, 1996(10): 497.

下,希腊将适用正常基线来测量领海的宽度。1995年希腊批准1982年《公约》,并声明众多分散的岛屿所形成的海峡实际上与用于国际航行的路线相同或者重叠,有关沿海国有责任指定该路线或替代该海峡中的航线,使得第三国的船舶和飞机可以在过境通道制度下通过,在满足国际航行和飞越的同时,也可以满足国际船舶和飞机以及沿海国的最低安全要求。希腊虽然在爱琴海群岛采用正常基线划定了领海基线,但并未在基线内适用内水制度,而是认为其远洋群岛间形成了可用于过境通行的海峡并应指定航道通过。

希腊因与土耳其共享爱琴海海域,因此更为关注通过其远洋群岛水域内的船舶航行对国家安全的影响。希腊试图对爱琴海群岛内的各种海峡的航行进行管制,避免他国的军舰、潜艇和飞机等通过由彼此靠近的岛屿形成的海峡时对沿海国家的安全可能构成的威胁。

土耳其和希腊在领海和大陆架划界、空中航行和飞越权利控制、岛屿主权归属等方面存在争端,且双方对相关条约的解释、争端的解决方式等关键问题的理解差异较大。[①] 土耳其对希腊的声明提出抗议,认为希腊通过单方面声明和保留来规避公约相关规定,违反了1982年《公约》关于海峡通行的规定及国际法原则。除了非公约成员国的土耳其外,公约的缔约国均未对希腊提出的在构成群岛的岛屿间形成的海峡实行过境通过的解决办法提出异议。

(二)大陆国家适用直线基线划定远洋群岛领海基线的国家实践

随着国际法院在1951年英挪渔业案中确认直线基线的合法性以及1958年《公约》确立直线基线制度之后,部分大陆国家开始对其拥有的远洋群岛适用直线基线制度,将直线基线内的水域视为本国的内水。到召开了第三次联合国海洋法会议的20世纪70年代,大陆国家对其远洋群岛采取直线基线制度的国家实践已经形成了一定的规模,[②] 其中包括北极沿海国挪威的斯瓦尔巴群岛

---

① Avar Y. Y. C. L. , Lin Y. C. Aegean Dispute Between Turkey and Greece: Turkish and Greek Claims and Motivations in the Framework of Legal and Political Perspectives[J]. *International Journal of Politics and Security*, 2019(1): 57.

② 1982年《公约》通过之前,至少有七个大陆国家对其洋中群岛适用直线基线制度,其中包括作为北冰洋沿岸国的丹麦和挪威。1982年《公约》通过之后(即使1982年《公约》第7条和第四部分已分别对直线基线和群岛制度作出明确规定),又有包括法国和丹麦在内的至少七个大陆国家对其远洋群岛设立直线基线制度。

（以下简称"斯岛"）、卡尔王地群岛和丹麦的法罗群岛。这些国家都仅在国内立法中公布，没有声称是比照适用 1982 年《公约》第四部分群岛国基线制度，也没有明确表明其国际法依据。[①]

挪威的斯岛是由北冰洋上的 11 个岛屿组成的群岛，其中包括斯匹茨卑尔根岛、东北地岛、埃奇岛三个比较大的岛屿和一系列距离较近面积较小的岛屿。1970 年 9 月 25 日，挪威采用直线基线将斯岛西部和南部的 83 个基点连接起来。2001 年 6 月 1 日挪威颁布法令，废除上述法令并将直线基线适用于整个群岛。卡尔王地群岛是一组较小的岛屿群，距离斯岛主群岛东侧约 38 海里，与主要的群岛没有直接相连的基线，因此在该群岛适用了一段单独的直线基线。基线长度相对较短，最长部分也仅有 15.4 海里。

1903 年 2 月 27 日，丹麦颁布法令表明其将法罗群岛视为整体划定领海基线，并确定基线向海 3 海里范围为其专属渔业区。自 1903 年以来，丹麦将法罗群岛视为一个单独的小型区域。1963 年 4 月 24 日，丹麦颁布法令，宣布在法罗群岛选了 13 个基点，之后依据丹麦 1976 年 12 月 21 日第 599 号法令规定，在法罗群岛最外的岛屿和珊瑚礁上，用 10 条直线基线连接了 11 个基点（除了基点 13 和基点 1 之间不连接），最长的直线基线位于群岛东侧，总长为 61 海里。基线内岛屿间相距不超过 5 海里，其他的直线基线长度都要短得多。

（三）大陆国家适用混合基线划定远洋群岛领海基线的国家实践

至少有包括法国、澳大利亚、葡萄牙等国家在内的七个国家在对其远洋群岛划定领海基线时，交替使用了正常基线和直线基线，而不是单纯适用其中任意一种。葡萄牙通过《1985 年 11 月 9 日的第 495/85 号法令》列出了马德拉群岛和亚速尔群岛除正常基线外的直线基线的基点坐标。美国曾于 1986 年对葡萄牙在上述两群岛设立直线基线的实践提出抗议。[②]

特克斯和凯科斯群岛为西印度群岛中的英属岛群，属于英国的远洋群岛。该群岛坐落于巴哈马群岛东南端，由特克斯群岛和凯科斯群岛的 30 多个小岛组成，其中 8 个岛常年有居民，距最近的大陆美国佛罗里达州约 100 千米。根

---

① Sophia Kopela. *Dependent Archipelagos in the Law of the Sea*［M］. Leiden：Martinus Nijhoff Publishers，2013：125.

② 卜凌嘉，黄靖文. 大陆国家在其远洋群岛适用直线基线问题［J］. 中山大学法律评论，2014（2）：32-33，112.

据英国 1989 年公布的《特克斯和凯科斯群岛法令》，该群岛的领海基线混合适用正常基线和直线基线，由共 16 段直线与低潮线构成，并设立了 19 个领海基点。此外，1989 年，英国在其《1983 年英国国籍（福克兰群岛）法令》附件中，规福克兰群岛[①] 混合适用正常基线和直线基线，并设定了 22 个领海基点，现在该群岛的主权归属仍为英国和阿根廷所争议。

四、大陆国家远洋群岛基线划定的习惯国际法依据

如前所述，由于地理情况的差异，1982 年《公约》第 7 条并不能涵盖群岛的所有情况。对此，有学者认为，应该按照 1982 年《公约》序言第 8 段的规定，以 1982 年《公约》之外一般国际法的规则和原则为准据，而非只以 1982 年《公约》中的规则为唯一依据。[②]

国际法的一些重要领域因几乎没有适用的条约，仍然主要由习惯国际法加以规范。即便有时存在着生效的条约，但对条约没有规范到的问题仍然执行习惯国际法规则；在涉及条约非缔约方时以及在非缔约方之间，习惯国际法规则也仍然适用。此外，条约可能会提到习惯国际法规则；在按照《维也纳条约法公约》第 31 条第 3 款（c）项解释条约时，也可将这种规则纳入考虑。另外，有时候，即便现在已经有了生效的条约，但可能有必要确定在某些行为发生时适用的法律（"时际法"），而这种法律可能属于习惯国际法。无论如何，即便习惯国际法的规则与条约具备相同的内容，这种规则也可独立于条约而继续存在和适用，甚至是在条约的缔约方之间继续存在和适用。[③]

习惯国际法是国际法的主要渊源之一，在当今国际社会中仍发挥着举足轻重的作用。与此同时，由于习惯国际法的形成过程具有模糊性和不确定性的特征，关于习惯国际法的识别和确定一直是国际法的一大难题。为了最大限度地消除这种模糊性和不确定性，国际法委员会一直致力于寻找识别和确定习惯

---

① 福克兰群岛（拉美国家称为"马尔维纳斯群岛"）位于阿根廷南端以东的南大西洋，距阿根廷的巴塔哥尼亚约 500 千米，由 346 个岛屿组成，总面积约 12100 平方千米。

② 李任远.《联合国海洋法公约》第 7 条在大陆国家远洋群岛的过度适用问题研究[J]. 边界与海洋研究，2022，7（6）：63.

③ 见尼加拉瓜境内和针对尼加拉瓜的军事和准军事活动案（尼加拉瓜诉美利坚合众国），实质问题，判决，《1986 年国际法院案例汇编》，第 14 页起，见第 93-96 页，第 174-179 段；《防止及惩治灭绝种族罪公约》的适用案（克罗地亚诉塞尔维亚），判决，《2015 年国际法院案例汇编》，第 3 页起，见第 47-48 页，第 88 段；《习惯国家法的识别》注解第 663.

国际法的明确标准。经过多年的不懈努力，①2018 年 12 月 20 日，联合国大会第七十三届会议通过了《关于"习惯国际法的识别"的决议》（以下简称《决议》）。

（一）习惯国际法的识别

根据《决议》附件结论 2，习惯国际法规则的确立需要两个构成要素：其一为存在一般惯例，即国家实践；其二为一般惯例的存在必须被接受为法律。仅具备一个构成要素不足以识别习惯国际法规则。未被接受为法律（没有法律确信）的惯例，即便被广泛和一致地使用，也只能是没有约束力的做法，而在没有惯例支撑的情况下认为某项规定是（或应当是）法律，则仅仅属于愿望；只有二者合一方能证实存在一项习惯国际法的规则。②

《决议》第三部分结论 4 指出，作为形成习惯国际法客观要素的一般惯例，主要表现为可以创设一项习惯国际法规则的国家实践或者特殊情况下的国际组织的实践。对于惯例的要求，主要是以国家为主体的有助于形成或表述习惯国际法的国家惯例亦即国家实践。同时在一些情况下，国际组织的惯例也有助于国际习惯法规则的产生和形成。③

根据《决议》结论 8 有关惯例必须具备一般性，即必须足够广泛和有代表性，还必须是一贯的。但这两项要求中的任何一项都无绝对的标准，必须结合实际情况予以评估。只要惯例具备一般性，就不要求特定存续时间。从已有的文献资料来看，目前 20 余个通过立法规定远洋群岛适用直线基线的大陆国家实践，最早可以追溯到 1963 年丹麦政府发布法令将直线基线适用于法罗群岛。而此时距离通过 1982 年《公约》为时尚早，更何况国际习惯的确定和形成。因

---

① 2012 年，国际法委员会第六十四届会议开始就习惯国际法的识别和认定标准进行讨论；2016 年，国际法委员会第六十八届会议一读通过了关于"习惯国际法识别"的结论草案及其评注；在此基础上 2018 年国际法委员会第七十届会议，二读通过了整套的结论草案及其评注，又于 2018 年 12 月 20 日，联合国大会第七十三届会议上通过《关于"习惯国际法的识别"的决议》（A/RES/73/203）。

② 联合国.《大会正式记录，第七十三届会议，补编第 10 号》（A/73/10）[M]. 纽约：联合国，2018：130.

③ 国家行为包括但不限于国家的立法、行政、司法活动，也包括国家行使其他职能时的国家行为。国家实践的形式多种多样，既包括国家的实际行为，也包括国家的言语表达，甚至在某些情况下还可能包括国家的默示行为或不作为。除此之外，国家惯例的形式包括但不限于国家的外交行为和外交信函、国际组织或政府间会议通过决议时国家的立法、司法、行政行为等相关行为。

此,无论 1982 年《公约》是否明确规定远洋群岛的划界问题,抑或是习惯国际法规则确定与否,大陆国家通过国内立法、颁布法令等形式确定本国远洋群岛适用直线基线的做法早已成为通常选择。

但是,仅证明国家实践足够广泛以及代表性的国家一贯遵守并不足以支撑一项习惯国际法的识别和认定,还需要考量各国在作出实践时的心理要素,即评价一国是否接受有关实践的约束,将其接受为法律,"法律确信"即要求实践被接受为法律。①

从上文国家实践看,大多数国家通过本国的法律、法令等确定对其远洋群岛适用直线基线,这表明这些国家已经以内部的法律规定的方式对直线基线的适用进行确定,是对法律确信的充分体现,比如丹麦先后就同一群岛制定了一系列法规以明确其直线基线。这些足以证明这部分国家坚持远洋群岛适用直线基线应该是一种法律规则,即所谓法律确信。除此之外,在联合国第三次海洋法会议期间,多个国家如挪威、印度、厄瓜多尔都提出远洋群岛应适用直线基线,并且在 1982 年《公约》生效后,这些国家也始终坚持这一实践。②

另外,一些国家在对本国的远洋群岛适用直线基线时,同周边国家签订了相关协议,获得了周边国家关于适用直线基线的同意。以北极地区国家为例,丹麦在划定法罗群岛的领海基线之时,就分别同挪威、欧共体和苏联签订了关于法罗群岛直线基线的海域划界或者渔业协定。挪威与俄罗斯签订《俄罗斯联邦与挪威王国就巴伦支海和北极地区划界及合作条约》进行海洋划界时,俄罗斯也承认了挪威在斯瓦尔巴特群岛直线基线的法律效力。③ 同周边国家签订的海洋或渔业划界协议,不仅是这些国家在内部对法律确信的外部实践,同时也意味着这些周边国家对相关协议中的远洋群岛直线基线划定方法的默示同意,更是对此种法律确信的认同。

---

① 正如国际法院在北海大陆架案判决中强调:有关行为不仅要构成既定惯例,而且其本身或其实施方式须能够佐证一种看法,即有规则要求采用这种惯例,因此,该惯例具有强制性。这样一种信念的必要性,即主观因素的存在,包含在"法律必要确信"的概念中。因此,有关国家必须感到他们是在遵守相当于法律义务的规定。见北海大陆架案,判决,《1969 年国际法院案例汇编》,见第 44 页,第 77 段。

② 张华. 中国洋中群岛适用直线基线的合法性:国际习惯法的视角[J]. 外交评论,2014（2）:136-137.

③ 卜凌嘉,黄靖文. 大陆国家在其远洋群岛适用直线基线问题[J]. 中山大学法律评论,2014（2）:113-114.

一国在一项习惯国际法规则形成之初即表示反对,一直到该习惯国际法规则最终形成之时一直坚持此种反对,那么对于该习惯国际法规则而言,这个国家便是一贯反对者,其可以适用一贯反对者规则。美国国务院于1970年发布了相关的研究报告,表示对法罗群岛直线基线依据的所谓的"群岛原则"(Archipelago Principle)并不认可。虽然美国明确反对丹麦等几个大陆国家在其远洋群岛上适用直线基线,但总体而言,大陆国家在其远洋群岛上适用直线基线制度的实践没有遭到除了美国外其他国家包括群岛国家在内的明确反对,也没有引发严重的争议。也即现有的情况正表明,大陆国家在远洋群岛适用直线基线的做法越来越被国际社会所包容,或者说这种现象正在成为一种趋势或者所谓的"国际习惯法"。①

(二)大陆国家远洋群岛采用直线基线面临的问题

近年来,越来越多的大陆国家声称1982年《公约》第7条是其主张远洋群岛整体性基线的依据,但其中有些主张并不符合1982年《公约》第7条的规定。这是因为,部分群岛中的岛屿分散分布,或者难以满足"紧接海岸有一系列岛屿"这一条件,②或者实际上无"海岸的一般方向",③且所划的整体性群岛基线内水域面积较大,难以使水域充分靠近领土,受内水制度的支配。④

这些大陆国家远洋群岛的实践与1982年《公约》群岛国制度在多个涉及本国海洋权利和外国海洋权益的关键问题上存在差异,除了不存在群岛直线基线对基线本身长度和基线划定内部水域的水陆比的限制外,基线内部水域为内水,其他国家在该内水内并不存在于群岛水域所享有的权利,主要体现在其他国家船舶和飞机在群岛国的群岛水域内享有海道通过权和上空飞越权,以及在1982年《公约》第53条的若干限定条件下,直接相邻国家在群岛水域内的某些传统捕鱼权利和其他合法活动的权利,其他国家对其现有的海底电缆也可以

---

① 卜凌嘉,黄靖文. 大陆国家在其远洋群岛适用直线基线问题[J]. 中山大学法律评论,2014(2):117.

② 如澳大利亚的霍特曼·阿布洛霍斯群岛、英国的特克斯与凯科斯群岛的地物呈分散分布,这些群岛的地理分布难以满足1982年《公约》第7条规定的"紧接海岸有一系列群岛"的规定。

③ 澳大利亚的拉德沙克韦普群岛、英国的特克斯与凯科斯群岛均如此。

④ 英国的特克斯与凯科斯群岛、法国的瓜德罗普群岛、澳大利亚的霍特曼·阿布洛霍斯群岛等多个群岛均如此。

行使维修和更换的权利。但实际上，目前大陆国家的远洋群岛实践对于直线基线内部水域的水陆比以及最长基线长度都没有硬性的规定，大陆国家在远洋群岛的内水也没有普遍承认直接相邻国家在其内水的传统捕鱼权等权利。

　　有学者认为，在 1982 年《公约》体系之外划定远洋群岛直线基线国家实践同 1982 年《公约》第四部分的群岛国制度产生矛盾。而一旦形成习惯国际法，还可能对 1982 年《公约》的体系造成破坏。而比照适用群岛国制度的各项规则，不仅可以实现大陆国家与其他国家的海洋权利之间的平衡，解决大陆国家的远洋群岛实践同 1982 年《公约》的矛盾，还能最大限度地维护 1982 年《公约》的权威性和完整性。因此，大陆国家的远洋群岛比照适用 1982 年《公约》的群岛国制度相比目前某些大陆国家为远洋群岛划定直线基线的实践更具优势和可操作性。①

---

① 包毅楠. 论大陆国家的远洋群岛制度[J]. 上海大学学报：社会科学版，2020（1）：77.

第三章
基线外部海域的划定及其法律地位

第一节　基线外部海域的划定及其法律地位

一、领海海域的划定及其法律地位

1982 年《公约》第 2 条第 1 款规定:"沿海国的主权及于其陆地领土及其内水以外邻接的一带海域,在群岛国的情形下则及于群岛水域以外邻接的一带海域,称为领海。"由此可见,领海是指沿着国家的海岸或内水受国家主权支配和管辖下的一定宽度的海水带。领海宽度是领海制度中长期以来争论较多的问题,历史上出现过以下几种学说。(1)航程说,即以船舶航行一定时间的距离作为领海的宽度,此距离最多为 100 海里。(2)视野说,即以目力所及的地平线作为领海的界限,此界限距离海岸观望点大约 14 海里。在 16 和 17 世纪的许多条约和法令中规定,国家管辖的海域应达到"视力所及的地平线"。(3)大炮射程说,即按照荷兰法学家宾刻舒克的主张,陆上国家的权利以武器所及的范围为限。[①]17 世纪时,荷兰国际法学家格劳秀斯主张国家管辖的海域范围取决于它的有效控制。如果在一部分海面航行的人能被在岸上的人所控制,那么这一部分海面就属于这一块土地的。1703 年,另一位荷兰法学家考尼斯·宾克舒克提出武器力量终止之处即陆上权利终止之处。当时大炮射程约 3 海里,因此,很多人便认为一国控制的沿海的宽度应为 3 海里,从而提出"3 海

---

① ［英］詹宁斯,瓦茨. 奥本海国际法(第一卷第二分册)[M]. 王铁崖,等译. 北京:中国大百科全书出版社,1995:30.

里规则"或"大炮射程规则"。① 根据大炮射程说,认为领海的起点应在"能够在其边沿的安全地方筑起海岸炮台,而且这些炮台即使在潮水最高潮时也不致遭受危险的那条海岸线上"。② 上述三种主张中,大炮射程说得到较普遍的赞同,该学说后来演变成 3 海里规则,并在 18 世纪被一些国家采用。但目前 12 海里领海宽度代表多数国家的实践,趋向于成为国际法规范。1982 年《公约》第 3 条规定,每一国家有权确定其领海的宽度,但对其最大范围作出限制,即从按照 1982 年《公约》确定的基线量起不超过 12 海里的界限为止。

北极海域国家中,美国在 1793 年规定其海岸中立海域为 3 海里,加拿大在 1970 年颁布《北极水域污染预防法案》之前也一直采用 3 海里的领海宽度,但挪威、瑞典、丹麦都坚持 4 海里。冰岛在 1901 年的领海宽度为 3 海里,1952 年扩展至 4 海里,为了保护渔业资源,1958 年冰岛将领海宽度扩展至 12 海里,并于 1972 年再次将领海宽度扩展至 50 海里,由此引发了与英国三次的"鳕鱼之战"(Cod Wars)。由此可见,在 1982 年《公约》生效之前,北极各国领海宽度的国家实践可以说是千差万别的。

第三次联合国海洋法会议经过反复协商之后在 1982 年《公约》中作出"从基线量起不超过 12 海里界限"的领海宽度的统一规定。在 1982 年《公约》之后,北极海域国家中,除俄罗斯自始至终采用了 12 海里的领海宽度和加拿大自 1970 年的"曼哈顿"号事件后开始采用 12 海里的领海宽度之外,其他北极海域国家的领海宽度都有所变化。冰岛、挪威均采取了 12 海里的领海宽度,包括《斯约》之下有特殊地位的斯岛的领海基线也从 2003 年起从原来的 4 海里变为了现在的 12 海里。但丹麦格陵兰岛的领海宽度仍为 3 海里。③ 没有批准1982 年《公约》的美国在 1988 年由当时的里根总统发布了《里根公告》,宣布了 12 海里的领海宽度。④

---

① 高健军. 中国与海洋法[M]. 北京:海洋出版社,2004:43.

② 周忠海. 国际海洋法[M]. 北京:中国政法大学出版社,1987:32. 由于大炮的射程不断增大,各国遂把领海向外扩大到 3.5、6.5、11 海里或更多,不过采用 11 海里的占多数。

③ 依据丹麦 1999 年 4 月的第 200 号《领海划界法案》(Act on the Delimitation of the Territorial Sea)的规定,只有在《皇家敕令》(Royal Decree)特殊规定的情况下,领海的规定才适用于格陵兰岛。

④ Stephanie Holmes. Breaking the Ice: Emerging Legal Issues in Arctic Sovereignty[J]. *Chicago Journal of International Law*, 2008(9):323.

领海的外部界限是一条其每一点同基线最近点的距离等于领海宽度的线。划定领海的外部界限,实践中一般有平行线法、交圆法和共同正切线法三种方法。平行线法是指领海的外部界限与基线完全平行。交圆法是在领海基线是低潮线时,以基线上某些点为中心,以领海宽度为半径,向外画出一系列相交的半圆,各交点之间的一系列相连的弧就形成领海的外部界限。而共同正切线法则是在领海基线是直线基线时,以每个基点为中心,以领海宽度为半径向外画出一系列半圆,然后画出每两个半圆的共同正切线,这些正切线连在一起形成领海的外部界限。而海岸相邻或相向的国家间领海的分界线,根据1982年《公约》第15条的规定,除因历史性所有权或有关协议的规定或其他特殊情况外,两国领海一般以中间线为界,中间线上的任何一点与两边基线最近点的距离是相等的。

内水被称为领海基线向陆一面的水域。沿海国对其内水及其领海,包括海床、底土和上方的空域行使主权,并在内水行使制定规范和强制执法的完全管辖权。但沿海国在领海所行使的主权受到外国船舶无害通过权的限制,即沿海国不得阻碍"不损害沿海国的和平、良好秩序或安全"的外国船只通过。除在内水外,沿海国对外国船舶及其国民不能行使刑事管辖权,包括对外国船只上的人进行任何调查或予以逮捕,也不能行使民事管辖权或对船只的通过课税。

根据1982年《公约》第21条第1款的规定,沿海国有依1982年《公约》和国际法规定,对下列各项制定法律的管辖权:航行安全及海上交通管理;保护助航设备和设施以及其他设施或设备;保护电缆和管道;养护海洋生物资源;防止违犯沿海国渔业法律和规章;保全沿海国的环境,并防止、减少和控制该环境受污染;海洋科学研究和水文测量;防止违犯沿海国的海关、财政、卫生或移民的法律。另外,沿海国还可以根据1982年《公约》第22条第3款所列条件制定分道通航制。外国船舶必须遵守沿海国的这些法律和规章。外国潜水艇和其他潜水器,须在海面上航行并展示其旗帜。在毗连区内,沿海国可以行使"管制",以"防止在其领土或领海内违犯其海关、财政、移民或卫生的法律和规章",并"惩治在其领土或领海内违犯上述法律和规章的行为"。

二、毗连区的划定及其法律地位

毗连区制度的出现远早于专属经济区制度。联合国国际法委员会在其为第一次联合国海洋法会议准备的条款草案中并未包括毗连区划界的规定。在

1958 年会议上,南斯拉夫提出毗连区的划界问题,并建议倘无协议,海岸相邻或相向国家间的毗连区界线应由中间线构成。虽然该建议遭到少数国家的反对,① 但最终被会议接受,只是其后又对其进行了修改,从而形成了 1958 年《公约》第 24 条第 3 款的规定,即"两国海岸相向或相邻者,除彼此另有协议外,均无权将本国之毗连区扩展至每一点均与测算两国领海宽度之基线上最近各点距离相等之中央线以外"。然而上述规定在第三次海洋法会议上又莫名其妙地消失了。同样,1982 年《公约》第 33 条中也没有关于毗连区划界的规定。删除毗连区划界条款的原因是大多数沿海国都将会有大陆架和专属经济区,因此毗连区就将作为沿海国之间"多种海域"单一划界的一个部分。换言之,对于宣布专属经济区的沿海国而言,他们之间的毗连区划界等于是专属经济区的划界。

1958 年《公约》第 24 条和 1982 年《公约》第 33 条有关毗连区的条款明文规定,沿海国可以行使为"防止和惩治""在其领土或领海内违犯其海关、财政、移民或卫生的法律和规章"的行为的"必要的管制"。毗连区制度赋予沿海国海关、财政、移民或卫生四个事项的管制权,即执行管辖权,却未赋予沿海国相应立法管辖权。毗连区管辖权仅使各国能够采取行动,防止和惩治在一国境内或其领海内实施的犯罪,即在其管辖范围内实施的犯罪;其没有授权沿海国防止或惩治在毗连区内或毗连区外犯下的罪行。② 此外,1982 年《公约》第 303 条第 2 款也涉及沿海国在毗连区的权限,而且这一权限不受第 33 条第 1 款中的"在其领土或领海内"的限制,并扩大到了海床中的行为。③ 该条规定,为了控制在海洋发现的考古和历史文物的贩运,沿海国可在适用第 33 条时推定,未经沿海国许可将这些文物移出毗连区的海床,将造成在其领土或领海内对该条所指法律和规章的违反。

毗连区是沿海国为维护国家某些权利而设置的特殊区域,因此,其法律地位既不同于领海,也有别于专属经济区和公海。在 1982 年《公约》确立的八大

---

① 阿根廷认为毗连区是公海的一部分,因此不应当划界。而英国认为没有理由划分一个沿海国只行使控制权的区域,否则就意味着该区域内存在排他性权利。

② ICJ. Dissenting Opinion of Judge ad hoc McRae[EB/OL]. (2022-04-21)[2022-12-28]. https://www.icj-cij.org/public/files/case-related/155/155-20220421-JUD-01-10-EN. pdf.

③ 赵红野. 论沿海国对毗连区海底文物的管辖权[J]. 法学研究,1992(3):81.

海域制度中,毗连区制度是受关注最少的制度,仅有第 33 条和第 303 条两个条款对其作出规定,而关于毗连区制度的国际判例并不多见,对该问题进行专门讨论的情况更是极为罕见。长期以来存在规范性质不清、权限边界不明的顽疾。虽然之前 1917 年中美洲法院审理的"萨尔瓦多诉尼加拉瓜案"法院判决宽度为 3 里格的"管辖海域"从内容来看非常接近毗连区,但并未对毗连区制度的内涵作出阐释。而国际仲裁庭的"漫游者"号国际仲裁案裁决认定有关国家在和平时期只能通过缔结特别协定的方式彼此扩大在公海中对对方国家船舶的执法权,这实际上否定了沿海国有权在当时的公海中单方面设立毗连区。

真正意义上的国际裁判中的"毗连区第一案"应该是国际法院 2022 年 4 月 21 日对尼加拉瓜诉哥伦比亚"加勒比海主权权利和海洋空间案"(以下简称"尼加拉瓜诉哥伦比亚案"),该案判决就毗连区制度的习惯国际法性质、毗连区的设置与划界、毗连区管制目的等作出了司法创新。①

在该案中,由于哥伦比亚并非 1982 年《公约》的缔约国,因此出现了无法适用 1982 年《公约》而只能适用习惯国际法的局面。对于该争议首先需要解决的问题是 1982 年《公约》第 33 条和第 303 条是否为习惯国际法的问题。法院认为,1982 年《公约》第 33 条和第 303 条第 2 款均构成习惯国际法,因此,不仅沿海国设置毗连区的宽度以及管制的事项均应遵守第 33 条,而且沿海国有权对在毗连区内发现的考古和历史文物进行管制。② 哥伦比亚据此享有对其毗连区水下文物的管制权,即使水下文物在尼加拉瓜的专属经济区内。③

对于毗连区的设置与划界,1982 年《公约》第 33 条第 2 款规定,毗连区从领海基线量起,不得超过 24 海里。在"尼加拉瓜诉哥伦比亚案"中,法院强调,该条在许多学者看来,毗连区划界应包含在专属经济区划界中,而这样也可以合理地解释 1982 年《公约》不就毗连区划界作出专门规定的原因。④ 由此,认

---

① 朱利江."毗连区第一案"的司法解析及中国应对[J]. 政法论丛,2023(5):85-86.

② Alleged Violations of Sovereign Rights and Maritime Spaces in the Caribbean Sea(Nicaragua v. Colombia)[EB/OL]. (2020-05-30)[2022-04-21]. https://www. icj-cij. org/sites/default/files/case-related/155/155-20220421-jud-01-00-en. pdf.

③ 张新军,陈曦笛. 毗连区立法的国际法问题——以"尼加拉瓜诉哥伦比亚案"2022 年判决为中心[J]. 中国海商法研究,2022,33(2):48。

④ R. R. Churchill and A. V. Lowe. *The Law of the Sea*[M]. 3rd Edition. Manchester:Manchester University Press,1999:136.

为专属经济区划界包含毗连区划界是合理的,不存在任何法律和实际障碍。[①]
法院认为,除非提及毗连区,否则专属经济区划界中并不包含毗连区划界。对
于毗连区的宽度,法院强调,1982年《公约》第33条第2款规定已经成为一项
习惯法规则,沿海国无权随意扩大其毗连区的宽度,而仅有权缩小毗连区的宽
度以实现自身在管制中的实际需求。[②]由此可见,毗连区不得超出从基线起算
的24海里,似乎被国际法院视为一种"绝对性"的最大限制。法院并不认为存
在任何在公约生效后形成的习惯国际法对于此项范围限制进行了趋于宽松的
修改,[③]也不认同沿海国在行使毗连区管制时面临的实际困难能够在规范层面
成为扩张毗连区范围的依据。这种实际困难只允许沿海国通过缩小毗连区的
地理范围加以解决,因此哥伦比亚无权突破24海里的限制,而给尼加拉瓜的主
权权利和管辖权造成损害。[④]

在毗连区管制目的方面,对于沿海国是否可以突破1982年《公约》第33
条第1款的规定,对毗连区规定海关、财政、卫生、移民四个目的以外的其他目
的,不论在学术还是在实务中均长期存在争论,争论的焦点在于1982年《公约》
是否明确禁止扩大管制目的以及习惯国际法是否允许扩大管制目的。持限制
观点的人认为,沿海国对毗连区的管制目的只能限于上述四个目的的理由主要
是,沿海国的法律必须与1982年《公约》保持一致,而且习惯国际法也不允许
突破四个目的。[⑤]持扩大观点的人则认为,虽然1982年《公约》规定了四个管
制目的,但公约也没有明确禁止沿海国扩大管制目的,并认为习惯国际法允许
扩大管制目的。[⑥]

迄今大约100个国家建立了毗连区。哥伦比亚向国际法院提供了39个国
家的毗连区国内立法,这些国家立法规定的管制内容多少都超出1982年《公

①　高健军. 国际法院"侵犯主权权利和海洋空间案"中的毗连区问题[J]. 太平洋学报,
　　2022,30(10):6.

②　ICJ. Alleged Violations of Sovereign Rights and Maritime Spaces in the Caribbean
　　Sea(Nicaragua v. Colombia)[EB/OL].(2020-05-30)[2022-04-21]. https://www. icj-
　　cij. org/sites/default/files/case-related/155/155-20220421-jud-01-00-en. pdf.

③　Ibid. , Para. 154.

④　Ibid. , Para. 173.

⑤　张新军. 变迁中的"航行自由"和非缔约国之"行动"[J]. 南大法学,2020(4):117.

⑥　童伟华.《联合国海洋法公约》视阈下管辖海域刑法空间效力[J]. 环球法律评论,2018
　　(5):147.

约》规定的 4 个管制事项。不仅如此，其中还有 18 个国家明文规定了"安全管制权"。但是，法院认为哥伦比亚提供的不少国家的毗连区立法纳入"安全"事项的证据不足以构成习惯国际法，因为这种实践遭到了其他国家的"反对"。对于第 33 条第 1 款规定的 4 个管制目的和第 303 条第 2 款规定的考古和历史文物的管制权范围，法院认为，习惯国际法只承认对毗连区进行上述 4 个目的的管制，其他诸如安全、打击海盗、贩毒及破坏海上安全，均非各国同意沿海国可以在毗连区进行管制的目的。国际法院不承认哥伦比亚享有超出毗连区 4 个管制事项的那些基于安全、国家海洋利益或环境保护的管制权。

在通常情况下，沿海国毗连区与自身的专属经济区重合。此时，该国在毗连区所在海域，除了拥有 1982 年《公约》第 33 条规定的 4 个事项的执行管辖外，还被一般性允许享有专属经济区赋予其的主权权利和管辖权。虽然毗连区与专属经济区在空间上有重叠，在内容上也有可能存在重叠，但二者在沿海国权利性质和范围方面并不相同，因而受到不同制度的调整。毗连区是基于沿海国管制权的扩张，其目的是预防和惩罚那些违反沿海国国内法和规章的行为，而专属经济区则是强调沿海国对自然资源拥有主权权利及对保护海洋环境建立管辖权。

然而，某些特殊情况下，一国毗连区与另一国专属经济区有可能存在重叠。"尼加拉瓜诉哥伦比亚案"即存在着这种较为特殊的情况，即哥伦比亚所设立的毗连区完全落入尼加拉瓜专属经济区的地域范围之内。在哥伦比亚设置毗连区的海域出现了两个沿海国：毗连区的沿海国哥伦比亚和专属经济区的沿海国尼加拉瓜。对此，国际法院认为，一国不得在重叠的部分对"国家海洋利益""环境保全"目的进行管制，否则会侵犯另一国依据 1982 年《公约》第56 条第 1 款享有的对专属经济区的主权权利和管辖权。①

"尼加拉瓜诉哥伦比亚案"显现了法院试图追求 1982 年《公约》普遍性、有效性和完整性的司法价值，彰显了法院在毗连区制度问题上积极的司法能动姿态。然而，在司法说理部分，本案判决在上述三个方面均存在缺陷，难以完全

---

① ICJ, Alleged Violations of Sovereign Rights and Maritime Spaces in the Caribbean Sea（Nicaragua v. Colombia）[EB/OL]. （2022-04-21）[2022-05-30]. https://www. icj-cij. org/sites/default/files/case-related/155/155-20220421-jud-01-00-en. pdf.

令人信服。[①]

三、专属经济区的划定及其法律地位

20 世纪 40 年代后,拉丁美洲的一些国家为维护自然资源而开始了主张沿海国对 200 海里范围内的海洋享有自然资源的权利的斗争。1972 年,肯尼亚在向联合国海底委员会提交的《关于专属经济区的概念的条文草案》中,首次提出了"专属经济区"的概念。专属经济区是沿海国领海以外邻接领海的一个区域,它从领海基线量起不超过 200 海里。专属经济区的概念与国际经济新秩序的出现并与发展中国家渴望在后殖民时期保障其对本国自然资源(包括粮食安全和发展所需海洋资源)的权利密切相关。[②] 这里的"自然资源"包括各国管辖的海床和底土以及上覆水域内的自然资源。

在联合国第三次海洋法会议上,关于专属经济区的法律地位有两种主张:西方国家认为专属经济区仍是公海的一部分,只要与专属经济区的规定不抵触,公海的规定仍适用于专属经济区;而许多发展中国家主张,200 海里专属经济区既非领海也非公海,而是沿海国的专属管辖区,是自成一类的海域。后一种主张被 1982 年《公约》采纳,并在第 55 条规定:"专属经济区是领海以外并邻接领海的一个区域,受本部分规定的特定法律制度的限制,在这个制度下,沿海国的权利和管辖权以及其他国家的权利和自由均受本公约有关规定的支配。"

根据 1982 年《公约》第 56 条的规定,在专属经济区内,沿海国有对下列事项的主权权利:勘探、开发、养护和管理海床上覆水域和海床及其底土的生物和非生物自然资源;建造和使用人工岛屿、设施和结构;保护和保全海洋环境;开展海洋科学研究;行使 1982 年《公约》规定的其他权利和义务。此外,沿海国还有根据 1982 年《公约》第 61 条规定的具体条件,确定其专属经济区内生物资源的总可捕量的专属权利,并有义务根据最可靠的科学证据采取正当的养护和管理措施,确保专属经济区内的生物资源不受危害。

1982 年《公约》承认第三国及其国民在另一国的专属经济区内的某些权

---

① 朱利江. "毗连区第一案"的司法解析及中国应对[J]. 政法论丛,2023(5):93.

② Rama Puri. Evolution of the concept of exclusive economic zone in UNCLOS III: India's contribution[J]. *Journal of the Indian Law Institute*,1980(22):497-525.

利,特别是捕捞沿海国缺乏捕捞能力的剩余生物资源的权利。此外,根据 1982 年《公约》第 58 条的规定,第三国及其国民享有以下方面的权利:公海航行和飞越;铺设海底电缆和管道;与 1982 年《公约》第 87 条和其他条款规定的这些自由有关的海洋其他国际合法用途。但各国必须适当顾及沿海国的权利和义务,并有义务遵守沿海国的法律和规章。悬挂外国旗的船只有权根据 1982 年《公约》第 58 条在另一国的专属经济区内行使航行自由权,但沿海国也被赋予了一些有限的制定规范和执法的权力,这些权力对公海不适用。根据 1982 年《公约》第 211 条第 5 款,沿海国可对其专属经济区制定法律和规章,以防止、减少和控制来自船只的污染。这种法律和规章应符合通过主管国际组织(国际海事组织)或一般外交会议制定的一般接受的国际规则和标准,并使其有效。此外,当外国船只自愿位于沿海国的港口时,沿海国有针对在其专属经济区内违反此类法律和规章的外国船只进行执法的权力。另外,如有明显根据认为外国船只违反了适用的防止、减少和控制来自船只的污染的国际规则和标准或沿海国实施这些国际规则和标准的法律,沿海国可要求该船提供情报。如这种违法行为造成重大污染或有对海洋环境造成重大污染的威胁,并且外国船舶拒不提供所要求的情报或所提供的情报与证据显然不符,沿海国可以对该船(登船)进行实际检查。此外,沿海国实际上可扣留悬挂外国旗的船只,只要有明显客观证据证明这种违法行为导致海洋环境污染,对沿海国的海岸或其他利益造成重大损害或有造成重大损害的威胁。对于公海上悬挂外国旗的船只,沿海国将不享有上述任何权利。

四、大陆架的划定及其法律地位

大陆架原本是一个严格意义上的地质地理术语,是指从大陆沿岸逐渐地向外自然延伸直到大陆坡度平缓的海底区域,它通常是指环绕在大陆周围坡度极小的平缓海底和浅海地带,平均坡度为 $0°07'$,平均深度在 130 米左右。地质学上,大陆与大洋盆地是地壳表面的两种基本形态,二者之间存在的过渡地带称为"大陆边缘",大陆架是大陆边缘的一种地形单元。在地质性质上,大陆架本身是连贯统一的,并无"内外大陆架"之分别。

与地球地貌学意义上的大陆架范畴相比,法律上的大陆架概念则必须确定一个清晰的外部界限划定标准,从而严格界定法律意义上的大陆架宽度范围,而不论这种界定标准是否会导致大陆架在自然形态和法律属性上的背离。法律上的大陆架概念还必须在一定程度上跨越科技手段的限制,因为利用现代技术对大陆外缘的划界依然不尽清晰,即使有些大陆边可利用现代地球物理学技术准确绘制出陆海边缘,但更多大陆边的陆坡脚极难确定。这是因为大陆架划界在法律含义上需要具有形成法律效果的确定性,大陆架的法律制度赋予了沿海国在其大陆架上行使主权权利的合法性,从而有利于其勘探和开发附着于其大陆架之上的海床和底土自然资源。因此,"在国际法上,法律上的大陆架意味着其适用范围和条件并不仅由地理上的自然事实所决定,还需依据法律规则而确定",必须人为划定一个合理明晰的大陆架界限判断标准。因此,大陆架外部界限的确定具有科学与法律上的双重属性。

虽然在 200 海里专属经济区外,沿海国仍有可能有大陆架,但大陆架与专属经济区在 200 海里内是重叠的,均为国家的管辖范围,沿海国的权利也有重叠。① 二者虽然关系密切,但仍有很多区别,其中包括沿海国在这两个区域内的权利义务不同。在 200 海里内,沿海国对大陆架的主权权利限于大陆架的海床和底土以及海床和底土的矿物资源和非生物资源。对于超过 200 海里而到达 350 海里的这一部分大陆架将采取单独的法律规章,沿海国在这一部分大陆架上的开发收入要适当与其他国家分享,其上覆水域则属于公海,适用公海法律制度,不归沿海国管辖。而沿海国在专属经济区内的权利则不仅包括 200 海里内的大陆架权利部分,而且包括 200 海里的水域,特别是对区域内生物资源的开发和利用以及为开发、使用和保护经济区自然资源而行使管辖权。②

根据《大陆架公约》第 2 条和 1982 年《公约》第 77 条的规定,沿海国为勘探大陆架和开发其自然资源的目的,对大陆架行使主权权利。沿海国享有勘探和开发其自然资源,包括海床和底土的矿物和其他非生物资源以及属于定居种的生物资源的主权权利。但是,沿海国对大陆架的权利不影响上覆水域或水域上空的法律地位,即沿海国主权权利的行使受到其他国家在上覆水域和水域上空行使权利的限制。而且,1982 年《公约》第 80 条将有关专属经济区内的人工岛屿、设施和结构的权利比照适用于大陆架上的人工岛屿、设施和结构。此外,1982 年《公约》给予了沿海国授权和管理为一切目的在大陆架上进行钻探的专属权利,同时还保留了沿海国开凿隧道以开发底土的权利,不论底土上水

---

① 王铁崖. 国际法[M]. 北京:法律出版社,1995:279.

② 周洪钧. 国际法[M]. 北京:中国政法大学出版社,2007:125-126.

域的深度如何。但是,第三国的某些权利,例如铺设海底电缆和管道的自由,也受到保护。

根据 1982 年《公约》第 76 条的规定,如果满足某些条件,包括向大陆架界限委员会提交情报的要求,沿海国有可能将其大陆架扩展到 200 海里以外。200 海里内大陆架与 200 海里外大陆架之间的一个重要区别是,就后者而言,沿海国有义务根据 1982 年《公约》第 82 条规定的条件向"区域"管理机构缴付费用或实物。但对于作为大陆架上所生产矿物资源纯输入者的发展中国家,则可免除这种义务。

五、国际海底区域和公海的法律地位

国际海底区域(简称"区域"),是指国家管辖范围以外的海床和洋底及其底土,实际上是指沿海国大陆架外部界限以外的海域,这是 1982 年《公约》的重大创新之一。"区域"及其资源完全受人类的共同继承财产制度的管辖,任何国家都不能对"区域"的任何部分主张主权,也不能将任何资源据为己有。这里的"资源"仅指"区域"内在海床及其下原来位置的一切固体、液体或气体矿物资源,其中包括多金属结核。然而,与公海不同,人类的共同继承财产制度为决策、管理和分享"区域"内活动产生的货币利益提供了详细法律框架。这一新制度的一个关键方面是从各国手中拿走管理和决策权,并将所有权力移交给国际海底管理局,只有由缔约国组成的管理局才能代表全人类采取行动。"区域"内的人类共同继承财产制度包括,通过"区域"内采矿活动收益净额分享机制实施的惠益分享制度。该制度由 1994 年通过的《关于执行第十一部分的协定》予以修改,特别是对第十一部分关于发达国家与发展中国家之间的收益分享和技术转让的规定进行了修改。[①]"区域"内的海洋科学研究,也将按照 1982 年《公约》关于海洋科学研究的第十三部分专为和平目的并为谋求全人类的利益进行。

根据传统国际法,"公海"是指国家领海以外的海域。然而,这一概念已不能反映当代国际海洋法的实际情况了。1982 年《公约》第 86 条对公海作出新的界定:公海是"不包括在国家的专属经济区、领海或内水或群岛国的群岛水

---

① Robin Churchill and Vaughan Lowe. *The Law of the Sea* [M]. 3rd Edition. Manchester: Manchester University Press, 1999: 244.

域的全部海域"。由此可见,公海的范围明显地缩小了。此外,国际海底区域制度实行一种与公海完全不同的制度,因而国际海底也不再是公海的组成部分。按照国际法,公海是全人类的共同财富,对一切国家自由开放,可平等使用。根据1982年《公约》第87条的规定,对沿海国和内陆国而言,公海自由包括航行、飞越、捕鱼和铺设海底电缆和管道的自由,建造国际法所容许的人工岛屿和其他设施的自由以及开展科学研究的自由。但这些自由的行使必须"合理地顾及"或"适当顾及"其他国家的利益和1982年《公约》所规定的同"区域"内活动有关的权利。公海不属于任何国家领土的组成部分,因而不处于任何国家的主权之下。任何国家不得将公海的任何部分据为己有,不得对公海本身行使辖权。

第二节　海平面上升对基线外部海域法律地位可能产生的影响

海平面上升已经成为一个全球现象,从而造成了全球性问题,影响整个国际社会。据国际法与海平面上升问题委员会收集资料统计,70多个国家(占国际社会所有国家数目的1/3以上)正在或很可能直接受到海平面上升的影响,这一现象已经对沿海地区、低洼沿海国家和小岛屿国家,特别是其人民的生活的许多基本方面产生越来越大的影响。政府间气候变化专门委员会预测,到2100年底,全球平均海平面上升可能在0.61—1.10米之间。全球约70%的海岸线将经历全球平均海平面变化20%以内的相对海平面变化。[①] 海平面上升对基线和从基线量起的海域外部界限、海洋地物法律地位、海洋划界等均可能产生影响,进而影响海区的法律地位和法律制度。

一、海平面上升对基线和海区法律地位及法律制度可能产生的影响

(一)海平面上升对基线及从基线量起的海域外部界限可能产生的影响

由于海平面上升,国家的海岸形态可能会改变,因此,基线也可能会改变。

---

① 政府间气候变化专门委员会. 气候变化2013:自然科学基础第一工作组提供给政府间气候变化专门委员会第五次评估报告的资料[M]. 剑桥:剑桥大学出版社,2013:25,1140.

由于正常基线是以沿岸低潮线为准,海洋边界又以正常基线为起算线,以离岸距离为范围,若由于沿海地区被永久淹没,低潮线向陆地方向移动,从而改变了海岸的形状,如果要划定新的基线,其位置也将从上一条基线的位置向陆地移动。

在直线基线的情况下,若用于划定基线各点,由于海平面上升而被永久淹没,那么在要划定新基线的地方,新基线的位置与前一条基线相比,同样将向陆地移动。在礁石、河口、海湾、低潮高地和群岛基线的情况下,如果用于划定基线各点被永久淹没,基线同样将往陆地方向重新定位。

海平面上升可能影响现有的群岛水域,这些水域是根据群岛直线基线以及以岛屿和干礁为起点测算的陆水比复杂计算划定的。如果一个群岛国家失去使用群岛直线基线的权利,这意味着其群岛水域可能减少甚至丧失。对各个群岛造成的后果不同,但一般而言,这可能需要在有一群岛屿或环列岛屿的情况下,使用1982年《公约》第5条规定的正常低潮线、第6条规定的礁石或第7条规定的直线基线,在单个岛屿周围重新划定基线。这可能导致该国海区面积大幅减少。

(二)海平面上升对海洋地物法律地位的影响

低潮高地、岛屿和包括人工岛屿在内的其他近海地物的作用、地位和权利是国际法的一个长期问题。无论是"四面环水并在高潮时高于水面"的岛屿,还是"低潮时四面环水并高于水面但在高潮时没入水中"的低潮高地,1982年《公约》均强调了"自然形成的陆地区域"这一要素。依据这一判断标准,岛屿如果因海平面上升已经没入水面,则无法再构成1982年《公约》意义上的岛屿。但从严格意义上来讲,"消失的岛屿"在形成当时也是符合岛屿定义的。那么因海平面上升而导致的"消失的岛屿"也不应该被认为不符合"岛屿"的定义。[①]

1982年《公约》第121条第3款规定,不能维持人类居住或其本身的经济生活的岩礁,不应有专属经济区或大陆架。一个岛屿如果因为海平面上升造成海水渗透等后果进而污染其淡水供应而变得不适合居住,而不是因为失去领土而变得不适合居住,则可能会失去其专属经济区和大陆架的权利。这种情况不

---

① 白续辉. 领海基点保护视角下岛礁灭失国际法问题探析[J]. 社会科学辑刊,2017(6): 105.

同于改变基线的情况,改变基线可能只会导致海洋权利减少,而不是完全丧失海洋权利。

(三)海平面上升对海区法律地位和法律制度可能产生的影响

如前所述,1982 年《公约》设立了领海、群岛水域、专属经济区、扩展大陆架和"区域"等新的海区。各区域均给予沿海国及其国民一系列权利和义务。此外,第三国及其国民在这些区域内也享有某些权利。鉴于这些区域都是从确定领海的基线量起,因此,基线的任何改变或消失都可能导致海洋权利减少甚至完全丧失。

海平面上升可能影响海洋权利的情况多种多样。一般而言,基线和各种海洋区域的外部界限向陆地移动,意味着海区的法律地位和法律制度发生变化,例如,部分内水成为领海,部分领海成为毗连区和(或)专属经济区,部分专属经济区成为公海,对沿海国和第三国及其国民的具体权利(无害通过、航行自由、捕鱼权等)产生影响。海平面上升也对群岛国的基线构成风险。由于小岛屿或干礁被淹没,如果水域面积与陆地面积的比例超过 9∶1,可能会影响现有的群岛基线,导致群岛国基线的丧失;还可能导致明显偏离群岛的一般轮廓,并影响 1982 年《公约》第 47 条第 2 款规定的群岛基线的距离/百分比标准。

由于海平面上升,如果领海成为专属经济区的一部分,沿海国的主权权利以及对第三国及其国民的航行的管辖权,包括建立海道和分道通航制的权利,将受到严重限制,沿海国将不得不修改内部规则和规章,实质上丧失在其以往能够采取措施的区域内采取措施保障航行安全的能力。然而,第三国及其国民将有权行使航行自由权,但须受制于 1982 年《公约》规定的限制以及判例法产生的限制。

如果一个群岛国家失去使用群岛直线基线的权利,则意味着其群岛水域可能减少甚至丧失。虽然根据 1982 年《公约》第 47 条第 6 款的规定,[①] 邻国传统上在该水域内行使的现有权利和一切其他合法利益以及两国间协定所规定的一切权利将得到保留,但在群岛水域成为专属经济区或公海的情况下,悬挂外国旗的船舶和飞机的航行权将适用完全不同的制度。在那些曾经是群岛水域

---

① 根据该条规定,如果群岛国的群岛水域的一部分位于一个直接相邻国家的两个部分之间,该邻国传统上在该水域内行使的现有权利和一切其他合法利益以及两国间协定所规定的一切权利,均应继续,并予以尊重。

的区域,第三国及其国民将受益于航行自由和飞越权。

部分专属经济区如果因海平面上升变成公海,将对沿海国及其国民的主权权利和管辖权带来重大变化,这种变化所产生的后果具体取决于海洋权利的减少程度。① 沿海国的专属经济区变为公海制度,意味着沿海国将失去勘探、开发、养护和管理宝贵自然资源的一系列重要主权权利。②

就大陆架而言,一旦沿海国交存了标明其大陆架外部界限的"海图和有关情报,包括大地基准点",这种标示就是永久性的,不能用另一种标示来取代。因此,只要沿海国交存有关的海图和情报,大陆架的外部界限通常不会因海平面上升对基线的影响而受影响。③ 如果沿海国没有按照规定"交存",则不能确保大陆架外部界限的永久性,这意味着在此类界限取决于基线(位置)的情况下,这些界限可能会改变,包括由于海平面上升的影响而改变。只有在确定大陆架向海的界限所依据的是大陆边外缘规则或 2 500 米等深线规则的情况下,这一外部界限才不会受到基线移动的影响。④

无论是在永久性条件没有得到满足的情况下,还是在享有完全权利的岛屿被彻底淹没的情况下,如果有关区域转变为1982 年《公约》规定的"区域"的一部分并受人类共同继承财产制度的支配,勘探和开发专属于沿海国的大陆架自然资源,特别是非生物资源的近海许可管辖权可能灭失。这可能会使与第三国及其国民之间的现有协定的延续受到质疑。

二、海平面上升对海洋划界的影响

1982 年《公约》就海区划界规定了不同规则:对于海岸彼此相邻或相向国家之间的领海划界问题,第 15 条确立了等距法(适用于相邻海岸)或中线法(适用于相向海岸);而对于专属经济区和大陆架的划界问题,根据第 74 条第 1 款

① 有学者做过计算,如果一个位于现有基线 400 海里以外的岛屿消失,可能造成的海洋空间面积损失最多可达 431 000 平方千米,如果该岛屿位于现有基线 200 海里以外,则可能造成 215 000 平方千米的海洋空间损失。

② 以与渔业有关的活动为例,根据 1982 年《公约》第 62 条的规定,沿海国应决定其捕捞专属经济区内生物资源的能力。如果沿海国不能捕捞全部可捕量,则必须准许其他国家捕捞可捕量的剩余部分。许多发展中国家从此类渔业准入协定中获得重要收入。

③ David D. Caron. When Law Makes Climate Change Worse: Rethinking the Law of Baselines in Light of a Rising Sea Level[J]. *Ecology Law Quarterly*, 1990(17): 621,634-635.

④ A/CN. 4/740, p. 25.

和第 83 条第 1 款的规定,则是在国际法院规约第 38 条所指国际法的基础上以协议划定。在 2009 年黑海海洋划界案中,法院在判决中表示适宜采用三阶段的办法。该方法不仅与经裁判划定海洋界限相关,而且与经协议划定海洋界限相关,"有关两国海岸上最适当的点",特别是"海岸突出点"对于绘制等距线或中线具有重要作用。① 但当这些点因海平面上升而被淹没时,对已划定的海洋界限是否有影响成为一个值得考虑的问题。

　　有学者认为,海平面上升导致海岸的地理状况发生变化,改变了海洋划界条约缔结时的客观条件,可以适用 1969 年《维也纳条约法公约》第 62 条第 1 款中情势变更原则作为终止海洋划界条约的依据。② 按照国际法委员会的观点,将海平面上升视为情势变更必须满足以下条件:(1)海平面上升发生在缔结海洋划界条约当时;(2)海平面上升从根本上改变了海洋划界条约内容;(3)缔约国在缔约当时并没有预见到海平面上升;(4)缔约方同意受条约拘束的基础是对海洋边界稳定性的考量;(5)海平面上升导致海洋边界的变化将从根本上改变义务履行的程度。有学者认为,鉴于 20 世纪 80 年代以来,气候变化的负面影响在全球范围内持续传播,国家在缔约时不可能对海平面上升没有预见。也就是说,海平面上升无法满足情势变更的可预见性标准。③ 依据文义解释,因海平面上升不满足"可预见性"条件,情势变更原则不能适用,但依据目的和宗旨解释,将海平面上升视为情势变更有利于维护缔约方权利义务的公平。④

　　另外,1969 年《维也纳条约法公约》第 62 条第 2 款将"边界条约"作为情势变更原则的例外,以维护条约的稳定。对于 1969 年《维也纳条约法公约》第 62 条第 2 款是否适用于海洋边界的问题,从国际法委员会就国家和国际组织

① Nilüfer Oral. Case Concerning Maritime Delimitation in the Black Sea (Romania v. Ukraine) Judgement of 3 February 2009[J]. *International Journal of Marine and Coastal Law*, 2010(25): 115, 139.

② Stoutenburg J. G. Implementing a New Regime of Stable Maritime Zones to Ensure the (Economic) Survival of Small Island States Threatened by Sea-Level Rise[J]. *The International Journal of Marine and Coastal Law*, 2011, 26(2): 280.

③ Lisztwan J. Stability of Maritime Boundary Agreements[J]. *Yale Journal of International Law*, 2012, 37(1): 190.

④ 王阳. 在稳定与公平之间:海平面上升对海洋边界的影响及其应对[J]. 中国海商法研究, 2022, 33(4): 22.

间或国际组织相互间的条约法条款草案开展工作时所作的辩论似乎可以推断出,该条款仅指领海边界,并不包括其他海洋边界,从而使这一问题在领海以外的海洋边界方面悬而未决。但国际判例却将海洋边界等同于该条款所指的边界。① 从维护法律稳定性、安全性、确定性和可预测性方面考虑,如各国重新就海洋边界开展谈判,质疑已划定的海洋界限将造成不确定性和法律不安全性,增加争端风险。国际法与海平面上升问题委员会在其编写的供国际法协会2018 年悉尼会议通过的最后报告中提出的建议是"无论当事方在开展海洋边界谈判时是否考虑到海平面上升对海洋边界的影响,该因素都不应视为情况的基本改变"。在实践中,相关国家是选择将海平面视为情势变更而终止海洋划界条约,还是忽视海平面上升对海洋边界的影响而选择继续履行划界条约,有赖于当事国之间达成的共同意向。在此之前,各方应避免单方面改变边界,共同维护边界秩序的稳定。②

当前,与海平面上升相关的国家实践主要集中在那些受海平面上升影响较大的小岛屿国家。为应对海平面上升的影响,一些小岛屿国家(如马绍尔群岛、基里巴斯和图瓦卢)制定国内法律确立本国海洋区域的外部界限,意在巩固1982 年《公约》赋予他们的海洋权利。马绍尔群岛颁布《海洋区域宣言法案》和《海洋区域基线和外部界限宣言》,用地理坐标和地图固定了海洋基线的基点以及领海、毗连区、专属经济区和大陆架的外部界限的基点,由此维护了本国在这些海域内的行政和执法利益,更重要的是阻止海岸线的变化,特别是海平面上升对海洋基线和海洋权利产生的影响。③

对于船旗国来讲,如果以海平面上升造成海域面积变更为由,在原属于沿海国的专属经济区内主张公海自由,可能引发沿海国与船旗国之间的海洋争

---

① 国际法院在 1978 年对爱琴海大陆架(希腊诉土耳其)案下达的判决书中明确指出,无论有关边界是陆地疆界还是大陆架边界线,程序基本上是相同的,都必然涉及相同的稳定性和永久性因素,而且均须遵守将划界协定排除在情况基本改变之外的规则。在孟加拉湾海洋边界仲裁(孟加拉国诉印度)案中,法庭认为,气候变化的前景及其可能的影响都不能危及世界各地大量已经确定的海洋边界。这同样适用于国家间商定的海洋边界和通过国际裁判确定的海洋边界。

② 王阳. 在稳定与公平之间:海平面上升对海洋边界的影响及其应对[J]. 中国海商法研究,2022,33(4):22-24.

③ Freestone D., Schofield C. 2016 Maritime Zones Declaration Act: Drawing "lines in the sea"[J]. *International Journal of Marine and Coastal Law*,2016,*31*(4):733.

端。这在北极航道的治理方面显得尤为突出。① 因海平面上升主张海洋边界变更或者维持的主动权一直会由沿海国掌握,在沿海国没有采取修改海洋边界的行动之前,遵守既有的航行规则和惯例比单方面主张海洋边界的变化对船旗国更为有利。

三、应对海平面上升的措施及其法律地位

1982 年《公约》虽未明确当海平面上升等这类特殊情况发生时基线应当作出何种调整,但其中第 7 条第 2 款事实上为保留海洋权利提供了一种可能性,至少为今后固定基线适用情形提供了参照。海平面上升委员会就提出了两种可能的应对风险的路径:一种是对基线进行固定;另一种是对海洋权利外部界限进行固化。对于正常基线,即选择当前为沿海国官方认可的海图所确定的基线并以此固定下来,通过对正常基线进行"法律意义上"的固化,进而实现海洋区域边界的确定。对于直线基线,即以现存重要基点连线所形成的直线基线加以固定。通说认为,海图上所显示的基线是有可能出现偏离实际的情况的,这为海平面上升情境下固定领海基线提供了可能。基线委员会有关实际沿岸低潮线和法律意义上的沿岸低潮线的讨论,以及美国的判例实践显示,这两者是相脱离的,即海图上所显示的线并不是实际的领海基线。这或许也是冻结领海基线这一路径所面临的最大障碍,即如何解决法律意义上的基线与地理意义上处于客观变化中的基线之间的矛盾。冻结领海基线的方式还存在另一障碍,即官方认可的海图取决于沿海国的选择。直线基线也需要通过海图标出并由沿海国公布,即使一国对其领海基线进行了固定,这种通过国内法进行的固定是否具有国际法上的意义也存在争议。

冻结领海基线的优点是各沿海国界定基线以及海洋权利的手段载体诸如海图将继续有效,而无需重新测定或绘制。即使海平面的上升使得沿海国沿岸领土或基点消失,现有的海洋权利也将继续保留。而盲目投入大量资源以保留基线的代价必将减少。如此一来,根据 1982 年《公约》对海洋权利进行分配的现状将得以维持,沿海国受气候变化的影响将减少。然而,其缺陷在于,如果根据基线委员会得出的"流动的基线"的结论,沿海国选择维持的是一条不再

---

① 章成. 人类命运共同体视阈下的北极航道的治理规则革新[J]. 中国海商法研究,2022,33(2):60.

反映实际低潮线位置的法律基线,这导致相关矛盾并未解决。随着海平面的上升,那些产生海洋权利的海洋地物已被淹没,但是海洋权利依然存在,这突破了"陆地统治海洋"的原则。在固定领海基线的情况下,公海面积将不会随着海平面的上升而发生较大变化,这可能不利于全球公共利益。

四、习惯国际法对国家应对海平面上升影响的适用

无论海平面上升对基线还是海洋划界产生影响,在保持基线和从基线量起的海区外部界限和保持已经生效的海洋划界和海洋边界方面均有明确的国家实践。根据会员国应国际法委员会 2019 年年度报告第三章中要求向委员会提交的材料、会员国代表团在第六委员会上的发言以及区域机构的正式声明可以证实,目前正在发展一套关于保持基线和从基线量起的海区外部界限的国家实践。这种国家实践涉及确立固定基线和从基线量起的海区外部界限,办法是:一方面"冻结"通告,另一方面实际确保其海岸不受海平面上升影响。在保持已经生效的海洋划界和海洋边界方面也有明确的国家实践,多数国家对维护海洋划界的法律稳定性、安全性、确定性和可预测性持赞同态度,表现为不愿意终止或退出划定海洋边界的海洋划界条约,或不愿意修改此类条约/边界(不在条约中提供修改条款)。这些国家实践总体符合国际法委员会关于习惯国际法的识别的《决议》结论对习惯的重大要素提出的要求。① 这种国家实践已得到国际组织实践的支持。这些实践在各国之间广泛存在,具有代表性,而且连贯一致,还越来越频繁。② 但是,尽管各国在(所提到的)实践中,普遍以法律上的稳定性和安全性作为其行为的根据,但法律确信的存在并不是那么明显,只是这方面的一个迹象,尚不能完全符合《决议》对法律确信的要求,即有关惯例的采用必须带有一种法律权利和义务感。

国际社会应对海平面上升的一系列实践,无论是主张海域的外部界限,还

---

① 根据《草案》结论 6,实践可以有多种形式,既包括实际行为,也包括言语行为。在某些情况下,还可包括不作为。国家实践的形式包括但不限于:外交行为和信函、与国际组织通过的决议或在政府间会议上通过的与决议有关的行为、与条约有关的行为,包括"实地"作业行为在内的执行行为以及立法和行政管理行为。

② 《草案》结论 4 规定,作为习惯国际法的一个要素所要求存在的一般惯例,主要指的是有助于习惯国际法规则的形成或表述的国家实践。在某些情况下,国际组织的实践也有助于习惯国际法规则的形成或表述。

是确立流动的海洋基线,抑或是修改划界条约,都表明与之相关的国际法和海洋法规则正在发生改变。当规则赖以适用的实际情况发生变化时,摒弃对传统规则的坚守,持实用主义的态度,使规则适应客观环境的变化,从而有效解决实际问题,不失为一种可行的方案。

第二部分

北极地区海洋划界

第四章
环北极八国海洋划界

    北极地区通常是指北极圈以北的区域,包括北冰洋、岛屿以及欧洲、亚洲和北美洲的北方大陆。北冰洋的五个沿岸国是美国、俄罗斯、加拿大、丹麦和挪威,再加上领土和管辖海域进入北极圈的芬兰、瑞典和冰岛,称为"环北极八国"。在以北冰洋为主体的北极地区,俄罗斯、美国、加拿大、丹麦(格陵兰)、挪威和冰岛六国,围绕北冰洋核心海区和林肯海、波弗特海、楚科奇海、东西伯利亚海、拉普捷夫海、喀拉海、巴伦支海、挪威海和格陵兰海九个边缘海区,就重叠的海洋权利主张陆续划定海洋边界。这些海洋划界有的已经成功划定,有的尚有争议,一些争议则以共同开发或渔业协定等方式得到缓解。就已完成的海洋划界而言,主要通过国家间协议达成,也有通过第三方争端解决机制解决的判例。北冰洋海区 200 海里内尚待解决的海洋边界主要有两处,一是美国和俄罗斯在白令海与楚科奇海海区的边界;二是美国和加拿大在波弗特海的边界,包括两国的领海、专属经济区和大陆架边界。

    近年来,气候变化已显著影响北极夏季海冰的消融情势,北极因此从国际政治的边缘地带走向各国视域的中心,北极地区的发展问题已成为各国(尤其是环北极八国)关心的重要问题。而海洋划界确定沿海国对海洋空间的管辖权范围是海洋治理的根本,北冰洋也是如此。因此,如何能够划定两个或多个沿海国管辖权重叠的海洋空间至关重要。

第一节　俄罗斯的海洋划界

俄罗斯横跨欧亚大陆,国土面积约 1 707.54 万平方千米,海岸线长约 33 807 千米。苏联解体之前,苏联颁布了有关大陆架、专属经济区等的法令以及划定领海直线基线的基点地理坐标的声明。[①] 苏联解体后,俄罗斯先后颁布了《俄罗斯联邦国家边界法》《俄罗斯联邦大陆架法》,并在 1997 年批准 1982 年《公约》后相继颁布了《俄罗斯联邦海洋内水、领海与毗连区法》《俄罗斯联邦专属经济区法》等。根据上述法令,俄罗斯采用直线基线,领海宽度为从基线量起 12 海里。俄罗斯专属经济区的外部界限位于从测算领海宽度的基线量起 200 海里之处,除非俄罗斯缔结的国际条约另有规定。俄罗斯的大陆架包括其领海以外陆地领土的全部自然延伸,扩展到大陆边缘的海底区域的海床和底土。该大陆架的定义同样适用于俄罗斯的所有岛屿。如果从测算领海宽度的基线量起,其到大陆边的外缘的距离不足 200 海里,则大陆架的外缘扩展到 200 海里的距离。如果从上述基线量起到大陆边的外缘的距离超过 200 海里,则大陆架的外缘应当与根据国际法确定的大陆边的外缘相一致。俄罗斯与海岸相向或相邻的国家之间的领海界限和专属经济区的划界,应根据普遍承认的国际法原则和规则,以及俄罗斯缔结的国际条约来划定。俄罗斯与海岸相向或相邻国家之间的大陆架的界限应当在俄罗斯缔结的国际条约或国际法规则的基础上确定。[②]

迄今为止,俄罗斯已与朝鲜、芬兰、瑞典、波兰、美国等国签订了海上划界协议,其中涉及北极地区的海洋划界主要包括与挪威在瓦朗厄尔峡湾地区、巴伦支海和北冰洋的海洋划界以及与美国之间的海上划界。

[①] 1968 年 2 月 6 日《主席团有关大陆架的法令》、1969 年 8 月 13 日《苏联最高苏维埃主席团关于适用〈主席团关于大陆架法令〉的决定》、1984 年 3 月 1 日《苏联最高苏维埃主席团关于苏联专属经济区的法令》以及分别于 1984 年 2 月 7 日和 1985 年 1 月 15 日颁布的关于划定领海直线基线的基点地理坐标的《第 4450 号声明》和《第 4604 号声明》等。

[②] 《俄罗斯联邦海洋内水、领海与毗连区法》第 2 条和第 3 条;《俄罗斯联邦专属经济区法》第 1 条和第 2 条;《俄罗斯联邦大陆架法》第 1 条和第 2 条。

一、俄罗斯与挪威瓦朗厄尔峡湾和巴伦支海海洋划界

巴伦支海靠近斯堪的纳维亚半岛北部,位于挪威斯岛西北部、俄罗斯法兰士约瑟夫和新地岛的北部和东部的 200 海里范围内,是北冰洋地理位置最为优越的一个边缘海,94％的面积位于大陆架之上。而且,巴伦支海南部是整个北冰洋中唯一终年不冻的海域,全年均可通航,而俄罗斯在北冰洋上的著名港口摩尔曼斯克就濒临这片水域。[①] 俄罗斯与挪威间的陆地边界很短,但双方在与之相邻的巴伦支海海区却存在面积不小的海洋划界争议,争议面积达 17.5 万平方千米。巴伦支海地区划界争端的实质是资源利益的争夺。这是因为,巴伦支海不但蕴藏着丰富的油气资源,还是世界上渔业生产力最高的海洋地区之一,尤其是鳕鱼渔业,是挪威的支柱型出口产业。

早在 1920 年《斯约》签订之时,苏联和挪威就对该条约的地域范围产生了争议。虽然挪威和苏联于 1957 年 2 月 15 日达成了第一个北极地区的划界协议《挪威与苏联关于划分瓦朗厄尔峡湾海域边界的协定》(以下简称 1957 年《协定》),但该协定并未涉及巴伦支海海域的划界问题。该协定规定:挪威和苏联在瓦朗厄尔的海上边界应是从 1947 年划定的边界终端(第 415 号边界标记)到挪威和苏联领海边界的交汇处的直线界限。挪威和苏联任何一方的领海都不能超过从两国领海外部界限的交汇点到涅梅茨基海角(Cape Nemetsky)与开伯吉斯海角(Cape Kibergnes)之间的中点的连线。同年 11 月 29 日,两国通过《关于挪威与苏联在瓦朗厄尔峡湾海域边界的描述性协定》详细规定了两国长度为 126 海里的海上边界的坐标。[②] 瓦朗厄尔峡湾是整个巴伦支海海区南缘的一小部分,因当时国际法仍采用"领海之外即公海"的理论通说,因此,两国在该峡湾划定的仅是双方的领海边界。1957 年《协定》是北极地区签订的首个海洋划界协定,它奠定了北极地区海洋划界的基础,之后大量的北极地区海洋划界国家实践均以此协定为蓝本。

1958 年《公约》的通过使得沿海国扩大其海洋管辖范围的做法有了正式的国际法依据,苏联和挪威也对各自在巴伦支海的海洋边界进行拓展,但因巴伦支海面积有限,两国的大陆架权利主张发生重叠,但双方的立场主张相去甚

---

① 埃尔尼. 北大西洋的宠儿——巴伦支海 [J]. 海洋世界,2016(2):24-25.

② 第 415 号边界标记的坐标为北纬 69°47′46.14″,东经 30°49′09.85″,边界另一端的地理坐标是北纬 69°58′50.22″,东经 31°06′23.11″.

远,不易调和,尤其还涉及位于重叠区中央的巴伦支海南部海区的丰富油气与渔业资源的归属问题。苏联与挪威在 1974 年开始巴伦支海海洋划界谈判,谈判的核心是双方对约 175 000 平方千米的争议地区提出的占有性主张,其中 155 000 平方千米位于巴伦支海,剩余的 20 000 平方千米位于其北部的北冰洋。争议地区的南部拥有极其丰富的渔业资源和油气资源。[①] 在两国各自提出关于巴伦支海大陆架主张后,又进一步提出建立 200 海里专属经济区的主张。苏联依据"扇形原则",主张以一直延伸至北极点的经度子午线来划定两国在巴伦支海的边界,而挪威则主张按照等距离中间线划界。但是,两国仍然保持了传统合作并于 1978 年签署了《苏挪巴伦支海毗邻海区渔业临时适用协定》(又称"灰色地带协定"),建立了临时渔业区,两国都享有在该区内对己方渔船的属人管辖权,实际上已将双方的临时渔业区及其相关合作模式在制度框架上固定了下来。

1982 年《公约》生效后,两国领海边界均扩至 12 海里,这导致之前的 1957 年《协定》不适用于两国领海当下的划界情况。2007 年 7 月,双方就 1957 年《协定》中未解决和已发生变动的部分进行了谈判,在此协议的基础上结合 1982 年《公约》,签订了《2007 年俄罗斯与挪威关于瓦朗格尔峡湾海洋划界协定》,重新划定了俄挪两国的领海、专属经济区与大陆架。新协定在保留旧协定确定的起始点和终点的基础上,将两国在瓦朗厄尔峡湾地区的边界向北延伸至两国在巴伦支海各自主张的边界线交叉点,细化了瓦朗厄尔峡湾地区俄挪两国海洋边界的直线基点坐标。这标志着双方在巴伦支海大陆架划界问题上从对立僵持走向相互合作,虽然该划界协定确定的边界线并没有延伸至巴伦支海,但为巴伦支海 200 海里内大陆架划界工作的整体解决奠定了基础。

直到 2010 年,俄罗斯和挪威两国总统签署《俄罗斯联邦和挪威王国关于巴伦支海和北冰洋海洋划界与合作协定》,才正式完成在巴伦支海的划界。双方同意将巴伦支海争议海域分成大致相等的两部分,西侧归挪威,东侧属俄罗斯。因此,两国在原"灰色地带"对本国渔船的属人管辖权被边界线两侧各自部分的属地管辖权所取代,从而正式解决了两国已经谈了 40 余年的海洋边界问题。根据该协定,整条边界线由 14 个基点组成,比旧协定确定的 6 个基点增

---

① G. Honneland. Compromise as Routine: Russian-Norwegian Conflict Resolution in the Barents Sea[J]. *Osteuropa*, 2011, *257*(61): 260.

加了 8 个,最北端延伸至北冰洋。从最终边界图上看,划界线大致是一条穿过挪威的斯瓦尔巴群岛和俄罗斯的法兰士约瑟夫地群岛的中间线。[①] 在巴伦支海海区海岸线偏于凹陷状的俄罗斯获得巴伦支海"争议飞地"的大部分,同时,在边界线靠挪威一侧距离俄罗斯领海基线超过 200 海里、法律地位为挪威专属经济区的特别区域内,俄罗斯同样享有专属经济区性质的权利和待遇,因而总体上有利于俄罗斯。[②] 除了海上分界线,双方还在协定附件中就保持和加强渔业和油气资源管理方面的合作进行了规定。在油气合作领域,两国同意采用详细规则和程序,确保在油气资源跨越海上分界线时,实施有效率和负责任的油气资源管理。[③]

2010 年划界协定不仅完成了巴伦支海和北冰洋的专属经济区和大陆架划界,还一揽子解决了两国在渔业资源养护和跨界油气开发领域中的共同合作问题。从协定内容看,俄罗斯和挪威均作出了让步,协定建立了一个单独的海洋边界,将两国的大陆架和专属经济区分隔开。除重新启动冻结近 30 年的争议地区所涵盖的北极大陆架油气田的开发项目外,两国同意在维持渔业稳定性的同时促进可持续发展。

二、俄罗斯与美国的海洋划界

俄罗斯与美国隔白令海与楚科奇海相望。美国根据 1867 年与俄国签署的《割让俄国北美领地的条约》获得阿拉斯加,其具体范围不仅包括北美地理部分的领土,还包括阿拉斯加附近为数众多的岛屿和群岛。该条约对阿拉斯加与俄国本土之间的海上边界线作出了规定,但因当时技术限制,并未对两国的海洋边界进行更为清晰和细致的界分,尤其是双方在白令海的划界并未附上详细的地理坐标。

直到 1977 年,美苏两国才开始就双方间的海洋划界问题进行实质性谈判。因美国通过 1867 年阿拉斯加割让协定取得了被视为是阿拉斯加附属区域的阿留申群岛的主权,而该群岛因海岸线形状、地理位置等客观条件使美国在白令海区划界问题上占据了绝对优势,苏联要求在生物资源丰富的白令海渔区以中

① 邱君,张海文. 世界海洋政治边界欧洲分册[M]. 北京:海洋出版社,2014:67.
② 丁煌. 极地国家政策研究报告(2015—2016)[M]. 北京:科学出版社,2016:159-160.
③ 贾宇. 极地周边国家海洋划界图文辑要[M]. 北京:社会科学文献出版社,2015:11.

间线的划界原则取得补偿,但美国坚持按照协定线的走向划界。在两国谈判过程中,考虑到自身国力不足,且白令海区的自然地理条件对己不利,苏联放弃在白令海划界问题上同美国的僵持,转而退保面向北冰洋中央区域、战略价值高于经济价值的楚科奇海,美国也放弃了对楚科奇海海区几处争议岛屿的声索而作出让步,双方最终同意按 7:3 的比例进行海域划界分配。

1990 年 6 月 1 日,两国签署了《美国与苏联关于海上边界的协议》,虽然该协议与 1867 年协定划定的海洋边界的长度走向和形状特征基本一致,但进一步完善了两国在白令海西南部的划界,精确了该海区的划界定点,更加细化了两国在白令海区的互惠合作机制。[①] 根据该协定第 3 条的规定,美苏两国在距己方领海基线不足 200 海里、距对方领海基线超过 200 海里的己方专属经济区内,各划出一块"特别区",使对方能在此区域内充分行使"等同于己方专属经济区性质的权利",以作为相互间的对等互惠安排。然而,由于这条划界线的划分没有考虑海岸构形与海岸线长度比例划定,以致对俄罗斯产生不公平。虽然该协定在美国参议院得以批准,但苏联因划定的边界线损害国家和人民利益,使苏美两国在白令海区域获得的专属经济区和大陆架利益严重失衡,而至今没有批准该划界协议。但是,从实践情况看,新协定基本得以遵守,俄罗斯并无跨越边界线的实质举动。[②]

第二节　挪威的海洋划界

挪威位于北欧斯堪的纳维亚半岛西部,东邻瑞典,东北与芬兰和俄罗斯接壤,南同丹麦隔海相望,西濒挪威海。挪威国土面积 38.5 万平方千米(包括斯岛、扬马延岛等属地),海岸线长 21 192 千米(包括峡湾)。[③]

挪威有关海洋划界的立法主要是在 1996 年 6 月 24 日挪威正式批准 1982

---

① 该协议第 2 条第 1 款和第 2 款规定,美苏两国的海上边界为:(1)从起始点,北纬 65°30′,西经 168°58′37″,沿西经 168°58′37″ 的子午线向北延伸,经由白令海峡和北冰洋海域的楚科奇海,直到国际法允许的最大限度;(2)从同一起始点,海上边界向西南方向延伸,……(边界坐标点见本协议附件)。

② 丁煌. 极地国家政策研究报告(2015—2016)[M]. 北京:科学出版社,2016:164.

③ 贾宇. 极地周边国家海洋划界图文辑要[M]. 北京:社会科学文献出版社,2015:15.

年《公约》之后颁布的。有关领海基线的规定主要有 2002 年 6 月 14 日《关于确定挪威本土领海范围基线的规定》和 2002 年 8 月 30 日《关于扬马延周边挪威领海界限的规定》，前者详细规定了挪威领海直线基线的基点，后者规定了测算扬马延周边挪威领海界限的相关基点（其中含有直线线段）。挪威已将确定挪威本土和扬马延领海外部界限点的坐标表向联合国秘书长交存。[①] 此外，2005 年 2 月 25 日《关于确定布维岛领海范围基线的规定》列明了划定布维岛领海外部界限的 31 个基点地理坐标。关于领海与毗连区，挪威于 2001 年 6 月 1 日和 2003 年 6 月 27 日分别颁布了《关于斯岛周边挪威领海界限的规定》和《挪威领海与毗连区法》，前者规定了斯岛周边挪威领海的界限直到直线基线以外 4 海里，[②] 后者规定，在没有予以规定的情况下，领海基线是沿岸低潮线。挪威与另一国家领海的划界应由两国间有效的协议确定。挪威与另一国家毗连区的划界也应由两国间有效的协议确定。如果不存在此类协议，界限应沿着两国海域的中间线划定。[③]

挪威与丹麦、冰岛、瑞典、俄罗斯、英国等国都签署了划界协议，其中与丹麦、俄罗斯和冰岛的海洋划界涉及北极地区（挪威与俄罗斯的海上划界已在"俄罗斯与挪威的巴伦支海海洋划界"述及）。

一、挪威与丹麦的海上划界

格陵兰和扬马延是两个位于大西洋上的岛屿，分属丹麦和挪威。格陵兰岛是一个面积 220 万平方千米、有人居住的岛，其东海岸与扬马延岛之间的距离约 250 海里。两国之间的整个划界区域都位于北极圈内，其中格陵兰岛东海岸的北部为终年不化的厚厚冰层所覆盖。扬马延是扬马延海脊北端的岛屿，沿东北-西南中心线延伸，距挪威北部以西约 540 海里，距冰岛东北部约 290 海里，距格陵兰东部约 250 海里。扬马延群岛是一组面积仅为 377 平方千米、无人居住、远离挪威本土的小型群岛。

丹麦和挪威均已批准加入 1958 年《公约》，两国于 1965 年签订了《关于划

---

① 2003 年 12 月 1 日，挪威将确定挪威本土领海外部界限点的坐标表交存于联合国秘书长，并于同日将确定扬马延领海外部界限点的坐标表交存于联合国秘书长。

② 挪威已于 2003 年 12 月 1 日将确定斯岛领海外部界限点的坐标表交存于联合国秘书长。

③ 《挪威领海与毗连区法》第 1 条、第 2 条和第 4 条。

分两国之间大陆架的协定》,规定以等距离中间线划定两国行使主权的大陆架部分之间的边界线,并列举了两国在斯卡格拉克海峡(Skagerrak)和北海大陆架边界线的 8 个坐标点。1979 年 6 月 15 日,两国又签订了《关于法罗群岛与挪威之间海底大陆架划界和法罗群岛外渔区与挪威经济区之间的边界线协定》,再次适用等距离－中间线原则,并确定边界线的 2 个坐标点。①

1988 年 8 月 16 日,在 1982 年《公约》尚未生效的背景下,丹麦以其与挪威都接受了国际法院的强制管辖为依据,就丹麦与挪威之间关于格陵兰岛和扬马延岛之间区域的海洋划界争议,单方面在国际法院对挪威提起诉讼,要求以格陵兰东海岸的领海基线为起算点,以一条单一边界线在格陵兰与扬马延群岛之间的格陵兰海区直接划出 200 海里宽度的专属经济区和大陆架。而挪威要求法院划定专属经济区和大陆架两条线,虽然"这两条分界线将重合,划界在观念上是不同的"。②

法院认为,丹麦和挪威没有就划定一条唯一的海洋界线问题达成一致意见,法院不能像在 1984 年缅因湾海洋边界案中一样为当事国确定一条唯一的、具有双重目的的海洋界线。鉴于此,法院将分别审查适用法律的两个分支,即 1958 年《公约》第 6 条适用于大陆架划界的效果和支配渔区的习惯法的效果。③法院援引 1984 年关于缅因湾海洋边界案和 1985 年关于利比亚和马耳他大陆架划界案的判决的先例,先是划出一条既适用于大陆架也适用于渔区的中间线作为临时性划界线,然后考虑"特殊情况"和"有关情况"将中间线予以调整或推移。④

格陵兰岛有关海岸的直线长度约 504.3 千米,扬马延岛有关海岸的直线长度约 54.8 千米。如果以直线基线计算,格陵兰岛有关海岸的长度约 524 千米,扬马延岛有关海岸的长度约 57.8 千米。两者之间的比率是 1∶9.2 或 1∶9.1。法院确认,海岸长度的悬殊差别构成 1958 年《公约》所规定的"特殊情况",并且也是根据习惯法进行渔区划界应予以考虑的有关情况。法院认为应将中间

① 国家海洋局政策研究室. 国际海域划界条约集[M]. 北京:海洋出版社,1989:452-496.
② United Nations. I. C. J. Reports 1993, para. 41[EB/OL]. (1993-09-14)[2020-05-30]. https://www. icj-cij. org/sites/default/files/annual-reports/1992-1993-en. pdf.
③ United Nations. I. C. J. Reports 1993, para. 44. (1993-09-14)[2020-05-30]. https://www. icj-cij. org/sites/default/files/annual-reports/1992-1993-en. pdf.
④ 周健. 岛屿主权和海洋划界国际法案例选评[M]. 北京:测绘出版社,1999:303.

线朝扬马延岛方面作出调整,使划界线更接近扬马延岛。在对鳕鱼资源的利用状况,特别是有关国家之间渔获量的配额分配协定及当地人民所进行的传统渔业进行分析后,法院认为,中间线太偏西,不能保证丹麦对鳕鱼资源的公平获取,为此也需要对中间线作出朝东方向的调整。但法院明确指出,人口和社会经济情况不构成划界应予以考虑的有关情况。①

1993 年 6 月 14 日,国际法院作出判决,确定格陵兰与扬马延之间的大陆架和渔区界限,是丹麦主张的 200 海里线和挪威主张的中间线之间的一条线。在重叠区最南部的渔业资源富集区,出于使双方公平获取毛鳞鱼资源的考虑,国际法院在这一部分以中间线作了面积等分处理。值得注意的是,本案中法院明确肯定了对资源的获取是海洋划界应予以考虑的有关情况,并直接影响划界线的位置和走向。② 由于法院所划定的渔区分界线同时也是大陆架的分界线,实际上对渔业资源利用的考虑也影响了大陆架划界。此外,本案也是国际法院第一次在海洋划界案中将北极附近漂浮的冰块作为海洋划界中提出的有关情况予以考虑。这说明,习惯国际法关于适用公平原则应予以考虑的有关情况实际上是没有限制的,是完全可以因具体情况而不断变化的。

为执行国际法院的判决,1995 年 12 月 18 日,丹麦和挪威签订了《丹麦和挪威关于扬马延和格陵兰区域大陆架划界和此区域渔业区边界的协议》,规定两国在扬马延和格陵兰岛之间的大陆架和渔区以同一条单一边界来加以划定,并进一步明确划定了相关划界定点。1997 年 11 月 11 日,两国签订该协议的附加议定书,在协议基础上对界限予以调整,直线分界线上增加了 Point 5。③

2006 年 2 月 20 日,丹麦与挪威就格陵兰和斯岛之间的海洋划界问题达成了《挪威和丹麦及格陵兰地方自治政府关于格陵兰和斯瓦尔巴群岛间大陆架和渔业区划界的协议》,按照"等距离中间线"的划界方法,对位于格陵兰和斯岛之间的海域进行单一海洋划界,规定了两国在此海域分界线的 12 个基点地理坐标。该协议从侧面印证了斯岛可以进行大陆架和专属经济区的海洋划界,

---

① 周健. 岛屿主权和海洋划界国际法案例选评[M]. 北京:测绘出版社,1999:307-308.

② 先前判决虽然在不同情况下承认油气资源和渔业资源构成划界应予以考虑的有关情况,但并没有在确定划界线时,实际赋予对这些有关情况的考虑以一定的作用。

③ 69°35′00″N,13°16′00″W.

但该问题仍有待未来进一步明确。[1]

二、挪威与冰岛的海洋划界

挪威 1980 年 5 月 23 日颁布《皇家敕令》,宣布扬马延岛与邻国的边界应通过协议来划定,并规定在扬马延岛周围建立 200 海里渔区。由于冰岛与扬马延之间的最短距离仅为大约 290 海里,而根据冰岛 1979 年 6 月 1 日第 41 号《领海、经济区和大陆架法》的规定,冰岛应拥有 200 海里经济区,因此冰岛和挪威就扬马延是否享有专属经济区或大陆架,以及如果享有则扬马延和冰岛的专属经济区、大陆架如何界等问题产生争议。

由于通过谈判在冰岛和扬马延岛之间的大陆架划界问题上仍未能打破僵局,两国遂于 1980 年 5 月 28 日签订了《挪威与冰岛关于渔业和大陆架问题的协议》,划定一条自冰岛基线起的 200 海里渔业管辖权分界线,同时规定在冰岛和扬马延岛之间距离不足 400 海里的区域内,冰岛在法律上具有将其经济区扩展到 200 海里的权利。渔业方面,两国决定成立渔业委员会,就两国对此区域迁徙鱼群的最大捕捞量提出建议,该建议在提交后两个月内没有收到缔约方的反对意见则具有拘束力。在大陆架划界问题上,鉴于冰岛在这些区域有重要经济利益,在两国划界谈判中,冰岛提出其拥有主张延伸至 200 海里以外的大陆架区域的权利,这实际上意味着冰岛对冰岛东部和扬马延岛之间的扬马延突起地带(Ridge Area)主张权利,而这一突起地带的某些部分被认为具有良好的石油勘探前景和开发潜力。为解决两国大陆架划界问题,该协议规定组建调解委员会,授权调解委员会在充分考虑冰岛在这些海域的强大经济利益、现有的地理和地质因素以及其他特殊情况下提出关于冰岛和扬马延之间大陆架区域分界线的建议书。虽然调解委员会的建议对于当事国不具有约束力,但是两国同意双方在将来谈判中予以合理考虑。[2]

1981 年 6 月,该调解委员会作出《冰岛和扬马延间大陆架区域调解委员会致冰岛政府和挪威政府的报告和建议书》。在确定扬马延地位时,考虑了 1982 年《公约》草案中关于岛屿制度的规定。建议书认为扬马延是岛屿,有权拥有

---

① 丁煌. 极地国家政策研究报告(2015—2016)[M]. 北京:科学出版社,2016:166.

② 国家海洋局政策研究室. 国际海域划界条约集[M]. 北京:海洋出版社,1989:192,198-204.

领海、专属经济区和大陆架。同时,根据相关地质报告,扬马延海脊是比扬马延和冰岛更早出现的微型大陆,不能被认为是扬马延或冰岛的自然延伸,因此,自然延伸的概念不能成为解决本案划界争端的基础。在考察相关国际实践的基础上,调解委员会建议该区域大陆架的划界应与专属经济区的划界保持一致,以一条线同时划分经济区和大陆架,即在冰岛和扬马延岛之间不足 400 海里的区域内,冰岛的经济区和大陆架都可以充分扩展到 200 海里,并以自冰岛海岸起量,向外延伸 200 海里的一条线作为两国在这一海域的经济区和大陆架分界线。鉴于冰岛在这些海域的重大经济利益,以及现存的地理因素、地质因素和其他特殊情况,建议书不是提议划出一条同专属经济区界限不同的大陆架界限,而是建议签署一项联合开发协定,即在这一分界线的两侧划出一定的区域,作为两国的共同开发区,共同开发区的具体范围是北纬 70°35′,北纬 68°00′,西经 10°30′,西经 6°30′ 各两条经纬线内的区域。①

上述建议通过两国 1981 年 10 月 22 日缔结的《挪威与冰岛关于冰岛和扬马延间大陆架的补充协议》对两国具有拘束力。② 在此基础上,1997 年 11 月 11 日,两国签订《〈挪威与冰岛关于渔业和大陆架问题的协议〉及〈挪威与冰岛关于冰岛和扬马延间大陆架的补充协议〉的附件议定书》,对扬马延和冰岛之间大陆架的划界作出规定,分界线为连接 Point 1（69°35′00″N,13°16′00″W）和 Point 2（69°34′42″N,12°09′24″W）两点的直线界限。由此,两国通过友好协商解决两国之间的大陆架区域划界争议。

挪威与冰岛的海洋划界案未选择国际司法机构解决争议,而是选择了形式上更简单、更灵活的国际和解程序成功地解决了两国之间的海洋划界争议。其成功最重要的基础是当事国之间真诚、友好的合作愿望。这一实践也为其他国家解决海洋划界争议提供了一个很好的范例。在划界方法和考虑因素方面,本案是海上资源共同开发的典例,并且是在海洋划界实践中最早以一条线同时划分经济区和大陆架。共同开发区的边界在冰岛一侧大约延伸 1/3,扬马延岛一侧延伸 2/3,并规定两国可从两国各自境内获得 25% 的利益,即在不损害两国

---

① 国家海洋局政策研究室. 国际海域划界条约集[M]. 北京:海洋出版社,1989:207.

② 该协议规定,两国在冰岛和扬马延区域内大陆架界限与专属经济区界限是同一条线,在北纬 70°35′、西经 10°30′ 与北纬 68°00′、西经 6°30′ 之间的区域,冰岛和扬马延之间的大陆架的界限与专属经济区的界限重合。协议还约定,在界限两侧某一特定区域建立共同开发区,就勘探和开发石油资源进行合作。

管辖权的情况下进行了资源共享。而且,冰岛的经济利益及其对能源进口的依赖在划界考量因素中占据重要的地位。而国际法院则在以后审理的海洋划界案中从另一个侧面说明,经济利益,特别是同国家海洋管辖权扩展直接有关的经济利益,构成海洋划界应予以考虑的有关情况。

第三节　加拿大的海洋划界

加拿大位于北美洲北部,东临大西洋,西濒太平洋,南接美国本土,北靠北冰洋,西北部与美国的阿拉斯加接壤,东北隔巴芬湾与丹麦格陵兰岛相望,海岸线长度超过 24 万千米。1996 年 12 月 18 日加拿大颁布的《加拿大海洋法》对加拿大的领海、毗连区、专属经济区和大陆架制度作出与 1982 年《公约》基本一致的规定。此外,加拿大还制定了多项单行法律规定领海基线的基点坐标,即直线基线、沿岸低潮线、岛屿和低潮高地的低潮线。[①] 加拿大虽然与邻国丹麦签署了海洋划界协议,但与美国在北冰洋沿岸的领海、专属经济区和大陆架划界以及两国在波弗特海的分界线尚未确定。

一、加拿大与丹麦(格陵兰)的海洋划界

加拿大与丹麦(格陵兰)双方的海岸线隔着巴芬湾、林肯海(Lincoln Sea)等宽度有限的北极边缘海区绵延 2 000 多千米。两国之间的北极海域海洋划界问题长期存在,且同时存在多重性质的海洋争端:一是对位于两国海岸距离极为接近的内尔斯海峡(Nares Strait)中心线上的汉斯岛(Hans Island)的领土主权争议;二是对横贯北冰洋中部海床的罗蒙诺索夫海岭的归属争议;三是对靠近两国陆地领土最北端的北冰洋边缘海林肯海的渔业管理问题长达 40 余年的划界争议,争议海域面积约有 200 平方千米。

丹麦与加拿大间的海洋划界争端由汉斯岛的主权争端引起。汉斯岛位于北纬 80° 加拿大与格陵兰岛之间的纳雷斯海峡,荒无人烟,常年被冰雪覆盖。

---

① 其中关于领海地理坐标的立法有《1972 年 5 月 9 日领海地理坐标令》和《1985 年 9 月 10 日领海地理坐标令》。

长 1.3 千米,宽 1.2 千米,面积 1.3 平方千米,岛上无人居住。[①] 但该岛的地理位置非常重要,自 1973 年以来,加拿大和丹麦就对该岛拥有领土主权争议,汉斯岛上拥有丰富的金刚石资源,而且随着全球气候变暖,那里很可能成为一个新的海上交通枢纽。

1973 年 12 月 17 日,两国根据 1958 年《公约》的相关划界规则签订《丹麦王国政府和加拿大政府关于划分格陵兰和加拿大之间大陆架的协议》,划定了两国从内尔斯海峡到巴芬湾和戴维斯海峡的大陆架边界,该协议于次年生效。为快速解决两国海洋划界问题,该协议没有选择解决两国之间存在的关于汉斯岛的主权争议,而是把汉斯岛本身作为这条大陆架边界的一部分,界线的第 122 和 123 点位于汉斯岛的两端。按此方案解决后,汉斯岛可被当作"飞地"的法律效力进行划界。即汉斯岛的主权一旦确定,那么再根据岛屿本身的性质及其不同性质下的划界效力,该区域的划界问题就能加以解决。该协议基本遵循中间线原则来划定分界线,[②] 在内容上分为两国在戴维斯海峡和巴芬湾的大陆架划界及两国在内尔斯海峡的大陆架划界两部分,其中后一部分的大陆架划界受到争议小岛汉斯岛的影响,使得该部分的大陆架边界线被分割成不相连的两段。因此,大陆架分界线由戴维斯海峡和巴芬湾的分界线、纳勒斯海峡分界线以及上述两条分界线的连接线三部分组成。这份划界协定虽未解决汉斯岛的主权归属问题,也没有划定北纬 82°13′ 以北的北冰洋林肯海海域边界,但实现了对林肯海以南的长达 1 450 千米的加拿大丹麦海洋边界的完整划分,并结合岛屿、海岸线长度等特殊地理因素对双方的等距离中间线做了适当调整,上述具体做法直至今日依然对相关划界实践有着重要的启示意义。[③]

在协议签订 40 年后,经历了漫长的谈判过程,加拿大和丹麦于 2012 年 11 月 28 日就埃尔斯米尔岛和格陵兰岛以北林肯海的海域划界签署了协议,以取代两国于 1973 年签订的协议。新协议仍然是以等距离中间线的划界方法完成了两国在隶属于北冰洋主体区域的林肯海范围内的海洋边界划分,并将双方新

---

① K. L. Lawson. Delimiting Continental Shelf Boundaries in the Arctic: The United States-Canada Beaufort Sea Boundary[J]. *Virginia Journal of International Law*,1981(20):221-246.

② 最南端点位于北纬 61°00′、西经 57°13.1′,最北端点位于北纬 82°13.0′、西经 60°00.0′。

③ Pharand D. *Polar Regions and the Development of International Law*[M]. Cambridge: Cambridge University Press,1996:182.

划定的林肯海边界线与 1973 年的旧协定线连成一体,从而减少了两国北极关系中的不确定因素,有助于妥善解决双方在林肯海的捕鱼权及矿产开采权争议。新协议微调了原有海洋划界坐标,将 1973 年旧协议边界线的单一大陆架划界内涵发展为与专属经济区制度相兼容的单一海洋划界,为两国划定了一条总长度近 2 000 千米的单一海洋边界,这也是目前为止世界上连续长度最长的一条海洋边界线。该协议避开了两国存在领土争议的汉斯岛,对汉斯岛的领土归属问题将继续进行谈判。

作为大陆国家的加拿大,其以直线基线划定北极群岛领海基线,并得到对方国家的承认,而且是作为划界的起始线,这为大陆国家对其群岛划定直线基线提供了先例。因此,加拿大丹麦海洋划界实践中对于加拿大离岸群岛划设直线基线做法的肯定,对中国未来的海洋划界而言也是一种有利的启示。[①]

二、加拿大与美国之间的波弗特海划界纠纷

加拿大和美国在波弗特海是海岸相邻国家,但管辖权重叠。波弗特海毗邻北冰洋和阿拉斯加海岸,加拿大的育空地区毗邻波弗特海。两国在该海域划界至今悬而未决。美加两国双方的权利主张重叠区域既包括了 200 海里以内的海域划界,也延伸到 200 海里以外的外大陆架划界,重叠区域呈一个楔形形状,面积超过 7 000 平方千米。

加拿大和美国关于波弗特海的划界争议主要集中在海域分界线的走向。加美两国在波弗特海的划界争议起源于 1825 年《英俄有关各自美洲西北海岸领地边界和太平洋航行协定》。该协定划分了两国在俄属阿拉斯加和英属加拿大之间的陆地边界,规定两国沿着西经 141° 的子午线划分双方在美洲大陆西北的边界,并一直向北延伸到"冰冻的海洋"。虽然加拿大和美国继承该划界协定,但对该条"向北延伸到冰冻的海洋"有不同的理解。加拿大坚持认为,1825 年协定已经明确划定了双方在波弗特海这一北极海区的边界线,两国的海上边界即西经 141° 子午线,这一主张实际是可以将双方边界一直延伸到北极点的扇形线变体。但美国不承认 1825 年协定对波弗特海的划界效力,认为该协定仅能确定双方的陆地边界,缺少精确的地标信息以确定双方在波弗特海

---

① 丁煌. 极地国家政策研究报告(2015—2016)[M]. 北京:科学出版社,2016:161-162.

的具体划界范围,波弗特海部分的海洋划界则需再议。① 美国认为海域分界线应该从两国陆地边界点出发,沿着子午线向东北略微倾斜,海域界限与海岸线成直角,或者在美国加拿大海域取中间线。② 双方在此问题上始终僵持不下。加拿大和美国关于波弗特海的划界争议迟迟难以解决的深层原因是该划界牵涉到争议海区的油气资源利益、波弗特海海底较复杂的地质地貌形态以及该划界纠纷与该海区 200 海里外大陆架划界问题的连带关系,因而难以在短期内得以解决。

第四节　其他北极沿海国海洋划界情况

一、丹麦的海洋划界

丹麦位于欧洲北部,南同德国接壤,西濒北海,北与挪威、瑞典隔海相望,海岸线长 7 314 千米。法罗群岛是欧洲大西洋北部的火山群岛,面积 1 398.9 平方千米,海岸线总长 1 117 千米,位于挪威、苏格兰、设得兰群岛和冰岛之间的北大西洋海域。法罗群岛于 1948 年成为丹麦的自治区。

早在 20 世纪 60 年代,丹麦就颁布了领海、大陆架以及渔区海域划界方法和依据的一系列法令,并在 2004 年 11 月 16 日批准 1982 年《公约》后对早期的相关立法进行修订和完善。根据丹麦相关立法,领海为从领海基线量起不超过 12 海里的海域。如果丹麦与相邻或相向国家海岸之间的距离不超过 24 海里,只要两国间不存在相反的协议,则丹麦领海的外部界限不应超过中间线,除非特殊情形需要另作规定。如果确有特殊情形,外交部可以决定领海的外部界限与领海基线之间的距离小于 12 海里。③ 丹麦的毗连区是位于领海以外、毗邻领海且从领海基线量起不超过 24 海里的海域。如果丹麦与相邻或相向的其他国家海岸之间的距离不超过 48 海里,在没有签订协议的情况下,两国毗连区的界限应是两国领海基线之间的中间线,毗连区的界限与专属经济区的界限

① 丁煌. 极地国家政策研究报告(2015—2016)[M]. 北京:科学出版社,2016:166.
② 贾宇. 极地周边国家海洋划界图文辑要[M]. 北京:社会科学文献出版社,2015:40.
③ 1999 年 4 月 7 日《领海划界法》。

相同。① 专属经济区划界原则上以中间线为分界线,但伯恩霍尔姆与波兰之间的专属经济区界限应当由丹麦与波兰协议确定。在此协议达成前,分界线的起点应当由丹麦与瑞典和波兰协议确定,终点应由丹麦与波兰和德国协议确定,由此形成一条与相关各国海岸领海基线等距离的中间线。② 大陆架划界方面,1963 年 6 月 7 日《关于在大陆架上行使丹麦主权的皇家法令》规定,丹麦与相邻国家的大陆架划界问题,在没有特别协议的情况下,应当按照 1958 年《公约》,将大陆架界限定为中间线。

丹麦与加拿大、德国、冰岛、荷兰、瑞典、挪威、英国等国都签订了海上边界协议。在北极地区已经划定的海上边界,除了与瑞典的领海界限和与加拿大之间的大陆架界线外,还有与冰岛、挪威以及挪威格陵兰和斯岛之间的大陆架和渔区界限。丹麦与加拿大、挪威的海洋划界情况前已述及,在此不再赘述,以下仅涉及丹麦与冰岛以及丹麦与瑞典的海洋划界。

丹麦(格陵兰)与冰岛之间的海洋划界主要位于挪威海海区,两国拥有 3 000 多平方千米的重叠海域,涉及冰岛有人居住的格里姆西岛和无人居住的冰岛岛屿科尔宾西岛的效力。1997 年 11 月 11 日,丹麦与冰岛签订了《丹麦及格陵兰地方自治政府和冰岛关于格陵兰和冰岛间大陆架和渔业区划界的协议》,该协议规定了丹麦与冰岛之间的大陆架和渔区界限划定的基础是格陵兰和冰岛的相关海岸线之间的中间线以及两国在 1997 年 6 月 28 日的商议结果。两国采用等距离划界法,给予格里姆西岛全效力。同时调整等距离线,给予科尔贝西岛半效力。两国的海洋划界总体进展顺利的一个重要原因是两国在北冰洋海区面临着同样的窘境,两国整体的国家利益几乎是一致的。对于丹麦而言,格陵兰走向自治,在北极地区的身份需要经济发展予以保障,而冰岛由于在北极圈内没有国土,保住自己北极国家的地位成为国家利益之必须。而随着 2011 年两国同年出台北极战略,其中冰岛特别点名"要加强同格陵兰的合作"的做法也可以表明两国将维持长期的良好互动关系。

丹麦与瑞典海洋划界方面,根据丹麦与瑞典于 1979 年 6 月 25 日签订的《丹麦和瑞典关于两国间领海划界协议的换文》,瑞典将其在瑞典海岸和丹麦

---

① 2005 年 6 月 24 日《毗连区法》;2005 年 6 月 29 日《丹麦毗连区划界实施细则》。

② 1996 年 5 月 22 日《专属经济区法》和 2002 年 7 月 19 日《〈专属经济区法实施细则〉的修正案》。

海岸之间的领海宽度限制在斯卡恩岛（Skagen）、拉索岛（Leeson）、安霍尔特岛（Anholt）、伯恩霍尔姆岛（Bornholm）一侧，以便瑞典和丹麦领海中间线向瑞典一侧有至少 3 海里的公海区域。为了方便继续自由进出厄勒海峡（Oresund），瑞典打算在海峡以北和以南地区作出一项安排，使外国船只和外国飞机能够通过和飞越公海。但此安排是以丹麦在上述水域的领海将以同样方式受到限制为前提。如果瑞典政府今后希望将其在上述水域的领海宽度扩大到指定区域以外，在丹麦政府保证这样做的条件下，瑞典政府应至少在此种扩大生效前 12个月通知丹麦政府。^①

二、美国的海洋划界

美国位于北美洲中部，领土还包括北美洲西北部的阿拉斯加和太平洋中部的夏威夷群岛。北与加拿大接壤，南靠墨西哥湾，西临太平洋，东濒大西洋，海岸线长 22 680 千米。美国至今未加入 1982 年《公约》，但对海域划界十分重视，特别是自 20 世纪 80 年代以来，美国颁布了一系列对美国海洋权益进行宣示的总统公告或声明等，其主要内容包括美国领海延伸到领海基线以外 12 海里。^②美国的毗连区从领海基线起直至 24 海里，但不延伸至他国的领海。在美国毗连区内，所有国家在 1982 年《公约》有关规定的限制下，享有公海上的航行和飞越自由，铺设海底电缆和管道的自由，以及与这些自由有关的海洋其他国际合法用途，诸如同船舶和飞机的操作及海底电缆和管道的使用有关的并符合1982 年《公约》其他规定的那些用途。^③美国的专属经济区从测量领海宽度的基线起一直延伸 200 海里。如果存在与邻国海洋划界的问题，则美国与相关国家专属经济区的划界应当根据公平原则确定。美国在离岸 200 海里的专属经济区内行使对生物资源和非生物资源的主权。这将使美国对在 200 海里以内

---

① Exchange of notes constituting an agreement between Denmark and Sweden concerning the Delimitation of the Territorial Waters between Denmark and Sweden[EB/OL]. [2022-10-05]. https://www. un. org/Depts/los/LEGISLATIONANDTREATIES/PDFFILES/TREATIES/DNK-SWE1979TW. pdf.

② 《美国总统 1988 年 12 月 27 日关于美国领海的公告》。

③ 《美国毗连区——1999 年 9 月 2 日美国总统公告》。

的、非大陆架上的矿产资源享有管辖权。①

虽然美国未加入1982年《公约》，但在《1983年3月10日总统声明》中宣布，只要美国在国际法下的权利和自由得到沿海国的承认，美国也承认1982年《公约》中所确立的沿海国家的权利。美国将在全球范围内以符合1982年《公约》中利益平衡的方式来行使和主张其航行、飞越的权利和自由。但是，美国不会默许任何其他国家单方的、旨在限制国际社会在航行和飞越以及其他公海相关用途方面的权利和自由的行为。美国在北极地区主要存在与俄罗斯和加拿大的海洋划界，详见前述"俄罗斯"部分和"加拿大"部分。

三、冰岛的海洋划界

冰岛位于北大西洋中部，靠近北极圈，西隔丹麦海峡与格陵兰岛相望，东临挪威海，北面格陵兰海，南接大西洋，海岸线长约4970千米。

1979年6月1日，冰岛颁布了《领海、经济区和大陆架法》。根据该法第7条的规定，冰岛和其他国家之间的经济区和大陆架的划界应当在适当的情况下通过当事国协议确定。除另有规定外，冰岛的经济区和大陆架从测算领海宽度的基线量起，不应超过200海里。如果从法罗群岛和格陵兰岛的领海基线到冰岛领海基线之间的距离不到400海里，冰岛经济区和大陆架应以中间线为界限。冰岛已经与挪威和丹麦达成了海洋划界协议（详见"挪威"部分和"丹麦"部分）。冰岛与英国的渔业管辖权争议则由国际法院于1974年7月25日作出判决。

1948年，冰岛通过的一项有关科学保护大陆架渔业的法律，授权政府设立保护区，保护区内的一切捕鱼活动应符合冰岛与其他国家所订协议的规则，并受其控制。1959年冰岛议会宣布一项决议，称"冰岛按照1948年法律采取的政策，其对整个大陆架的权利应当得到承认"。在发生一些事件和进行一系列谈判之后，冰岛和英国于1961年3月11日议定一项换文，规定英国不再反对12海里的渔区，冰岛将继续努力执行1959年有关扩展捕鱼管辖区的决议，但应在6个月前将这种扩展通知英国，而且"如果对该项扩展发生争端，则应在任何一方的要求下将争端提交国际法院。

---

① 《1983年3月10日美国关于美国专属经济区的第5030号公告》和《1983年3月10日总统声明》。

1971 年冰岛政府单方面宣布与英国间的捕鱼管辖区协议终止,并于 1972 年 7 月 14 日颁布新条例,规定冰岛的渔区范围从 1972 年 9 月 1 日起扩展到 50 海里,禁止外国船舶在这个范围内从事一切捕鱼活动。1974 年 7 月 25 日,英国向国际法院起诉冰岛,要求法院裁决并宣布:(1)冰岛关于自己有权拥有从基线到 50 海里之间的专属捕鱼管辖区的主张在国际法上是没有根据的,是无效的;(2)冰岛无权针对英国单方面主张超过 1961 年换文商定的 12 海里宽度的专属捕鱼管辖区;(3)冰岛无权单方面将英国渔船排除于超过 12 海里宽度的公海区域之外,或单方面对英国渔船在这一区域内的活动施加限制;(4)冰岛和英国有责任,无论是双边或与其他有关国家一起共同研究为保护的目的在该公海区域实行限制捕鱼活动的必要性,并进行谈判,以便在该区域建立一种能确保冰岛享有符合其特别依赖渔业的国家情况的优先地位的制度。

为了公平解决目前的争端,法院认为有必要在考虑到其他国家权利和保护鱼类需要的同时,通过在任何一个指定时间对冰岛和英国中任何一国有关该项渔业的相对依赖性进行一次评估的办法,将冰岛的优先捕鱼权和英国的传统捕鱼权协调起来。

"优先捕鱼权"本来是冰岛在 1958 年日内瓦会议上提出的提案中产生的,这一概念后来被 1960 年会议的一项修正案载明,并被纳入有关渔区的一项提案中。当前各国的实践表明,这个概念除了得到越来越多的广泛接受之外,还由双边或多边条约加以实施。在本案中,在 12 海里宽度以内的专属捕鱼区没有争议,英国还明确承认冰岛在超过这一方位的有争议水域里享有优先权利,对冰岛格外依赖其渔业这一点也无任何怀疑。但是,沿岸国因处于特殊依赖的情况而取得的"优先捕鱼权"的概念本身,尽管默示某种优先地位,但是这并不意味着取消其他国家同时存在的权利。冰岛有权主张优先权的事实并不足以说明它禁止英国渔船在 1961 年协议的 12 海里范围以外进行一切捕鱼活动的单方面主张是合理的。

国际法院认定,冰岛 1972 年单方面将冰岛的专属捕鱼权从基线扩大到 50 海里的条例不能对抗英国,且冰岛无权单方面将英国的渔船排除于从 12 海里宽度至 50 海里宽度之间的区域之外,或单方面对这些渔船在此区域内的活动施加限制。法院认为,冰岛和英国相互均有义务进行有诚意的谈判,以期公平地解决两国间的分歧,并指出进行谈判时要考虑的诸如冰岛的优先权、英国的既得权利、其他国家的利益、维护渔业资源以及共同研究所需的措施等因素。①

四、芬兰的海洋划界

芬兰位于欧洲北部,南临芬兰湾,西濒波地尼亚湾,与瑞典、挪威、俄罗斯接壤,海岸线长 1 100 千米。芬兰有 1/3 的土地位于北极圈内。虽然芬兰并非北冰洋的沿岸国,但其领土和管辖海域进入北极圈。芬兰已与瑞典和俄罗斯签订了海上边界协议,但这些协议大多是关于波罗的海地区大陆架和渔区的划界,并未涉及北极圈以内的海域。

芬兰于 1956 年 8 月 18 日颁布《芬兰领海划界法》,1995 年 3 月 3 日进行了修订。新法规定,芬兰的领海宽度为 12 海里,但是,在芬兰湾,领海的外部界限位于用于国际航行的习惯航道以北至少 3 海里之处;在波地尼亚湾及其南部和北部,在波罗的海北部和奥兰海,芬兰领海的外部界限不能超过芬兰与瑞典协议确定的渔区和大陆架界限。另外,芬兰于 1995 年 7 月 31 日颁布《关于适用〈芬兰领海划界法〉的法令》,规定了领海基点和领海外部界限基点以及芬兰不同区位进行领海划界的具体方法。在专属经济区和大陆架方面,芬兰立法与相关国际条约基本一致,如 1965 年 3 月 5 日颁布的《大陆架法》基本遵循了1958 年《公约》的规定;2004 年 11 月 26 日颁布的《芬兰专属经济区法》也基本遵循了 1982 年《公约》中"专属经济区"这一部分的规定。而同年 12 月 2日的《芬兰专属经济区政府法令》则对划定芬兰专属经济区的外部界限应参照的基点坐标进行了详细的列举说明。

五、瑞典的海洋划界

瑞典也属于非北冰洋沿岸国但其领土和管辖海域进入北极圈的国家。瑞典位于北欧斯堪的纳维亚半岛东半部,西邻挪威,东北接芬兰,东临波罗的海,西南濒北海,同丹麦隔海相望,海岸线长 2 181 千米。与芬兰相同的是,虽然瑞典与丹麦、芬兰、挪威都签订了海洋划界协议,但这些协议也并未涉及北极圈内的海域。瑞典在 1996 年 6 月 25 日批准 1982 年《公约》之前已有较为完善

---

① ICJ. Reports of Judgments, Advisory Opinions and Ordersfisheries Jurisdiction Case (United Kingdom of Great Britain and Northernireland V. Iceland) [EB/OL]. (1974-07-25) [2020-05-30]. https://www.icj-cij.org/sites/default/files/case-related/55/055-19740725-JUD-01-00-EN.pdf.

的海洋划界立法。在领海方面,1966 年 6 月 3 日颁布的《瑞典领海法》(先后于 1978 年 12 月 18 日和 1979 年 12 月 20 日修订)规定,瑞典的领海基线是沿岸的低潮线;如果沿岸礁岩与瑞典高于平均水位的陆地距离不足 12 海里且这些礁岩在低潮时高于海平面,领海宽度应从这些礁岩起算;如果沿岸是内水,则领海宽度应从内水的外部界限(直线基线)量起,除非因陆地在直线基线以内而需要用其他方式测量。1966 年 6 月 3 日颁布的《瑞典领海测量条例》对瑞典直线基线的基点进行了具体规定,同时规定,除另有规定,瑞典的领海宽度为 4 海里。在大陆架方面,早在 1966 年瑞典就制定了《大陆架法》以及《关于适用〈大陆架法〉(1966/314)的公告》,其内容与 1958 年《公约》基本一致,并在该公约的基础上对管辖权的行使作出了细化。在专属经济区方面,瑞典于 1992 年 12 月 3 日颁布了《瑞典经济区法》和《瑞典专属经济区条例》,规定了瑞典专属经济区的外部界限不超过瑞典与其他国家协议确定的界限;在无此类协议的情况下,不超过瑞典与其他国家领海基线之间的中间线。此外,还对瑞典专属经济区外部界限的具体坐标作出了详细规定。

从上述北极国家海洋划界情况看,只有格陵兰/扬马延案是以提交第三方争端解决机制的方式解决海洋划界争端,其他多是通过双边谈判加以确定。在划界方法方面,北极国家基本是以"单一划界+等距离/特殊情况"的划界方法完成彼此之间的海洋划界。由于 1982 年《公约》制度设置,两国间海洋划界通常将专属经济区与大陆架一并操作,逐渐形成了用一条不间断的边界线来统一划分沿海国之间大陆架和专属经济区的单一海洋划界实践,但其并非强制划界方式,也存在例外。而且,地质地貌因素和社会经济因素在海洋划界中的作用趋微,但沿海国海岸表面地理因素的重要差别仍将是构成调整等距离中间线的主要"特殊情况"。

第五章
北极地区 200 海里外大陆架划界

　　当前,各国海洋权益之争实质上就是海洋资源之争。海洋资源,尤其是海洋能源资源储量最丰富的区域就在大陆架。北极外大陆架又因其资源开发条件相对成熟以及特殊的地理位置成为北极各国竞争角力的焦点。美国能源局的地质勘探数据显示,北极拥有的油气资源占世界因技术原因未能开采的总油气资源的 22%,其中未开采石油占 13%,未开采天然气占 30%,且超过 84% 的油气资源都储存在开采深度不足 500 米的大陆架浅水区,开采难度与开采成本相对较低。

　　随着北冰洋冰融的加快,北极资源的开发利用条件逐渐成熟,作为北极资源聚宝盆的北极外大陆架由此成为当前北极地缘政治博弈的重要角斗场。北极地区丰富资源的权属争议是北极争议的焦点所在,其法制化载体即为北极外大陆架划界法律问题。

　　由于 1982 年《公约》在国际法层面为规制海床及其底土资源的开发活动而专门创设了外大陆架划界制度,环北冰洋各国据此围绕外大陆架划界申请案展开激烈的科学与法律交锋,而北极的法律地位将直接取决于北极国家 200 海里外大陆架的划定。当前环北冰洋国家纷纷提交划界申请案,主张范围动辄超过百万平方千米,各国主张重叠的面积之巨在全球海洋划界实践中前所未有。当前,北极地区 200 海里内大陆架边界已经陆续划定,200 海里外大陆架外部界限的确定成为各沿海国争议的焦点。

第一节　200 海里外大陆架划界规则的
特殊性及其适用标准

一、200 海里外大陆架划界规则的特殊性

在地质学上,大陆与大洋盆地是地壳表面的两种基本形态。两者之间存在的一个过渡地带称为"大陆边缘",大陆架作为大陆边缘的一种地形单元在地质性质上是连贯统一的,并无"内外大陆架"的分别。[①] 但是 1982 年《公约》在设计大陆架法律制度时,以 200 海里为界对大陆架权利的获取规则和权利内容作了区分对待。根据 1982 年《公约》第 76 条第 1 款的规定,对于 200 海里以内大陆架主权权利的获取,沿海国可自行划定而无须向任何机构提出申请,且从测算领海宽度的基线量起至大陆边的外缘距离不到 200 海里的,本国大陆架权利的范围自动扩展至 200 海里。对于 200 海里外大陆架外部界限的划定,沿海国需要根据 1982 年《公约》第 76 条及 1982 年《公约》附件二、《大陆架界限委员会议事规则》(以下简称《议事规则》)和《大陆架界限委员会科学和技术准则》(以下简称《科学和技术规则》)的相关规定进行:沿海国需要依据 1982 年《公约》第 76 条第 4 款至第 6 款规定的科学规则先自行确定本国 200 海里外大陆架外部界限之各定点,随后向依 1982 年《公约》附件二组建的大陆架界限委员会提交《科学和技术准则》中要求的地质学、地球物理学等科学与技术数据以证明该区域确为其本国陆地领土向海洋的自然延伸,最终大陆架界限委员会将综合考虑申请案是否涉及海洋划界争议以及沿海国提交的科学证据是否可信、充分等因素后作出沿海国划定 200 海里外大陆架外部界限的建议,沿海国在大陆架界限委员会出具的建议的基础上划定的外大陆架界限具有终局性和拘束力。如果大陆架界限委员会的建议不被沿海国接受,该国必须再次提交划界案。而且,二者在海洋权益方面也存有差别。尽管沿海国对其大陆架拥有主权权利和管辖权,但以 200 海里为界,沿海国需要向国际社会分享其对外大陆架的开发收益。具体而言,沿海国对其 200 海里以外大陆架上非生物

[①]　秦蕴珊. 大陆架划分与海洋地质学的若干进展[J]. 海洋科学,1979(1):6-10.

资源的开发,应当按规定向国际海底管理局缴纳费用或实物,管理局则需依据公平标准对其予以分配,沿海国对 200 海里以内大陆架资源的开发则无须缴纳此等费用或实物。

二、200 海里外大陆架划界规则适用标准

依照 1982 年《公约》第六部分关于大陆架制度的规定,沿海国对其领土自然延伸的海床和底土享有自然资源勘探开发的主权权利,范围可到大陆边外缘。第 76 条规定了大陆架外部界限的范围和划定程序。而第 77 条规定沿海国对大陆架并不享有完全的主权,而仅拥有类似于专属经济区情形的功能性权利和管辖权。与之前有关大陆架的国际法律文件相比,1982 年《公约》在其第六部分完善了对大陆架的定义,并且对大陆架的宽度提出了重要的限定标准。

根据 1982 年《公约》第 76 条的规定,沿海国的大陆架包括该国领海以外、依其陆地领土的全部自然延伸,扩展到大陆边外缘的海底区域的海床和底土。如果从测算领海宽度的基线量起到大陆边的外缘之距离不到 200 海里,则扩展到 200 海里。由此可见,1982 年《公约》就大陆架界限的确定规定了“自然延伸”与“200 海里距离”两项标准。“200 海里距离”标准的引入,意味着无论是否具有自然意义上的延伸,沿海国都可以主张 200 海里的大陆架。如果沿海国的大陆架在 200 海里处并未被阻断,那么根据“自然延伸”标准,该国之大陆架将超出 200 海里。在这种情况下,1982 年《公约》第 76 条第 4 款至第 6 款确立了两项“公式线”和两项“限制线”作为划定超过 200 海里的大陆架外部界限的具体划界方法。“公式线”用于确定大陆架的外缘,“限制线”是限制沿海国对延伸大陆架的过度主张,两者结合以确定沿海国延伸大陆架的外部界限。第 76 条第 4 款给出了“公式线”的选择,即“定点上沉积岩厚度至少为从该点至大陆坡脚最短距离的百分之一”和“定点相距大陆坡脚外不超过 60 海里”;该条第 5 款则提供了“限制线”的两个选项,即“从领海基线量起不超过 350 海里”和“不超过 2 500 米等深线之外的 100 海里”。申请国在选择其外大陆架外部界限的主张范围时,可以视实际情况自行决定选用何种“公式线”及“限制线”,甚至可以在外部界限的不同部分采取兼用不同“公式线”及不同“限制线”的做法。而各国基于将本国利益主张最大化的目的多选择后者。实际操作中,申请国往往先“咬定”限制线范围,再按照限制线的范围来设法根据“公式线”寻找相应的地质沉积物证据,并修正根据“限制线”所得到的自身利

益最大化主张。①

　　根据 1982 年《公约》"孟加拉湾谅解备忘录"的阐释,邻接着非常宽广的浅海大陆架地质构造的海区是申请 200 海里外大陆架的自然地理条件,是大陆架外部界限划定所需的起始海底要素,一般来说,符合条件的有关国家可向大陆架界限委员会提交划界申请。但 1982 年《公约》所规定的"洋脊规则"能够绕开上述自然条件的限制。

　　深洋洋脊、海底洋脊和海底高地都是位于大陆架之上的凸出洋脊,但 1982 年《公约》以距离领海基线 200 海里的距离为标准,对在其之内和在其之外的大陆架作出了不同的制度安排:(1)由于划定 200 海里外大陆架的前提是大陆边外缘必须距领海基线 200 海里以外,因此位于深洋洋底及其洋脊之上(或近岸海域海底形态为深洋洋底和洋脊)的国家,最多只能根据第 76 条第 1 款的规定在其上划出一部分 200 海里以内的一般大陆架;(2)在海底洋脊之上是可以划出 200 海里外大陆架界限的,只是根据第 76 条第 6 款的规定在海底洋脊上的大陆架外部界限不应超过从测算领海宽度的基线量起 350 海里。如冰岛正好位于海底洋脊之上,即使其没入水中的陆地领土按照"2 500 米等深线 + 100 海里"标准可能延伸到非常远的距离,其 200 海里外大陆架界限也绝不能超出 350 海里的距离之外;(3)作为构成沿海国陆地领土自然延伸的大陆边的自然组成部分的海底高地不受"350 海里"标准的严格限制,在这种情况下,沿海国 200 海里外大陆架的最终界限有可能推进至 350 海里以外。由此可见,倘若某一面积较大的海域有大量海底高地分布的话,这对于该海域沿岸国家的 200 海里外大陆架划界申请而言显然是极其有利的,而北极海域恰恰属于这种情形,这对于积极打算"圈海"的北极国家而言自然是颇为有利。

　　在北极这片面积不大且形状近于全封闭的水域,北极国家 200 海里外大陆架的面积大小与属于国际海底区域的"国际公域"部分完全是此消彼长的关系,有关国家对于北极海域外大陆架的"虎视眈眈"将不可避免地直接挑战国际社会的共同利益。尽管北极国家的 200 海里外大陆架将覆盖北冰洋的绝大部分海域,但仍有国际海底区域的存在。就北冰洋而言,根据 1982 年《公约》第 76 条第 5 款和第 6 款的规定,采取不同标准的 200 海里外大陆架划界"限制线"来确定国际海底区域的位置和范围,则在不同标准下所能取得的国际海

----

① 丁煌. 极地国家政策研究报告(2015—2016)[M]. 北京:科学出版社,2016:151.

底区域的预期范围会有所变化:(1)如果北冰洋中央区的海岭均为深洋洋脊,则不能成为大陆边缘的构成部分,这样各国的 200 海里外大陆架外部界限限定在 200 海里,国际海底区域可以达到最大范围;(2)如果北冰洋中央区的海岭为海底洋脊,则大陆架外部界限不应超过 350 海里,国际海底区域明显减少;(3)如果将北冰洋中央区的所有海岭都认定为构成大陆边缘自然组成部分的海底高地,则大陆架外部界限在 350 海里的基础上,可采用 2 500 米等深线外 100 海里的限制线使沿海国的大陆架达到最大范围。此时,国际海底区域缩减至最小范围,仅剩下两块狭小的区域,即介于阿尔法海岭与楚科奇高地之间的一个面积极小的小梯形地带和位于北冰洋中脊之上呈长条带状的一个较大的区域。①

第二节　大陆架界限委员会

大陆架界限委员会是经 1982 年《公约》创设的、专门处理 200 海里以外大陆架外部界限划定问题的专业性技术机构,负责审议 1982 年《公约》缔约国提交的外大陆架划界申请案,并就此提供相应的科学和技术建议以及咨询意见。根据 1982 年《公约》第 76 条第 8 款之规定,沿海国在划定 200 海里以外大陆架的外部界限时应将划定 200 海里外大陆架外部界限的数据资料提交给根据 1982 年《公约》附件二成立的大陆架界限委员会进行审议,再基于委员会提出的建议划定确定的和有拘束力的外部界限。虽然委员会仅负责提供技术方面的审议意见,但沿海国根据委员会意见划设的外大陆架界限将具有正式的法律约束力。因此,在外大陆架划界的整体进程中,委员会的地位及其所扮演的角色至关重要。

1997 年大陆架界限委员会第 2 届会议通过了《委员会工作方式》,主要规定了沿海国提交划界案、委员会审议划界案的程序。委员会于 1998 年第 4 届会议通过的《议事规则》详细规定了内部程序规范,是大陆架界限委员会成员

---

① 丁煌. 极地国家政策研究报告(2015—2016)[M]. 北京:科学出版社,2016:181.

议事方式、划界案审议及表决的基本文件。①1999 年第 5 届会议通过了《科学和技术准则》，主要目的在于通过提供科学和技术参考基础，协助沿海国准备划界案。《议事规则》与《科学和技术准则》的通过，便于委员会以有条理和有效的方式履行其职能，这也是条约默示权力的表现。

自 1997 年大陆架界限委员会成立以来，截至 2023 年 10 月 31 日，委员会共收到 93 个划界案，划界案来自 74 个沿海国，其中有些划界案是多个国家联合提交的，也有的国家提交了其分布在不同海域的多个划界案。此外，大陆架界限委员还收到来自包括环北极国家俄罗斯和冰岛在内的 6 个国家的修订案 11 个，其中俄罗斯就 4 个。②

一、大陆架界限委员会的组成和法律性质

根据 1982 年《公约》附件二第 2 条的规定，大陆架界限委员会由地质学、地球物理学或水文学方面的 21 名专家组成，其主要职责是审议沿海国依据 1982 年《公约》第 76 条和附件二规定提交的划定其 200 海里外大陆架外部界限的相关科学证据和法理依据，并提出建议。从委员会的组成结构不难看出，委员会对划界案的审议主要是一个具有科学性和技术性的过程，并且具有权威性。但委员任职资格仅限定在地质学、地球物理学和水文学方面，并不包括法律专家。而且，委员只能从 1982 年《公约》缔约国的国民中选任，任期为五年，可以连选连任，在选举大陆架界限委员会的委员时应当顾及确保公平地区代表制的必要。委员并非缔约国在大陆架界限委员会的代表，而应当以个人身份任职。③

大陆架界限委员会是 1982 年《公约》设立的三个专门机构中的唯一非常设机构，联合国海洋事务与海洋法司是其秘书处，每年在联合国总部召开界限委员会的全体会议和小组委员会会议。1982 年《公约》对其设立的其他两个

① 此后，《议事规则》在实践中不断调整并得以修订，并将《委员会工作方式》列为其附件三。

② Submissions through the Secretary-General of the United Nations to the Commission on the Limits of the Continental Shelf pursuant to article 76, paragraph 8 of the United Nations Convention on the Law of the Sea of 10 December 1982[EB/OL]. （2024-07-17）[2024-07-20]. https://www. un. org/Depts/los/clcs_new/commission_submissions. htm.

③ 欧水全. 大陆架外部界限之划定：国内程序与大陆架界限委员会"建议"的联系与冲突[J]. 国际法研究，2017（3）：50.

专门机构(国际海底管理局和国际海洋法法庭)的性质和地位均在第十一部分和附件六中得以明确,但并未明确大陆架界限委员会的性质和地位。从委员会的设立过程看,虽然德国主张赋予委员会划定大陆架外部界限的"权利",但因未得到大多数国家的支持,最终1982年《公约》第76条第8款采用的是"建议"。从大陆架界限委员会的组成可以看出,委员会其实并未被赋予任何行政上或司法上的职能,具有辅助性,其职能限于在技术方面提供划界的建议,应当是一个政治世界中的比较纯粹的科学和技术机构。

尽管从表面上看,大陆架界限委员会是一个咨询性的技术机构,但在当今错综复杂的国际政治环境中,其作用远不止专业技术咨询,其至少在技术、法律及政治三个层次上发挥作用。虽然沿海国200海里外大陆架划界最终由沿海国自身来自行或协商划定,但为了获得国际社会的认可,沿海国无法避开大陆架界限委员会,因为只有在委员会建议下划定的界限才具有确定性和约束力。① 因而该机构也被视为"看守人"的角色,能够限制"夸大的大陆架外部界限主张"。②

二、大陆架界限委员会的职责

根据1982年《公约》附件二第3条的规定,大陆架界限委员会应承担两项职责:一是审议与建议职责,即考虑沿海国按照要求提交的200海里外大陆架划界资料,并对这些界限提出建议;二是在沿海国要求的情况下,提供咨询意见,以帮助其准备提案。

(一)大陆架界限委员会对划界申请的审议与建议

就具体程序而言,沿海国应先将相关的科学佐证材料打包成"划界案"提呈委员会,委员会需要审议沿海国提出的关于扩展到200海里以外的大陆架外部界限的资料和其他材料是否符合1982年《公约》第76条第4款至第6款的要求,并依据1982年《公约》第76条以及第三次联合国海洋法会议在1980年9月29日通过的谅解声明向沿海国提出科学及技术上的"建议",包含大陆架外部界限的具体走向。

① 孟祥春,韩成标.200海里以外大陆架法律制度与中国[J].河北法学,2012(5):5.
② [美]路易斯·B.宋恩,克里斯汀·古斯塔夫森·朱罗,约翰·E.诺伊斯,等.海洋法精要[M].傅崐成,等译.上海:上海交通大学出版社,2014:172.

按照惯例,提案国将首先在委员会全体会议上介绍其定界案,其中包括与定界案有关的争端以及对其他国家所提照会的评论。如果没有国家反对审议,则委员会将决定为审议定界案设立一个小组委员会。如果有国家依据《议事规则》明确反对审议定界案,则委员会通常会作出"推迟审议"决定,即推迟对定界案的进一步审议,直至该定界案按照收件的先后顺序排列在先时再行审议。

委员会在作出建议后,应当以书面形式将其建议递交提出申请的沿海国与联合国秘书长。① 沿海国收到委员会的建议后面临两种选择:如果沿海国接受委员会的建议,则在该建议的基础上划定外大陆架界限,该界限具有确定性和拘束力。② 沿海国还应当将永久表明该国大陆架外部界限的海图以及相关情报,包括大陆基准点,交存于联合国秘书长,而秘书长则应当将其予以公布。③ 如果沿海国不同意委员会的建议,沿海国应于合理期间内向委员会提出订正的或新的划界案,以供委员会再次进行审议。④

(二)存在陆地或海洋争端情况下大陆架界限委员会的权限

1. 委员会对存在争端的外大陆架划界申请的处理

根据 1982 年《公约》第 76 条第 10 款和附件二第 9 条以及《议事规则》附件一的第 5(a)条的规定,如果已存在陆地或海洋争端,委员会不应审议和认定与争端有关的任一国家提出的划界案。但在争端所有当事国事前表示同意的情况下,委员会可以审议争端区域内的一项或多项划界案。也就是说,如果存在陆地或海洋争端,原则上委员会不审议和认定任何一个与争端有关的国家提出的划界案,相邻或相向国家间大陆架界限的划定,仍然应当根据 1982 年《公约》第 83 条的规定通过协商或者诉诸第十五部分规定之争端解决程序解决,即将这部分外大陆架界限的最终划定工作交由两个相邻国家自行缔约解决或者由国际法院、国际海洋法法庭等国际司法机构来行使这部分内容的划界权

---

① 1982 年《公约》附件二第 6 条第 3 款。

② 1982 年《公约》附件二第 7 条。

③ 1982 年《公约》附件二第 4 条。

④ 1982 年《公约》附件二第 8 条。

力,以填补委员会在该领域的功能缺失。[①] 例外的是,当争端所有当事国事前表示同意的情况下,委员会可以审议争端区域内的一项或多项划界案。这里的"所有"意指只要有一个争端当事国不同意委员会审理有争端的划界案,委员会就不应审议划界案。"事前"是指在委员会决定如何处理特定划界案之前,也就是决定是否在设立小组委员会之前作出。"表示同意"意味着所有争端当事国必须有所作为,表示容许委员会审议该划界案。"不作为"或"不表态"不应被解读为"同意"。从条约解释的观点来看,"默示同意"或是"默认同意"和本条文关键字"同意"的上下文并不相容,因为无法判别"何时"给出"同意"。从另一个角度看,这代表着每一个争端当事国都具有阻止委员会审议该划界案的权利,也就相当于争端当事国具有"否决权"。[②]

2.200 海里外大陆架划定的国际司法实践

按照以往国际司法机构的逻辑,只有在 200 海里以外大陆架的外部界限得以确定后,方能划分 200 海里以外大陆架,亦即"划界"应以"定界"为前提。在 1992 年裁决的"圣皮埃尔和密克隆仲裁案"和 2007 年裁决的"尼加拉瓜诉洪都拉斯案"中,国际法院均以 200 海里外大陆架未经大陆架界限委员会审查为由否定了申请国关于 200 海里外大陆架划界的主张。但是,在 2012 年裁决的"孟加拉湾划界案"中,国际司法机构的克制态度发生了明显的转变。该案中,国际海洋法法庭以有利于 1982 年《公约》的目的和宗旨为由,强调"划界"与"定界"之间的功能性差异,确定其有义务裁决 200 海里外大陆架划界争端。此后的"尼加拉瓜诉哥伦比亚 200 海里外大陆架划界案""加纳与科特迪瓦大西洋划界案""索马里诉肯尼亚印度洋划界案"中,国际法院、国际海洋法法庭特别分庭和仲裁庭沿袭了国际海洋法法庭在"孟加拉湾划界案"中区分"定界"和"划界"的做法,倾向于在"无科学上的重大不确定性"的情况下,对 200

---

① 国际司法机构在"孟加拉湾划界案""孟加拉湾仲裁案""加纳与科特迪瓦大西洋划界案"和"索马里诉肯尼亚印度洋划界案"中发挥司法能动主义,不仅裁决 200 海里以内的单一海洋边界,而且将此边界线拓展适用于 200 海里以外大陆,从而形成了一条贯穿各个海域的单一海洋边界线。

② 高圣惕,梅晶晶. 大陆架界限委员会如何处理"争端"[J]. 边界与海洋研究,2021,6(2): 27.

海里以外大陆架的划界问题实施管辖权。① 在 2023 年 7 月 13 日国际法院对"尼加拉瓜诉哥伦比亚 200 海里外大陆架划界案"作出的判决中,对于尼加拉瓜申请法院裁判并宣布"尼加拉瓜和哥伦比亚各自大陆架区域内的海洋边界精确走向"以及"在划定尼加拉瓜海岸 200 海里以外两国之间的海洋边界前,用于确定两国在大陆架主张重叠区域及区内资源使用方面的权利和义务的国际法原则和规则"的请求,法院认为其有管辖权,可受理第一项请求,但第二项请求不可受理。法院认为,根据习惯国际法,一个国家对 200 海里外大陆架的权利不得延伸至另一国家 200 海里内大陆架范围内。因此,即使一个国家能够证明其有权拥有延伸大陆架,该权利也不得延伸到距另一国家基线 200 海里以内。在同一海洋区域不存在重叠权利的情况下,法院不能着手进行海洋划界。因此,法院没有必要处理第二个问题。②

　　然而,在国际司法机构作出划界裁决后,其实争端双方 200 海里外大陆架的外部界限尚未最终确定。国际司法机构对于外大陆架外部界限的划定,若缺乏委员会这样的科学与技术专业机构的"建议"支持,裁决可能在科学与技术层面站不住脚。国际司法机构过于积极地对 200 海里外大陆架划界争端实施管辖权,在划分 200 海里外大陆架边界的同时却又产生了一系列新的法律不确定性。国际司法机构在坚持内外大陆架并无本质区别的同时,倾向于否认地质和地貌因素在 200 海里外大陆架划界中的作用,尽管依据 1982 年《公约》第 76 条的规定,200 海里外大陆架的权利基础与地质地貌因素密切相关。更有甚者,在计算相关海域面积时,200 海里以外大陆架的面积也被计算在内。如此计算得出的相关海域面积自然存在很大的"水分"。相应地,这将使最后阶段的比例检验更加流于形式。另外,国际司法机构将 200 海里以内的单一海洋边界自动拓展至 200 海里以外大陆架,不仅忽视了专属经济区和大陆架的区别,而且往往会造成"灰色区域"——海床和底土属于一国外大陆架,但上覆水体

---

① 张华. 国际海洋划界裁判中的"司法能动主义"——以 200 海里外大陆架划界问题为例[J]. 外交评论(外交学院学报),2019,36(1):143-146.

② Question of the Delimitation of the Continental Shelf between Nicaragua and Colombia Beyond 200 Nautical Miles from the Nicaraguan Coast(Nicaragua V. Colombia), Judgment,13 July 2023, paras. 79,81,82. [EB/OL]. (2023-07-13)[2023-10-30]. https://www.icj-cij.org/sites/default/files/case-related/154/154-20230713-jud-01-00-en.pdf.

属于另一国专属经济区。①

这些法律不确定性某种程度上可能颠覆国际司法机构在国际海洋划界原则、规则和方法方面所进行的长达半个多世纪的努力——如果国际司法机构认真对待并试图化解这一系列法律不确定性的话。②如果说在争端双方同意国际司法机构实施管辖权，或至少是对其裁判活动予以配合的情况下，国际司法机构适度发挥司法能动主义尚无正当性之忧的话，那么在管辖权和可受理性存在明显争议的情况下，国际司法机构其实不宜再发挥能动性，而应转向司法克制主义。

3. 国际司法实践对大陆架委员会的影响

即使存在国际司法仲裁机构的裁决，委员会也不将其视为"争端业已解决的证据"，也不视为争端当事国"同意"委员会审议划界案的证据。导致此种局面的原因是委员会对与划界案有关的国际裁判采取了依赖争端当事方立场的处理方式。如果争端当事方反对审议划界案，则裁判将不会对委员会产生影响，这一做法符合委员会的《议事规则》以及这一机构的自身法律性质。这是因为，《议事规则》没有为委员会直接评估国际裁判对其工作的影响提供依据，而且委员会作为一个技术机构，也缺乏直接适用国际裁判的资质。借助国际法庭的裁判打破委员会审议僵局的设想，很可能难以实现。孟加拉国划界案的处境就是其中一个生动的实践案例。

当机构作出的裁决与基于委员会建议划定的外大陆架外部界限不一致时，国际法协会认为，争端当事方面临的选择为：根据裁决修改外部界限；或若已根据委员会建议划设外部界限，则根据裁决向委员会提交修订案或新的划界案。③虽然争端当事方可能将因不同意委员会建议而向委员会提出修订案或新的划界案，但机构裁决牵涉其中后，似乎将机构与委员会的职务关系陷于更为窘迫的状况且难以处理。

---

① 吴继陆. 海洋划界中的"灰区"问题[J]. 国际法研究,2017(1):84-86.

② 张华.《联合国海洋法公约》发展进程中的司法能动主义——基于海洋划界的考察[J]. 中国海商法研究,2022,33(2):22.

③ Suarezs. *The Outer Limits of Continental Shelf: Legal Aspect of Their Establishment*[M]. Heidelberg:Springer,2008:237.

（三）其他国家提出评论照会的权利

根据《议事规则》第 50 条，联合国秘书长在收到划界申请后，应迅速通知大陆架界限委员会和包括 1982 年《公约》缔约国在内的联合国全体成员国，并公布划界案的执行摘要与拟议界限。其他国家可以以普通照会的形式对执行摘要所反映的数据发表评论，大陆架界限委员会则应对这些评论予以讨论。由于"其他国家"并不仅限于 1982 年《公约》缔约国，目前，美国、日本、丹麦、中国、冰岛和印度等许多国家已经积极利用该规则，对相关沿海国提交的外大陆架划界案作出评论。但是，由于《议事规则》允许提出划界案的沿海国将其提交的任何未予公开发布的资料列为机密，并遵循严格的保密规定，其他国家在仅基于联合国秘书长公布的划界案的执行摘要的情况下，难以找到评价划界案合理性以及委员会建议正当性的充足依据。[①]

为确保划界案顺利地被委员会审议，提案国多半在划界案的执行摘要中宣称"本划界案不存在争端"，但他国未必接受如此宣示。委员会的实践显示，提出关切性照会的国家，往往指出与提案国之间潜在的或现存的"海域主张重叠"，却不将此定性为"争端"，也不援引委员会《议事规则》附件一第 5（a）条。这类照会"不反对"划界案的提出、"不反对"委员会审议划界案或"不反对"委员会作出"建议"，这在北极地区 200 海里外大陆架划界案中得以体现。[②] 以上的"友善"照会并不必然导致委员会决定成立小组委员会来审议划界案，只有在同一件划界案中的其他照会没有指出争端的存在，或是指出争端存在但是表示"同意"的情况下，该项划界案才能在委员会推进。但是，只有存在于海岸相向或相邻的国家的争端，或是存在其他尚未解决的陆地或海洋争端的情况，委员会才会被要求考虑提案国家之外的国家的意见。如果照会并未告知委员会由 1982 年《公约》附件二及《议事规则》所定义的任何争端的存在，委员会

---

① 董利民. 北冰洋 200 海里外大陆架划界分析 [M] // 刘惠荣. 北极地区发展报告（2020）. 北京：社会科学文献出版社，2021：143.

② 例如，挪威 2006 年划界案（丹麦和冰岛提出照会）、2009 年丹麦划界案（冰岛和挪威分别提出照会）、2009 年冰岛划界案（丹麦两度提出照会，挪威也提出了照会）、2012 年丹麦划界案（加拿大和冰岛分别提出照会）、2013 年加拿大划界案（丹麦和美国分别提出照会）、2014 年丹麦划界案（加拿大、俄罗斯和美国分别提出照会）、2015 年俄罗斯部分修正划界案（丹麦、美国和加拿大分别提出照会）、2019 年加拿大划界案（美国和丹麦分别提出照会）。

仍可决定设立小组委员会来审议划界案。

（四）大陆架界限委员会的建议

1. 委员会作出"建议"的依据

委员会作出"建议"的依据是考量"建议"效力的一个先决性问题。由于委员会的成员是由地质学、地球物理学或水文学方面的专家组成,在作出"建议"的过程中主要根据其本身的专业知识。但是,由于外大陆架界限的划定最终是一个法律问题,委员会的"建议"并不能够完全地脱离1982年《公约》关于划界的相关规定。首先要考虑的是地形地质等方面的技术上的依据。这一点也可以从《科学和技术准则》规定的划定大陆架外部界限的方法以及各项技术指标和要求这些划界"建议"过程中应遵循的技术要求得以体现。同时,如果委员会认为有必要时,其还可以与联合国教科文组织政府间海洋学委员会、国际水文学组织及其他主管国际组织开展合作,交换可能有助于其执行职务的科学和技术情报。尽管这一规定并不像《科学和技术准则》一样在所有的划界建议中起指导的作用,不过从另一个侧面可以反映出委员会在作出"建议"的过程中侧重于技术方面的要求。总之,委员会的"建议"是以技术为中心的。[①]

委员会所作"建议"在法律方面的依据包括1982年《公约》第76条以及1980年的谅解声明,前者对大陆架作出了定义、规定了地形地质方面的标准以及外大陆架划界的程序,后者规定了适用于特殊地理地貌的特殊划界方法。虽然委员会在作出"建议"时不可避免地解释该条款,但是,从法律角度看,委员会对1982年《公约》的解释仅仅是为了更好地作出"建议",而不是有高于沿海国的解释权。综合委员会作出"建议"的技术方面和法律方面的依据来看,技术方面是委员会作出"建议"的首要依据。同时,委员会以1982年《公约》第76条作为国际法上的依据,以求在最大程度上作出符合法律的技术性"建议"。但是,在委员会成员非法律背景的前提下,法律与技术两方面标准的糅杂可能会使得"建议"很难同时符合这两方面的标准。

2. 大陆架界限委员会"建议"的性质

委员会作出建议的首要依据决定了"建议"的技术性本质,因而"建议"

---

① 欧水全. 大陆架外部界限之划定:国内程序与大陆架界限委员会"建议"的联系与冲突[J]. 国际法研究,2017(3):51.

在本质上只是一种针对相关国家大陆架外部界限划定的技术性报告,并不具有直接的法律效力。

在国际法依据方面,沿海国的划界和委员会"建议"的依据主要为1982年《公约》,但沿海国与委员会在解释和适用国际法规则,特别是1982年《公约》时可能会产生冲突。另一方面,由于各沿海国的情况各异,沿海国可能需要制定国内法律规则来调整本国的大陆架划界。但不同的国家基于对国际法的不同解读或者本国利益的考虑,会在具体问题上出现不同的立法倾向。因此,沿海国的国内立法也会与委员会在"建议"的依据上产生冲突。基于委员会组成人员存在排除法律专家的缺陷,委员会解释1982年《公约》相关条款的能力是存在疑问的,被认为"在解释和适用1982年《公约》方面达不到政府的法律官员或者国际性法院或者法庭的水准"。因此,在大陆架外部界限的问题上,委员会不具备对相关的国际法规则进行权威的、有拘束力的解释的资格。这也证明了委员会作出的"建议"并不能成为沿海国确定其大陆架外部界限的准则。①

但是,"建议"作为前置性的技术报告,在某种程度上起到了辅助沿海国划界的作用。虽然沿海国需要事先获得委员会的"建议",这并不能解读为"建议"本身是沿海国划定大陆架外部界限的前提。另外,根据1982年《公约》第83条第4款的规定,如果海岸相向或者相邻的国家间"存在现行有效的协定,关于划定大陆架界线的问题,应按照该协定的规定加以决定"。那么,在这种情况下,相关沿海国的外大陆架界限的划定也不必以委员会的"建议"为前提。

3. "建议"的效力

依照1982年《公约》附件二第7条和第8条的规定,委员会提出"建议"后,能够产生两种后果。一是沿海国"在委员会建议的基础上",并按照适当国家程序划定外部界限;二是沿海国不同意委员会"建议",在合理时间内提出修订的或者新的划界案。即便1982年《公约》承认沿海国拥有不同意"建议"的权利,新的或者修订划界案的提出也是"建议"所产生的后果。

在第三次联合国海洋法会议初始阶段,涉及大陆架界限委员会的内容出现在确定大陆架的非正式提案中。第六讨论小组在综合上述各提案的基础上,建议沿海国要建立大陆架外部界限需向大陆架界限委员会提交相应的数据信

---

① 欧水全. 大陆架外部界限之划定:国内程序与大陆架界限委员会"建议"的联系与冲突[J]. 国际法研究,2017(3):52-54.

息以审议,沿海国"考虑"大陆架界限委员会的建议后划定的界限是最终和有拘束力的。新加坡代表则建议由沿海国确定的大陆架界限应当"遵照"而不是"考虑"委员会的建议,虽然沿海国可以经与委员会协商或征得委员会同意改变这些建议。但该建议也未被采纳。如果仅仅"考虑"委员会建议,那么沿海国在通过简单的"考虑"这一行为后有可能在实质方面并不按照委员会的"建议"划定最终界限,而是超过委员会认可的范围,这显然违背了条款设立的初衷,也将侵害"区域"的范围。在讨论 1982 年《公约》有关大陆架规定的第 76 条过程中,宽大陆架国家不希望其大陆架外部界限受到约束,而窄大陆架国家及地理不利国则希望能够存在某项机制约束宽大陆架国家将其大陆架无限延伸。妥协的结果是在第 76 条第 8 款赋予委员会对沿海国的 200 海里外大陆架划界案提出科学"建议"的权利,沿海国在"建议的基础上"划定的大陆架界限应有"确定性和拘束力"。[①] 然而,无论是 1982 年《公约》及其附件二还是委员会的《科学和技术准则》都没有对何为"在……基础上"(on the basis of)作出任何解释或者具体阐述,实践中存在不同的解释。一种观点认为,委员会的"建议"对沿海国有直接拘束力的话,显然与"在建议的基础上"这样的措辞是冲突的。但从字面上看,"在建议的基础上"说明沿海国的划界不应脱离"建议"的主体方向。还有观点认为,"在建议的基础上"并非要求与"建议"完全一致,但沿海国至少须保证该界限与"建议"不冲突。[②]

委员会作出"建议"与沿海国根据"建议"划定界限是两个不同的过程。前者由委员会进行,但是后者完全取决于沿海国的国内程序。尽管两者存在着联系,但是这种联系不应该被武断地解读为沿海国在法律上受到"建议"的拘束,而应仅仅是技术上的。虽然大陆架外部界限的划定与大陆架最终划界是两个不同的问题。但是,大陆架外部界限的划定在很大程度上影响大陆架的划界。有观点认为,委员会的作用在于对外大陆架的过分主张起到守卫或者监督

---

① 尹洁. 基于大陆架界限委员会"建议"分析日本外大陆架政令的有效性[J]. 太平洋学报,2018,26(5):31-32.

② Suzette V. Suarez. *The Outer Limits of Continental Shelf: Legal Aspect of Their Establishment*[M]. Heidelberg:Springer,2002:212.

作用,①委员会应该有义务限制沿海国过分的外大陆架主张。②虽然"建议"本身并没有被赋予法律拘束力,也有学者认为它是一种软法的机制,③它能够导致法律后果的产生。虽然国家的界限应当由主权国家作出,但是大陆架外部界限的建立并不完全是沿海国的自由裁量。要求"在委员会建议的基础上"是对沿海国行为自由的一种限制。但有学者认为,委员会在法律上并没有充当海洋秩序裁决者的资格。那么,在现有的国际法框架之下,如何规范沿海国的大陆架外部界限的主张是实践中面临的难题。④

　　在委员会提出"建议"后沿海国的行动存在三种情况。第一种情况是完全采用委员会"建议"中认可的界限划定了最终的大陆架外部界限并交存联合国秘书长,如俄罗斯在鄂霍茨克海和巴伦支海区域交存的最终界限完全采用了委员会"建议"中认可的界限,并未作调整,属于严格遵守"在委员会建议的基础上"这一条约义务。第二种情况是如果沿海国不同意委员会"建议",应于合理期间内依照1982年《公约》附件二第8条的规定向委员会提出订正的或新的划界案,如俄罗斯的鄂霍茨克海修订案和北冰洋修订案就是依照委员会的"建议"补充了新的数据予以提交的。第三种情况是在委员会提出"建议"后以国内法的形式划定了大陆架外部界限(如法国和日本),但暂时没有交存联合国。日本于2014年9月由内阁颁布的第302号政令划定了四国海盆及冲大东海脊南部区域的大陆架外部界限,其中仅说明依照日本《专属经济区和大陆架法》划定,并未提及2012年的委员会"建议"。第302号政令划定的大陆架外部界限很明显超出委员会"建议"认可的范围,并且没有将委员会的"建议"作为划定大陆架外部界限的基础,不符合1982年《公约》第76条第8款"在委员会建议基础上"这一规定,也没有其他国际法上的依据,其确定性和拘束力将受

---

① Suzette V. Suarez. *The Outer Limits of Continental Shelf: Legal Aspect of Their Establishment*[M]. Heidelberg: Springer, 2002: 306.

② Gau Michael Sheng-ti. Commission on the Limits of the Continental Shelf as a Mechanism to Prevent Encroachment upon the Area[J]. *Chinese Journal of International Law*, 2011, *10*(1): 19.

③ øystein Jensen. The Commission on the Limits of the Continental Shelf: An Administrative, Scientific, or Judicial Institution?[J]. *Ocean Development & International Law*, 2014, *45*(2): 176.

④ 欧水全. 大陆架外部界限之划定: 国内程序与大陆架界限委员会"建议"的联系与冲突[J]. 国际法研究, 2017(3): 58.

到质疑。①

由于外大陆架划界及其份额的取得在 1982 年《公约》体系的设计下具有与 200 海里以内大陆架划界截然不同的法理基础,且委员会对各国申请案的审议程序已得到各国在不同场合的广泛认同,因此,当前委员会对各国外大陆架划界申请案的处理依据及程序虽然不直接具有法律意义和效力,但实则在一定程度上已被赋予国际习惯法的相关特征。

三、大陆架界限委员会面临的困境

大陆架界限委员会代表国际社会监督沿海国不得侵占属于全人类的国际海底区域,对于维护沿海国合法权益以及国际海洋秩序和平稳定具有重要意义。② 但当前界限委员会的工作面临较大困难,出现了许多在 1982 年《公约》制定时未预见的问题,尤其是在北极海域 200 海里外大陆架划界方面,大陆架界限委员会的实质作用始终是相对有限的,并且将继续坚持其专业性、中立性和被动性的角色地位,而不会主动介入北极国家外大陆架相邻部分的划界纠纷之中,也不会就可能涉及北极重大权属改变的事项作出具有法律性质的裁决意见。③

首先,沿海国提交的划界案中难免存在大陆架主张范围重叠的问题。委员会依据《议事规则》确立的"有争端、不审议"规则暂缓审议涉及海洋争端的划界案。由沿海国向委员会所提交的外大陆架划界申请案的单方性,与外大陆架相邻部分划界内容的双边争议性两者之间,无疑构成了显著的结构性矛盾,进而导致了委员会基本不可能对这部分外大陆架划界内容进行实质审理。从世界各国扎堆向委员会提交各色各样的外大陆架划界申请案的表现来看,前来委员会处"预约""挂号"者众多,但委员会真正能开出"处方"加以处理的"病例"却比例不高,更多的划界问题已经超出了大陆架界限委员会本身的职能。④

---

① 尹洁. 基于大陆架界限委员会"建议"分析日本外大陆架政令的有效性[J]. 太平洋学报,2018,26(5):36.

② 张海文.《联合国海洋法公约》开放签署四十周年:回顾与展望[J]. 武大国际法评论,2022(6):10.

③ 丁煌. 极地国家政策研究报告(2015—2016)[M]. 北京:科学出版社,2016:183.

④ 章成. 北极外大陆架划界进程中的大陆架界限委员会:现状检讨与完善路径[J]. 广西大学学报:哲学社会科学版,2018,40(1):92-93.

截至 2024 年 6 月 30 日,在委员会已经受理的总计 105 个划界申请案(申请案
94 个,部分修订申请案 11 个)中,尚有 56 个申请案(申请案 54 个,部分修订申
请案 2 个)"排队"进入委员会的实质受理程序。① 这说明委员会对申请案的实
质审议效率不是很高。

　　其次,现阶段关于北极地区的外大陆架划界案已明显表现出政治性大于科
学性的特点,北冰洋沿岸国家的申请行为实际上并不考虑相关证据的充分性问
题。而作为由科学人士组成的专业鉴定机构的大陆架界限委员会显然无力承
载超出其专业能力的法律和政治性负担。委员会既然按照 1982 年《公约》相
关制度的规定对争议海区的外大陆架划界问题无能为力,又不能阻止缔约国基
于政治上的逐利动机而不是严肃的科学依据来提交外大陆架划界申请,最终只
能是造成双重意义的后果:激化和扩大各国之间的海洋划界冲突,以及令委员
会自身的职能和 1982 年《公约》下的大陆架制度陷入尴尬境地。俄罗斯与挪
威在巴伦支海部分的外大陆架划界通过两国签订关于一揽子解决巴伦支海海
洋问题的划界协议得以解决就是一个典型的例子。既然最终的划界问题仍需
当事国双方自行解决,那么,关于委员会的职能及其在整个外大陆架划界进展
中的地位和作用,显然也有待反思和改进。

　　再次,按照各项既有国际公约和条约文本所确定的制度安排,目前只有大
陆架界限委员会才有权审议并确认涉及 200 海里外大陆架外部界限划界主张
是否满足 1982 年《公约》的要求,其他国际组织及国际司法机构并无处理上述
事务的权限。但是,回顾这 20 多年间的委员会实践效果,不难发现委员会在这
项制度中所发挥的实际职能并不完善,其实际运作仍然存在诸多缺憾与不足。
特别是在对有关海区海床底土的争议局面的实际处理表现、相邻国家外大陆架
相邻部分划界等问题上,委员会均面临 1982 年《公约》内在张力下所产生的规
则冲突与权限困境局面,以至于国际司法机构,甚至是有划界主张争议的国家
双边之间"越俎代庖"地代行了委员会的部分技术职责,而委员会在外大陆架
划界申请案中的实际地位、角色和功能则受到了"不能承载之重"的指摘。这
些现状下的缺憾和不足,如果折射到委员会对北极外大陆架划界的处理情况之

---

① 　Submissions through the Secretary-General of the United Nations to the Commission on the
　　Limits of the Continental Shelf pursuant to article 76, paragraph 8 of the United Nations
　　Convention on the Law of the Sea of 10 December 1982[EB/OL]. (2024-07-17)[2024-
　　07-20]. https://www. un. org/Depts/los/clcs_new/commission_submissions. htm.

中,就显得更加突出。①

外大陆架划界本质上是一项具有高度复合属性的工作,对外大陆架所有边界的正式划定,根本就不能离开专业科技人士和法律人士的共同参与。② 通过1982 年《公约》的修订和委员会人员结构的变革,真正从制度和实践的双重层面赋予大陆架界限委员会在外大陆架划界案问题上的实质审议权限,从而彻底改变目前世界范围内外大陆架划界申请案处理进展缓慢的现状,结束委员会科学属性与其审议结论所必然带有的法律效力不尽相称的制度尴尬,并使其所作"建议"的效力能完整地汇集科学性与法律性于一身。经过上述职能调整改革后的委员会,由于直接拥有了对国际海底区域具体范围大小的反向决定权,已在实质上成为国际海底管理局的上游机构,因此,还需在各项权责范围内与国际海底管理局加强对接、协调与共同合作。

第三节　北极地区 200 海里外大陆架划界实践

北极地区海洋划界争议中的最主要部分是 200 海里外大陆架划界争议,其中最大法律障碍体现在北冰洋中央区洋底地形的属性认定,尤其是关系到非北极国家在北极地区国际海底区域内所享有的预期利益问题。考察北极各国200 海里外大陆架申请情况有助于我们了解当前北冰洋中央海域外大陆架划界的特征趋势和最新动向,对于预判北极外大陆架划界未来走向,甚至对于把握全球外大陆架划界整体形势具有重要参考意义,最终能为我国明确参与北极事务的战略定位和处理同邻国的外大陆架划界争端提供借鉴。

北极地区 200 海里外大陆架划界方面,俄罗斯、挪威、丹麦、加拿大和美国在从北冰洋沿岸到北极点的大陆架主张上存在争议。截至 2023 年,环北冰洋五国中除了尚未批准 1982 年《公约》的美国外,俄罗斯、加拿大、挪威、丹麦四国均提交了涉及北冰洋的 200 海里外大陆架划界案。作为环北极八国之一的

---

① 章成. 北极外大陆架划界进程中的大陆架界限委员会:现状检讨与完善路径[J]. 广西大学学报:哲学社会科学版,2018,40(1):87-88.

② Scott J. Shackelford. The Tragedy of the Common Heritage of Mankind[J]. *Stanford Environmental Law Journal*,2008(27):101-157.

冰岛也提交了 200 海里外大陆架划界案。

外大陆架主权权利的获得高度依赖科学证据,而科学证据的获得则依托于大量的科学考察,因为不同区域的地质地貌千差万别。而在大陆架界限委员会审议程序层面,部分申请案涉及的科学数据较少,审议难度较低,委员会作出建议的时间通常也较短。因而,在各国申请案的国际实践中,越来越多的国家开始依据《议事规则》附件一第 3 款,通过部分申请案的方式,"分而击之",从而提高申请案得到大陆架界限委员会认可的成功率,这也是委员会所鼓励的。

一、俄罗斯 200 海里外大陆架划界

俄罗斯在北极地区拥有得天独厚的海岸地理条件和大陆架地质构造条件。其海岸线近 2/3 的部分位于北冰洋,占到北冰洋海岸线总长度的一半以上。据评估,俄罗斯北极地区天然气的储量价值可达到近 90 亿美元,其中 36 亿到 42 亿美元的天然气由俄罗斯天然气公司和外资合作开采。因此,俄罗斯高度重视北极大陆架资源管辖边界的拓展。

自 2001 年 12 月 20 日至 2023 年 10 月 30 日,俄罗斯先后 9 次提交 200 海里外大陆架划界申请,包括划界申请案、部分修正申请案以及科学证据补遗等,主张区域涵盖中北冰洋、巴伦支海、白令海、鄂霍次克海等。俄罗斯 2001 年提交的 200 海里外大陆架划界申请案既是北极国家申请北冰洋外大陆架第一案,也是大陆架界限委员会自成立以来收到的全球首份外大陆架划界申请案。不论是从申请国提交划界案的角度还是从委员会审议划界案的角度看,该案都对全球外大陆架划界的未来走向起到重要的指向性作用。

(一)俄罗斯 2001 年外大陆架划界申请案

俄罗斯 2001 年提交的 200 海里外大陆架申请案中涉及位于太平洋海域的白令海和鄂霍次克海,以及位于北冰洋海域的巴伦支海与北冰洋中央海域的四部分海域,俄罗斯对上述海域中约 158 万平方千米的海底提出了外大陆架主张,其中涉及北冰洋的部分涵盖了包括北极点在内的超过 120 万平方千米的海底。对于俄罗斯申请案涉及的海域,俄罗斯共与五个国家存在划界争端,除了与美国的白令海外大陆架争端,与挪威的巴伦支海外大陆架争端,与日本的鄂霍次克海北部海域外大陆架争端外,还存在与加拿大和丹麦在北冰洋中央海域的博弈。

对于俄罗斯2001年外大陆架划界申请案,美国、加拿大、挪威、丹麦和日本提交评论照会。美国在评论照会中指出,1982年《公约》的完整性和确定200海里外大陆架的进程最终取决于是否遵守法律标准以及所采用的地质标准和所适用的解释是否由科学意见的分量而被认为是有效的。俄罗斯提交划界申请的许多数据和资料难以令人信服,鉴于该划界案非常复杂,委员会应当非常谨慎地进行审议。^①加拿大、丹麦则指出俄罗斯的申请以及委员会的建议不应妨碍两国与俄罗斯之间海洋边界的划定,^②而挪威提请大陆架界限委员会注意两国之间在巴伦支海的海洋划界争端。^③作为非北极圈国家的日本并未提及北极海域,其主要关注俄罗斯在北方四岛(俄称南千岛群岛)附近海域的外大陆架申请。日本提交给大陆架界限委员会的照会认为,俄罗斯在划界案中对作为划定200海里外大陆架外部界限各定点起算标准的领海基线的确定所依据的齿舞、色丹、国后、择捉四岛与日方存在领土主权争端。根据《议事规则》第45条以及附件二第2款的规定,委员会不应对存在海洋争端的案件进行审议。^④

经过半年的审议,大陆架界限委员会组成的专门的小组委员会于2002年6月14日正式向大陆架界限委员会提交了关于该申请案的建议,对申请案中

---

① United States of America: Notification Regarding the Submission Made by the Russian Federation to the Commission on the Limits of the Continental Shelf[EB/OL]. (2002-03-18)[2021-12-15]. https://www.un.org/Depts/los/clcs_new/submissions_files/rus01/CLCS_01_2001_LOS__USAtext.pdf.

② Canada: Notification Regarding the Submission Made by the Russian Federation to the Commission on the Limits of the Continental Shelf[EB/OL]. (2002-02-26)[2021-12-15]. https://www.un.org/Depts/los/clcs_new/submissions_files/rus01/CLCS_01_2001_LOS__CANtext.pdf; Danmark: Notification Regarding the Submission Made by the Russian Federation to the Commission on the Limits of the Continental Shelf[EB/OL]. (2002-02-26)[2021-12-15]. https://www.un.org/Depts/los/clcs_new/submissions_files/rus01/CLCS_01_2001_LOS__DNKtext.pdf.

③ Norway: Notification Regarding the Submission Made by the Russian Federation to the Commission on the Limits of the Continental Shelf[EB/OL]. (2002-04-02)[2021-12-15]. https://www.un.org/Depts/los/clcs_new/submissions_files/rus01/CLCS_01_2001_LOS__NORtext.pdf.

④ Japan: Notification Regarding the Submission Made by the Russian Federation to the Commission on the Limits of the Continental Shelf[EB/OL]. (2002-03-14)[2021-12-15]. https://www.un.org/Depts/los/clcs_new/submissions_files/rus01/CLCS_01_2001_LOS__JPNtext.pdf.

涉及的 4 大海域分别作出回复:鉴于俄罗斯在白令海、巴伦支海整体上同美国与挪威存在未解决的海洋划界争端,建议两国通过划界协议解决争端,并向大陆架界限委员会提交分界线的海图与地理坐标。在鄂霍次克海,大陆架界限委员会建议俄罗斯采取部分划界案的形式,在不影响南部俄日划界争端的前提下,在补充科学证据后先就与日本不存在争端的鄂霍次克海北部海域重新提交外大陆架申请案。涉及南千岛群岛(日本称北方四岛)争端的鄂霍次克海南部海域的大陆架争端则建议俄日两国通过协议方式解决。至于争议最大的北冰洋中央海域,因俄罗斯提供的科学证据不足,委员会建议俄罗斯对北冰洋中央海域的外大陆架申请案进行全面修订,并依照《科学和技术准则》的标准与要求补充相关科学证据资料后提交,届时委员会将再次审议。①

虽然此次申请案因俄罗斯并未提供 1982 年《公约》所要求的充分的科学与技术数据而以失败告终,但其背后的政治宣示意义远大于实质意义。尽管遭遇了其他北极国家的反对,但俄罗斯在北极大陆架这场激烈博弈中赢得了战略上的主动,总体上,这在国际政治舞台上对俄罗斯是有利的。此次申请案提交后至今 20 多年的北极大陆架竞争现状也证明,俄罗斯已经成为北极外大陆架争端的核心角色。然而,从国际社会的角度看,虽然俄罗斯的外大陆架划界主张在国际法程序上是完全合法的,但俄罗斯通过该案将其在北冰洋外大陆架划界问题上的野心和盘托出,为随后环北冰洋各国层层加码、不断扩大本国外大陆架主张提高了阈值。

(二)俄罗斯与美国的白令海 200 海里外大陆架划界争议

1867 年,沙皇俄国通过《割让俄国北美领地的条约》将阿拉斯加转让给美国,并正式划定了两国的陆上边界。1990 年 6 月 1 日,苏联与美国签署了关于划分白令海的《美利坚合众国与苏维埃社会主义共和国联盟之间的海洋边界协定》(又称《谢瓦尔德纳泽-贝克三角条约》)。协议签署当天,两国外长通过互换照会的方式约定,自 1990 年 6 月 15 日起协议以"暂时适用"的形式生效,直至协议经双方立法机关批准后正式生效,因此,该协议一直以"临时适用"的性质适用至今。该划界协议将 7/10 的海域划归美国,对苏联明显不利,因此,

---

① 大陆架界限委员会主席关于委员会工作进展情况的说明[EB/OL].(2002-07-01)[2021-12-15]. https://documents.un.org/doc/undoc/gen/n02/452/90/pdf/n0245290.pdf?token=QY6Bm78Ff3yYhEfSjv&fe=true.

苏联解体后,虽然俄罗斯国家杜马就该协议多次进行审议,但因俄罗斯国内对批准该协议未达成共识,且停止履行该协议的声音一直存在,该协议至今仍未得到批准。

俄罗斯在 2001 年的申请案中使用了这一未正式生效的协议,美国在照会中表示俄方此举在满足双方稳定预期上符合两国的共同利益,但同时也指出该协议至今仍未得到俄罗斯国家杜马批准的事实。[①]美国在外交照会中就北冰洋大陆架的部分提出了大量的科学和技术方面的实质性问题,但在涉及白令海的部分只字未提,可见美国对于俄罗斯 2001 年划界案中关于白令海的大陆架界限范围是表示认可的,实质上美国通过照会向俄罗斯传达了"只要协议生效,争端自会解决"的立场,因而白令海域外大陆架争端的解决事实上已经取决于俄罗斯国家杜马是否会批准该协议。面对美国抛出的这支"带刺的玫瑰",对俄罗斯而言,俄美白令海外大陆架争端的解决本质上已经转变为一个棘手的国内政治问题。[②]严格意义上讲,俄美在白令海的海洋划界争端仍然悬而未决。[③]

(三)俄罗斯 2013 年关于鄂霍次克海的部分修订申请案

俄日关于鄂霍次克海的外大陆架争端本质上是两国南千岛群岛领土主权争端的衍生品。第二次世界大战之前,俄日曾签订条约确定南千岛群岛为日本领土,第二次世界大战后根据《雅尔塔协定》该群岛由苏联占领,苏联解体后俄罗斯作为继承国实际控制了南千岛群岛。两国围绕这一问题的争端达半个世纪之久。2001 年,俄罗斯提交 200 海里大陆架划界案中关于鄂霍次克海南部海域的部分招致日本的强烈反对,大陆架界限委员会在涉及鄂霍次克海部分的建议中也基本同日本照会的意见一致。2013 年 2 月 28 日,俄罗斯向大陆架界限委员会提交了鄂霍次克海部分的修订申请案。俄罗斯此次划界申请是根据

---

① United States of America:Notification Regarding the Submission Made by the Russian Federation to the Commission on the Limits of the Continental Shelf[EB/OL].(2002-03-18)[2021-12-15]. https://www.un.org/Depts/los/clcs_new/submissions_files/rus01/CLCS_01_2001_LOS__USAtext.pdf.

② 刘惠荣,张志军. 俄罗斯 200 海里外大陆架申请案历史回顾与形势分析[M]// 北极地区发展报告(2019). 北京:社会科学文献出版社,2020:273-274.

③ Vlad M. Kaczynski. US-Russian Bering Sea Marine Border Dispute:Conflict over Strategic Russian[J]. *Analytical Digest*,2007(20):2-5.

大陆架界限委员会对于其 2001 年申请案中涉及鄂霍次克海部分给出的建议而提交的,并非独立的申请案。俄罗斯在该次修订申请案中未将外大陆架划界诉求扩展至全部鄂霍次克海,而是限于俄日不存在主权争议的鄂霍次克海北部海域。① 日本政府在针对俄罗斯此次修订划界案向联合国发出的外交照会中未对本部分修正案中具体的划界内容表示反对。②

　　大陆架界限委员会根据俄罗斯修订申请案中提供的科学与技术数据以及之后补充提交的地质学与测海学数据,肯定了俄罗斯提供的大陆坡脚、大陆边外缘等位置信息的科学性与准确性,并在此基础上对俄罗斯划定的 200 海里外大陆架外部界限之各定点的坐标位置表示认可。2014 年 3 月 11 日,委员会在全面审议小组委员会拟订的建议草案和代表团所作上述陈述之后,一致通过了大陆架界限委员会关于 2013 年 2 月 28 日俄罗斯提交的经部分订正的鄂霍次克海划界案的建议。根据 1982 年《公约》附件二第六条第 3 款,建议(包括一份摘要)已于 2014 年 3 月 14 日书面提交给该沿海国和联合国秘书长。③ 至此,位于鄂霍次克海中北部 5.2 万平方千米的地块正式成为俄罗斯大陆架的一部分。该申请案能够得以通过的关键因素在于,俄罗斯此次修订申请案不涉及俄罗斯与日本在鄂霍次克海南部的海洋划界争端,日本在向联合国发出的照会中也未对申请案的划界范围提出异议,只是谨慎地表示该申请案的最终审议建议不应对北方四岛的归属及其专属经济区与大陆架划界造成不利影响。但国际社会普遍认为鄂霍次克海南部海域涉及日俄争议的争端短期内没有达成协议的可能。④

①　Revision of the Partial Submission of the Russian Federation to the Commission on the Limits of the Continental Shelf Related to the Continental Shelf in the Sea of Okhotsk[EB/OL].(2013-09-24)[2021-12-15]. https://www.un.org/Depts/los/clcs_new/submissions_files/rus01_rev13/part_1_Rezume_MID_engl.pdf.

②　Permanent Mission of Japan to the United Nations[EB/OL].(2013-05-23)[2021-12-15]. https://www.un.org/Depts/los/clcs_new/submissions_files/rus01_rev13/2013_05_23_JPN_NV_UN_001.pdf.

③　CLCS/83[EB/OL].(2014-03-31)[2021-12-15]. https://documents.un.org/doc/undoc/gen/n14/284/30/pdf/n1428430.pdf?token=zwy9UW0Zi6Np6mmIt2&fe=true.

④　刘惠荣,张志军.俄罗斯 200 海里外大陆架申请案历史回顾与形势分析[M]//北极地区发展报告(2019).北京:社会科学文献出版社,2020:271.

（四）2010 年俄罗斯与挪威北冰洋划界条约下巴伦支海外大陆架争端的解决

巴伦支海总面积约 140 万平方千米，其中 94% 位于大陆架之上。俄挪两国争议海域达 17.5 万平方千米，该区域不仅是世界上最高产的浅水渔场之一，而且其海底大陆架中蕴藏着丰富的石油和天然气资源。这些海洋资源之争也成为俄挪两国巴伦支海海洋划界和大陆架划界争端背后的主要诱因。

苏联和挪威早在 1957 年签订过《挪威和苏联关于划分瓦朗格尔峡湾海域边界的协定》，但这仅仅是北冰洋海域海洋划界的协定，其适用范围并未扩展至整个巴伦支海。由于巴伦支海地理宽度的原因，两国在该海域的大陆架主张发生重叠。但巴伦支海是苏挪两国的传统渔区，事关渔民生计，两国于 1978 年签署了一系列的渔业合作协定，协定虽未解决该海域的法律归属争议，但两国本着搁置争议、共同开发的原则，实现了经济上的共赢。

对于巴伦支海南部海域的大陆架划界问题，两国因所持划界原则不同而无任何进展。挪威坚持按等距离中间线划界，而苏联则坚持主张适用"扇形原则"进行划界。继 2001 年俄罗斯向大陆架界限委员会递交 200 海里外大陆架划界申请，挪威于 2006 年 11 月 27 日也递交了 200 海里外大陆架的划界申请，其中涉及巴伦支海的大陆架主张存在大面积的重叠。大陆架界限委员会对于两国的划界申请分别于 2002 年 6 月 27 和 2009 年 3 月 27 作出正式建议。两次建议在主要内容上基本一致，大陆架界限委员会原则上认同俄挪两国主张的巴伦支海及其毗邻的北冰洋的海底为大陆架，建议两国继续谈判，并在划界协定生效后提交标明 200 海里外大陆架分界线走向的地理坐标清单和海图。

2010 年 9 月 15 日，两国最终完成了《俄挪巴伦支海和北冰洋海洋划界与合作协定》的签署工作，该协定于 2011 年 7 月 7 日正式生效。该协议通过一条单一的海洋界线"一揽子"解决了两国在巴伦支海的专属经济区与大陆架划界纷争。俄罗斯与挪威在巴伦支海的争端是俄罗斯涉及四个海域的外大陆架争端中唯一得到彻底解决的部分。俄挪划界协议的达成为两国在经济上开发利用这一区域的油气资源扫除了政治障碍，也体现了通过外交谈判解决外大陆架划界争端的可行性，为其他外大陆架争端的解决提供了借鉴。

（五）俄罗斯北冰洋中央海域 200 海里外大陆架申请案

北极海域 200 海里外大陆架划界中牵扯利益最为重大、各国争夺最为激烈、划界形势最为复杂的是有关北冰洋中央海域的部分,而北冰洋中央海域外大陆架的归属问题是北极海域外大陆架争端的核心矛盾所在,其背后是一场科学与法律问题交织、经济与政治问题并存、域内国家利益与国际社会整体利益你进我退、当下现实利益与长远战略利益难以把握的国际政治博弈,划界的趋势走向和最终结果将对北极地缘政治形势和世界格局产生深远影响。① 北冰洋中央海域的外大陆架划界争端目前主要涉及俄罗斯、丹麦、加拿大和美国四个国家。其中俄罗斯、丹麦、加拿大三国为外大陆架划界法律争端的直接当事方,作为 1982 年《公约》缔约国,三国均向大陆架界限委员会提交了涉及北冰洋中央海域的外大陆架划界案。划界案中三国都基于北冰洋洋底脊状隆起为本国陆地领土自然延伸这一主张提出了大范围的大陆架划界申请,且互相存在大面积的主张重叠。

如前所述,俄罗斯最早通过大陆架界限委员会提出涉北冰洋中央海域外大陆架划界主张,因对俄罗斯该区域的地质状况描述不清,所提供的地质学与地球物理数据无法证明门捷列夫与罗蒙诺索夫两大海岭属于 1982 年《公约》第 76 条第 6 款中所指之"海底高地",因此,尚不能被认定为与俄罗斯陆地领土存在自然延伸的关系。委员会建议俄罗斯对北冰洋中央海域的外大陆架申请案进行全面修订,并依照《科学和技术准则》的标准与要求补充相关科学证据资料后提交,届时委员会将再次审议。首次申请受挫后的俄罗斯依据大陆架界限委员会的建议,一方面同有关国家开展海洋划界的外交谈判,一方面加大科研力度,为再次提交申请案做积极准备。此后的 20 年期间,俄罗斯依托 2001 年200 海里外大陆架划界申请案,几次提交北冰洋中央区域的部分修正案和科学数据补遗,其中南森海盆、阿蒙森海盆、加拿大海盆以及欧亚海盆东南部划界申请已经通过大陆架界限委员会的审议。

1. 2015 年关于北冰洋的部分修订申请案

俄罗斯对于中北冰洋的部分划界申请被大陆架界限委员会全盘否定后,俄罗斯在处理其他海域外大陆架划界争端的同时,把主要力量集中在北冰洋中央海域大陆架科学证据的获取上。经过近 10 年的海洋地质研究与地球物理研究,俄罗斯获得了扎实、充分的测深和地震探测数据,甚至还钻探到了年龄约为

---

① 刘惠荣,张志军. 北冰洋中央海域 200 海里外大陆架划界新形势与中国因应[J]. 安徽大学学报:哲学社会科学版,2022(5):79.

4.6 亿年的坚硬岩层作为有利的科学证据。2015 年 8 月 3 日,俄罗斯再次向大陆架界限委员会提交了针对北冰洋中央区域的 200 海里外大陆架划界修订申请案。俄罗斯此次的大陆架主张涉及的北冰洋海域面积达 20 平方千米,其中核心问题便是区域范围覆盖北极点的罗蒙诺索夫海岭、门捷列夫海岭是否属于俄罗斯西伯利亚大陆架自然延伸的问题。俄罗斯在修订划界案中,利用大量的大地电磁测深数据和多道反射地震剖面数据对中北冰洋海底周边区域的地形地貌和地球物理场特征进行了分析说明。俄罗斯认为,罗蒙诺索夫海岭、门捷列夫海岭、楚科奇海台以及作为三者分界岭的楚科齐盆地和波德沃德尼科夫盆地在地貌上是连续的,它们共同构成了"中北冰洋海底高地复合体",且表现出与亚欧大陆相同的地质特征,存在地质学上的相似性与延续性,应当被认定为 1982 年《公约》第 76 条规定的作为大陆边缘自然延伸的海底高地,其不但属于俄罗斯西伯利亚大陆架的自然延伸,且不受 1982 年《公约》规定的"在海底洋脊上的大陆架外部界限不应超过从测算领海宽度的基线量起 350 海里"的限制。俄罗斯还提供了北冰洋海盆的地质构造演进图、深地震反射剖面等大量的绘图资料及数据,相关岩石实物样本,并制作了北极地壳运动物理模型以证明俄罗斯的大陆架划界主张在科学上经得起检验。申请案最后还详细列出了全部 109 个 200 海里外大陆架外部界限各定点的地理坐标。相比 2001 年俄罗斯划界申请案,俄罗斯对北冰洋底的大面积外大陆架划界诉求基本未变,新变化主要体现在对北冰洋底部分的数据信息作了更新,在东南森海盆的相应划界定点有所调整和限缩,部分外部界限定点实际距俄罗斯领海基线只有 200 海里,在潜在诉求份额最大的中北冰洋底区域,俄罗斯大量适用"大陆坡脚外≤60 海里"以及"2 500 米等深线+100 海里"的外大陆架划界规则,以便尽可能扩展其外大陆架声索范围。由于其涉及区域的广泛性、利益的复杂性以及科学证明上的困难性,俄罗斯此次修订申请案关乎北极大陆架划界全局。

针对俄罗斯提交的北冰洋的部分修订申请,丹麦、美国和加拿大均向大陆架界限委员会提交照会。丹麦于 2015 年 10 月 7 日提交的照会提及 2014 年 3 月 27 日丹麦、格陵兰及俄罗斯间的协定,确认丹麦不反对俄罗斯提出的要求,即委员会审议部分修订申请所载数据和其他资料并根据这些资料提出建议,但这些建议不得妨碍丹麦与俄罗斯之间的大陆架划界。[①] 美国政府于 2015 年 10

---

① Permanent Mission of Denmark to the United Nations[EB/OL]. (2015-10-07)[2021-12-15]. https://www. un. org/Depts/los/clcs_new/submissions_files/rus01_rev15/2015_10_07_DNK_NV_UN_001_15-00785. pdf.

月 30 日提交的照会也确认美国不反对俄罗斯提出的要求,即委员会审议部分修订申请以及科学证据补遗所载数据和其他资料并根据这些资料提出建议,但这些建议不得妨碍美国确定大陆架外部界限或者俄罗斯与美国之间大陆架划界问题。[①] 而加拿大于 2015 年 11 月 30 日提交的照会确认不反对委员会审议这份划界案,但委员会就该划界案提出的建议不得妨碍委员会审议加拿大今后提交的任何划界案以及加拿大与俄罗斯之间大陆架划界有关的事项。[②]

2. 2021 年科学证据补遗

2021 年 3 月 31 日,俄罗斯向大陆架界限委员会就其 2015 年有关北冰洋的外大陆架划界修订案提交了两份科学证据补遗,作为 2015 年划界案审议材料的一部分供委员会一并审议。这两份科学证据补遗分别涉及:(1)加克尔岭、南森和阿蒙森盆地;(2)罗蒙诺索夫岭、阿尔法里奇、门捷列夫隆起、阿蒙森和马卡罗夫盆地和加拿大盆地。[③] 两份科学证据补遗既汇集了世界范围内公开发表的关于北冰洋大陆架海底地质状况的最新研究进展,也涵盖了俄罗斯在本国实地科考中获得的测深学、地球物理学、海洋地质学等最新科研数据。其中最引人关注的一点是俄罗斯基于这些最新科学证据扩大了 2015 年划界案中的大陆架主张范围,其中既包括了此前未主张的加科尔海脊的部分,也涵盖了已经主张但此次再次扩大的"中北冰洋海底高地复合体"的部分,包括罗蒙诺索夫海脊、阿尔法海脊、门捷列夫隆起、阿蒙森盆地和马卡罗夫盆地以及加拿大盆地。

针对俄罗斯提交的北冰洋的部分修订申请以及科学证据补遗,美国政府于 2021 年 8 月 21 日向大陆架界限委员会提交了一份照会,确认美国不反对俄罗斯提出的要求,即委员会审议科学证据补遗所载数据和其他资料,并根据这些资料提出建议,但这些建议不得妨碍美国确定大陆架外部界限或者俄罗斯与美

---

① United States Mission to the United Nations[EB/OL]. (2015-11-30)[2021-12-15]. https://www.un.org/Depts/los/clcs_new/submissions_files/rus01_rev15/2015_11_02_US_NV_RUS_001_en.pdf.

② Permanent Mission of Canada to the United Nations[EB/OL]. (2015-11-30)[2021-12-15]. https://www.un.org/Depts/los/clcs_new/submissions_files/rus01_rev15/2015_30_11_CAN_NV_en.pdf.

③ Receipt of Two Addenda to the Executive Summary of the Partial Revised Submission made by the Russian Federation to the Commission on the Limits of the Continental Shelf in Respect of the Arctic Ocean[EB/OL]. (2021-04-01)[2021-12-15]. https://www.un.org/Depts/los/clcs_new/submissions_files/rus01_rev15/20210401UnNvAs0021e.pdf.

国之间大陆架划界问题。①

3. 对北冰洋南森海盆、阿蒙森海盆和加拿大海盆的外大陆架划界建议

大陆架委员会依据 1982 年《公约》第 76 条,对俄罗斯提交的科学和技术数据及其他材料进行审议,并得出俄罗斯提供的大陆坡脚点符合 1982 年《公约》第 76 条和指南的要求的结论。2021 年 3 月 31 日,大陆架委员会建议使用俄罗斯所采用的限制线来确定北冰洋大陆架的外部界限。在阿蒙森盆地,大陆架的外部边界由根据第 76 条建立的 34 个定点组成。在南森盆地,外部界限由根据第 76 条设立的 9 个定点组成。3E1_fin、2E13_fin 和 2E6_fin 点位于公式线与从巴伦支-喀拉海陆架基线测量的俄罗斯 200 米线的交点处。阿蒙森盆地的外边界与南森盆地的外边界没有连接。在加拿大盆地,外部边界由第 76 条规定的 142 个定点组成,沿门捷列夫-阿尔法隆起直至加拿大 200 米线。委员会建议俄罗斯着手确定大陆架的外部界限:南森盆地从定点 2G2_rev 到定点 3E1_fin;阿蒙森盆地从定点 4G1_rev 到定点 8H11;加拿大盆地从定点 10H1_rev 到定点 10D161。②

① United States Mission to the United Nations[EB/OL].(2021-08-02)[2021-12-15]. https://www.un.org/Depts/los/clcs_new/submissions_files/rus01_rev15/20210802UsNvUN.pdf.

② Recommendations of the Commission on the Limits of the Continental Shelf in Regard to the Partial Revised Submission Made by the Russian Federation in Respect of the Arctic Ocean On 3 August 2015 with Addenda Submitted On 31 March 2021Permanent Mission of Denmark to the United Nations[EB/OL].(2015-10-07)[2021-12-15]. https://www.un.org/Depts/los/clcs_new/submissions_files/rus01_rev15/2015_10_07_DNK_NV_UN_001_15-00785.pdf.;United States Mission to the United Nations[EB/OL].(2015-11-30)[2021-12-15]. https://www.un.org/Depts/los/clcs_new/submissions_files/rus01_rev15/2015_11_02_US_NV_RUS_001_en.pdf.;Permanent Mission of Canada to the United Nations[EB/OL].(2015-11-30)[2021-12-15]. https://www.un.org/Depts/los/clcs_new/submissions_files/rus01_rev15/2015_30_11_CAN_NV_en.pdf.;Receipt of Two Addenda to the Executive Summary of the Partial Revised Submission Made by the Russian Federation to the Commission on the Limits of the Continental Shelf in respect of the Arctic Ocean[EB/OL].(2021-04-01)[2021-12-15]. https://www.un.org/Depts/los/clcs_new/submissions_files/rus01_rev15/20210401UnNvAs0021e.pdf.;United States Mission to the United Nations[EB/OL].(2021-08-02)[2021-12-15]. https://www.un.org/Depts/los/clcs_new/submissions_files/rus01_rev15/20210802UsNvUN.pdf.

4. 2023 年对北冰洋欧亚海盆东南部的部分订正划界案

2023 年 2 月 14 日,俄罗斯向大陆架界限委员会提交了关于北冰洋欧亚海盆东南部的部分订正划界案。委员会自 2023 年 7 月 7 日至 14 日审议了划界案,完成了对划界案的初步审查,包括主要的科学和技术审查等。委员会认可了俄罗斯申请案附件一表 1 所列 FOS 点的坐标,建议俄罗斯在北冰洋欧亚海盆东南部的大陆边缘的外边缘应根据 1982 年《公约》第 76 条第 4 款(a)项确定,以距 13 个 FOS 点(FOS_1420、FOS_23、FOS_24、FOS_25、FOS_26、FOS_1405、FOS_28、FOS_29、FOS_30、FOS_1410、FOS_1409、FOS_32 和 FOS_34)不超过 60 海里的定点为大陆边缘外缘。[①]

5. 2023 年北冰洋加科尔海岭的部分订正划界案

2023 年 10 月 30 日,俄罗斯根据 1982 年《公约》第 76 条第 8 款,参照其 2001 年 12 月 20 日提交的文件和 2015 年 8 月 3 日提交的部分修订文件(附 2021 年 3 月 31 日提交的增编),向大陆架界限委员会提交了关于北冰洋加克尔海岭地区从测量其领海宽度的基线 200 海里以外大陆架界限的信息。根据委员会的议事规则,向联合国所有会员国以及 1982 年《公约》缔约国分发一份来文,以便公布部分订正的来文的执行摘要,包括该摘要中所载的所有图表和坐标。审议俄罗斯提出的部分订正的来文将列入根据《议事规则》(CLCS/40/Rev. 1)附件三第 5 条和第 2 段编写的委员会下届常会临时议程,留待第 61 届会议审议。[②]

从俄罗斯递交的上述世界首例 200 海里外大陆架划界案全过程看,虽然包含了四个不同海区的外大陆架划界,其中两个在北冰洋,两个在太平洋,看似是均等地拓展其海洋权利管理地域,但俄罗斯真正在意的是北冰洋中央区的大片

① Summary of Recommendations of the Commission on the Limits of the Continental Shelf in Regard to The Partial Revised Submission Made by The Russian Federation in Respect of The South-East Eurasia Basin in The Arcticocean On 14 February 023[EB/OL].(2023-07-10)[2023-12-15]. https://www. un. org/Depts/los/clcs_new/submissions_files/rus02_rev23/20230710ScRusRev2SumWeb. pdf.

② Receipt of the Partial Revised Submission Made by the Russian Federation to the Commission on the Limits of the Continental Shelf in the Area of the Gakkel Ridge in the Arctic Ocean[EB/OL].(2023-10-31)[2023-12-15]. https://www. un. org/Depts/los/clcs_new/submissions_files/rus03/CLCS%20Notification%20English%202023. 10. 31. pdf.

海底区域,其他三块海区的外大陆架申请面积全部加在一起,也不过是俄罗斯在北冰洋中央区所申请的外大陆架份额的四分之一。这明显反映了俄罗斯划界案浓厚的政治意味和战略导向。因此,很难不令人怀疑其背后的真实用意。俄罗斯划界案的东西主张界限及其实质声索范围,与历史上由苏联最早提出的"北极扇形原则"官方版本——《北冰洋陆地和岛屿为苏联领土的宣言》(1926)的涵盖范围保持了较大一致性。①

二、加拿大 200 海里外大陆架划界

(一)2009 年北极 200 海里外大陆架部分划界申请案

加拿大本对是否加入 1982 年《公约》持观望态度,在俄案提交后,加入 1982 年《公约》并依据国际法申请本国的专属经济区与外大陆架权利成为加拿大北极战略的优先方向之一。此后的十余年间,加拿大投入大量的人力、物力、财力,依托一系列规模化的北极科考,为大西洋和北冰洋外大陆架申请案做了扎实的基础科研工作,集中完成了相关区域的海底地质和地球物理调查。②2013 年 12 月 6 日,加拿大向大陆架界限委员会提交了关于北冰洋外大陆架外部界限的初步信息,并表示将依据获得的资料,在适当时候就北冰洋外大陆架划界提交申请。③2019 年 5 月 23 日,加拿大向大陆架界限委员会提交了北冰洋部分外大陆架外部界限划界申请。申请文书达 2 100 页之巨,文书使用大量沉积岩厚度数据、海底地质构造数据以及对北极冰川运动的监测与分析数据,来证明罗蒙诺索夫海岭与阿尔法门捷列夫海岭共同构成的中北冰洋海台是加拿大陆地领土向北冰洋的自然延伸,加拿大的外大陆架由加拿大海盆与阿蒙森海盆两个部分组成,其外部界限为符合 1982 年《公约》第 76 条第 5 款的一条直线,该国主张的外大陆架不超过此线。根据加拿大提交的这份划界申请,该国试图获得包括北极点在内的 120 万平方千米的外大陆架,这与俄罗斯在北

---

① 章成. 北极外大陆架划界进程中的大陆架界限委员会:现状检讨与完善路径[J]. 广西大学学报:哲学社会科学版,2018,40(1):92.

② 刘惠荣,张志军. 北冰洋中央海域 200 海里外大陆架划界新形势与中国因应[J]. 安徽大学学报:哲学社会科学版,2022(5):83.

③ Preliminary Information Concerning the Outer Limits of the Continental Shelf of Canada in the Arctic Ocean[EB/OL]. (2023-12-06)[2023-12-15]. https://www.un.org/Depts/los/clcs_new/submissions_files/preliminary/can_pi_en.pdf.

冰洋主张的外大陆架面积相当。①2022 年 12 月 19 日,加拿大又提交了 2019 年 5 月 23 日划界申请的科学数据补遗,并于 2024 年 6 月 12 日向大陆架界限委员会提交了该科学数据补遗的因纽特语和因努纳克顿语的译文,这两种语言为分布在加拿大的因纽特人所使用的方言。

对加拿大提交的划界申请,美国和丹麦分别于 2019 年 8 月 28 日和 29 日向大陆架界限委员会提交照会,俄罗斯也于 2019 年 12 月 3 日提交照会。美国和丹麦均指出其与加拿大提交的北冰洋外大陆架划界申请所涉海域存在大陆架重叠区域。两国均确认不反对加拿大提交申请以及大陆架界限委员会对该案进行审议并提出建议,但委员会的建议不应妨碍其外大陆架界限的确定,也不得妨碍之后其与加拿大在此海域大陆架的最终划定。② 俄罗斯在其 2019 年 12 月 3 日提交的照会中指出,俄罗斯与加拿大之间存在潜在的大陆架重叠区域,根据两国达成的协议,俄罗斯不反对加拿大提交申请以及大陆架界限委员会对该案进行审议并提出建议,但委员会的建议不应妨碍委员会审议俄罗斯提交的划界申请时俄罗斯的权利以及俄罗斯与加拿大两国依据国际法进一步就大陆架进行的双方协商事宜。③ 由此可见,虽然美国、丹麦和俄罗斯都提出与加拿大申请的外大陆架存在重叠区域但并不反对大陆架界限委员会对该案进行审议,但三国都指出委员会的建议不应妨碍本国外大陆架外部界限的确定以及三国各自同加拿大之间海洋边界的划定。

(二)2022 年科学数据补遗

加拿大拥有雄厚的经济实力和强大的科研能力,其在外大陆架申请上最大的特点就是非常重视科学证据,并在北极科考实践中表现出高度的开放

---

① 董利民. 北冰洋 200 海里外大陆架划界分析[M]// 刘惠荣. 北极地区发展报告(2020). 北京:社会科学文献出版社,2021:146.

② United States Mission to the United Nations[EB/OL]. (2019-08-28)[2023-12-15]. https://www. un. org/Depts/los/clcs_new/submissions_files/can1_84_2019/2019_08_28_USA_NV_UN_001. pdf. ;Permanent Mission of Danmark to the United Nations[EB/OL]. (2019-08-29)[2023-12-15]. https://www. un. org/Depts/los/clcs_new/submissions_files/can1_84_2019/2019_08_29_DNK_NV_UN_002. pdf.

③ Communications Received with Regard to the Partial Submission Made by Canada to the Commission on the Limits of the Continental Shelf:Russian[EB/OL]. (2019-12-03)[2023-12-15]. https://www. un. org/Depts/los/clcs_new/submissions_files/can1_84_2019/2019_12_03_RUS_NV_UN_001_en. pdf.

性。加拿大同北极国家甚至域外国家开展了广泛的北极科考合作,尤其值得注意的是在申请案正式提交前加拿大就申请案中部分关键性科学证据同北极争端各国提前进行了深入的外交协商。2022 年 12 月 19 日,加拿大就其 2019 年申请案向大陆架界限委员会提交了科学证据补遗。与俄罗斯 2001 年科学证据补遗一样,该科学证据补遗也扩大了大陆架主张范围,除了之前提交的加拿大海盆与阿蒙森海盆科学数据外,还增加了此前并未主张的波德沃德尼科夫海盆(Podvodnikov Basin)① 的相关数据。在加拿大海盆,大陆架的外部界限由 1 111 个定点(ARC-ECS-A-0001 至 ARC-CCS-A-1111)确定,相比 2019 年申请案时的 813 个定点,增加了 298 个定点;在阿蒙森盆地,确定大陆架外部界限的定点由 2019 年申请案时的 64 个增至 183 个(ARC-ECS-C-001 至 ARC-ECS-C-183); 在波德沃德尼科夫海盆,大陆架的外部边界由 48 个定点(ARC-CCS-B-01 至 ARC-ECS-B-48)确定。这些定点可以是公式点,可以是距离或深度限制线上的点,也可以是划定大陆架外部界限与邻近沿海国 200 米界限线交点。所有这些定点是根据第 76(7)条,固定点由长度不超过 60 海里的直线连接,所有直线都是大地线。

加拿大今后在北极科考上的系列重要动作将是观察北极外大陆架划界趋势走向的重要看点,其同俄罗斯在北极地质科学证据上的较量将成为决定北冰洋外大陆架划界结果的重要因素。

三、挪威北冰洋、巴伦支海和挪威海的 200 海里外大陆架划界申请案

挪威除了在 2009 年 5 月 4 日向大陆架界限委员会提交其位于南极的领地布维岛和毛德皇后地的划界申请外,还于 2006 年 11 月 27 日向委员会提交了关于北冰洋、巴伦支海和挪威海的 200 海里外大陆架划界申请案。挪威在这三个海区的划界主张可分别对应为"西南森海盆方案""甜圈洞方案""香蕉洞方案"。在划界案中,挪威综合运用了"爱尔兰公式"和"海德堡公式"来确定大陆架外部界限上的定点,并由长度不超过 60 海里的直线将其相连接,形成己方版本的外大陆架权利声索边界。在三个划界主张中,对于涉及北冰洋主体海区的"西南森海盆方案",挪威的外大陆架主张主要是依托斯岛北部的领海基线,

---

① 美亚海盆形状不规则,被阿尔法-门捷列夫海岭分为加拿大海盆、马卡罗夫海盆和波德沃德尼科夫海盆,也有人认为波德沃德尼科夫海盆是马卡罗夫海盆的一部分——马卡罗夫海盆西部称为马卡罗夫海盆,东部叫波德沃德尼科夫海盆。

向北延伸超过200海里以外直至西南森海盆的耶得迈克海地。这部分划界面积最小,也不存在任何技术性和外部性争议。巴伦支海的"甜圈洞方案"也几乎没有任何技术上的问题,但在当时仍然存在与俄罗斯的划界争端。挪威的外大陆架延伸主张是依托其本土及斯匹次卑尔根群岛南部的领海基线,沿着其与俄罗斯的边界走向,选取了3个外部界限定点来划定位于挪威斯匹次卑尔根群岛、俄罗斯法兰士约瑟夫地群岛和俄挪两国本土这三者之间的巴伦支海海区的200海里外大陆架边界。而在隶属于北大西洋的挪威海"香蕉洞方案"中,挪威是根据其邻接挪威海的本土海岸线提出外大陆架延伸请求,该海区划界方案的北部受到挪威海槽的地理限制而略为狭窄,而该方案的南部向西南一侧则推进至很远的距离,挪威对这部分的划界诉求范围最大,技术数据相对最复杂。①

　　丹麦(法罗群岛)、冰岛、挪威于2006年9月20日在纽约签署《法罗群岛、冰岛和挪威之间关于划定东北大西洋"香蕉洞"南部200海里外大陆架界限的协议备忘录》。根据该备忘录,当一国向大陆架界限委员会提交"香蕉洞"南部200海里外大陆架划界文件时,其他国家将根据《议事规则》通知联合国秘书长,他们不反对委员会审议这些文件并在此基础上提出建议,但不应妨碍这些国家在以后阶段提交文件,也不应妨碍三国之间大陆架的双边划界问题。② 在挪威200海里外大陆架划界申请案提交后,丹麦和冰岛分别于2007年1月24日和2007年1月29日向大陆架界限委员会提交了评论照会,确认不反对挪威划界案中的"香蕉洞方案"和大陆架界限委员会对该案进行审议并提出建议,但丹麦表示不应妨碍丹麦(法罗群岛)下一步提交大陆架划界申请或丹麦(法罗群岛)与挪威的大陆架划界,也不应妨碍丹麦(格陵兰)提交大陆架划界申请或丹麦(格陵兰)与挪威大陆架的进一步划定。③ 冰岛同样表示不应妨碍冰岛后

① United Nations. Continental Shelf Submission of Norway in Respect of Areas in the Arctic Ocean, the Barents Sea and the Norwegian Sea[EB/OL]. (2006-11-17)[2023-12-15]. https://www. un. org/Depts/los/clcs_new/submissions_files/nor06/nor_2006_c. pdf.

② Permanent Mission of Iceland to the United Nations[EB/OL]. (2007-01-29)[2023-12-15]. https://www. un. org/Depts/los/clcs_new/submissions_files/nor06/isl07_00223. pdf.

③ Permanent Mission of Denmark to the United Nations[EB/OL]. (2007-01-24)[2023-12-15]. https://www. un. org/Depts/los/clcs_new/submissions_files/nor06/dnk07_00218. pdf.

期提交大陆架划界文件,也不应妨碍冰岛与挪威的大陆架划界。①

俄罗斯当时与挪威存在巴伦支海的划界纠纷。俄罗斯虽然确认不反对大陆架界限委员会对该案进行审议并提出建议,但同时提请委员会注意俄罗斯与挪威之间存在的海洋划界争端。俄罗斯表示,本照会不应妨碍俄罗斯对斯匹次卑尔根群岛及其大陆架的地位。委员会就挪威提交的划界案提出的建议不应妨碍1920年《斯约》的规定,因此,也不应妨碍斯匹次卑尔根附近海域的制度。②

尽管西班牙与挪威之间并不存在海洋划界争端,但该国也提交了评论照会。西班牙在照会中提请大陆架界限委员会注意,西班牙作为《斯约》缔约国,已经照会挪威西班牙保留对斯匹次卑尔根群岛外大陆架上的资源进行开发的权利,包括可能被定义为斯匹次卑尔根群岛之外的延伸区域。③

与俄罗斯未被审议通过的2001年划界案相比,2006年的挪威划界案进展相当顺利,仅仅在中途经历了些许数据修正。经过审议,大陆架界限委员会于2009年3月向挪威提出建议,完全认可了挪威划界案中的"甜圈洞"部分,无须订正或补充信息;对于"西南森海盆"和"香蕉洞"这两块区域,也在挪威提交补充资料后予以同意。④考虑到挪威与俄罗斯在巴伦支海的海洋边界未定的问题,大陆架界限委员会未全盘采纳挪威的外大陆架划界主张,而是在认可挪威大部分外大陆架外部界限的同时,建议将挪威申请案中位于巴伦支海海区涉及与俄罗斯的划界部分留待俄挪两国协商解决。这一结果使得挪威在北极获得了约23.5万平方千米的外大陆架面积,被挪威媒体形容为"历史性的胜

---

① Permanent Mission of Iceland to the United Nations[EB/OL]. (2007-01-29)[2023-12-15]. https://www. un. org/Depts/los/clcs_new/submissions_files/nor06/isl07_00223. pdf.

② Permanent Mission of Russian Federation to the United Nations[EB/OL]. (2007-02-21)[2023-12-15]. https://www. un. org/Depts/los/clcs_new/submissions_files/nor06/rus_07_00325. pdf.

③ Note Verbale to the Secaretary-General of the United Nations[EB/OL]. (2007-03-02) [2023-12-15]. https://www. un. org/Depts/los/clcs_new/submissions_files/nor06/esp_0700348. pdf.

④ CLCS. Recommendations Prepared by the Submission Established for the Consideration of the Submission Made by Norway[EB/OL]. (2009-03-13)[2023-12-15]. https://www. un. org/Depts/los/clcs_new/submissions_files/nor06/nor_rec_summ. pdf.

利"。①2010 年俄罗斯与挪威签署《俄挪巴伦支海和北冰洋海洋划界与合作协定》，并于次年 7 月 7 日正式生效，从而实现了俄挪两国在巴伦支海所有海洋边界（含渔区、专属经济区、200 海里内大陆架及 200 海里外大陆架边界）划分的一揽子解决。②

有学者将挪威 2006 年划界案成功通过的缘由归纳为三点：一是挪威提交的三个海区划界方案互不相连，便于自身搜集数据和委员会审查处理；二是挪威划界案中未包含过多的争议区域且几乎不存在与他国的划界争议；三是挪威划界主张"节制"，并未延伸至北极点。挪威既顾及与俄罗斯的关系，也考虑到受斯瓦尔巴地区的中立化、开放性制度安排的制约，这一地区作为挪威面向北冰洋主体海区的唯一陆地领土，能够给挪威提供的朝北极核心地带推进的跳板功能也是相对有限的。③

四、丹麦 200 海里外大陆架划界

虽然格陵兰已经成为一个内政完全独立而只有防务、外交事务暂由丹麦代管的过渡性政治实体，面积也不计算在丹麦领土范围内，但其并非一个国际法意义上的主权国家。因此，借助与格陵兰在主权上的隶属关系，丹麦在北冰洋提出外大陆架划界主张是具有国际法依据的。丹麦在 2009 年和 2010 年提交其海外自治领地法罗群岛北部和法罗-罗科尔海台区域的外大陆架划界申请案后，于 2012 年、2013 年和 2014 年连续三年分别就格陵兰南部、东北部以及北部外大陆架向委员会提交了三次划界申请，后三个申请目前均在排队等待委员会审议。把格陵兰作为其实施北极战略的基石，丹麦在北极外大陆架争夺战中表现得十分积极。随着几次外大陆架划界案的提交，其在北极地缘政治经济格局中的影响力也不断提升。④

---

① 陆俊元. 北极地缘政治与中国应对[M]. 北京：时事出版社，2010：289；章成，顾兴斌. 国际法视阈下的北极海域外大陆架划界问题论析[J]. 国际论坛，2013（4）：45-50.

② 匡增军. 2010 年俄挪北极海洋划界条约评析[J]. 东北亚论坛，2011（5）：45-53.

③ 章成. 国际法视阈下的北极地区 200 海里外大陆架划界问题介评[J]. 河北法学，2018，36（8）：68.

④ 刘惠荣，张志军. 北冰洋中央海域 200 海里外大陆架划界新形势与中国因应[J]. 安徽大学学报：哲学社会科学版，2022（5）：82.

（一）2009 年和 2010 年法罗群岛北部和南部外大陆架划界申请案

丹麦政府与法罗群岛政府于 2009 年 4 月 29 日和 2010 年 12 月 2 日分别就法罗群岛北部和南部大陆架提交了部分划界申请。

在第一个划界申请中，丹麦指出，"香蕉洞"地区的大陆架划界仍然存在着某些未决问题。但根据丹麦、冰岛和挪威三方 2006 年 9 月 20 日商定的确定"香蕉洞"南部未来分界线的程序，若一国向委员会提交文件，其他国家将通知联合国秘书长，表示这些国家不反对委员会在此基础上对文件进行审议并提出建议。他进一步指出，委员会的建议不影响这些国家在今后的某个阶段提交文件，也不妨碍这些国家之间以双边方式划定大陆架的界限。丹麦政府还重申，不存在与该划界案有关的属于《议事规则》第 46 条及附件一含义范围内的任何争议。2009 年 6 月 15 日和 2009 年 7 月 7 日，冰岛和挪威分别通知委员会秘书长，他们不反对委员会审议丹麦提交的部分划界案。2014 年 3 月 12 日，委员会在全面审议了小组委员会拟订的建议草案和代表团所作的上述陈述之后，一致通过了大陆架界限委员会就丹麦政府与法罗群岛政府于 2009 年 4 月 29 日就法罗群岛以北大陆架提交的部分意见书及其修正案提出的建议。[①]

2010 年 12 月 2 日丹麦政府和法罗群岛政府提交了法罗群岛南部外大陆架划界申请。法罗群岛南部大陆架的北部、东部和东南部分别为冰岛、英国和爱尔兰的 200 海里界限，南部、西南部和西部的大陆架外部界限根据 1982 年《公约》第 76（7）条由连接定点的直线划定。

然而，相邻沿海国正在对法罗-罗科尔高原的部分地区提出主权要求，所有这些地区的 10 年期限将于 2009 年 5 月 13 日到期。2009 年 3 月 31 日，爱尔兰和英国都提交了其拟议的边界，这两个边界与法罗群岛南部大陆架部分重叠。丹麦政府和法罗群岛政府在其 2009 年 5 月 27 日提交的照会中强调，对上述两个划界案的审议应征得丹麦同意。丹麦政府和法罗群岛政府仅同意大陆架界限委员会审议 2009 年 3 月 31 日提交的上述划界申请，条件是同时审议丹麦提交的部分申请。冰岛也有一项主张与法罗-罗科尔海台区域部分重叠，虽然冰岛未在 1982 年《公约》规定的 10 年期限内提交关于该海区的划界案。丹麦重申，其承诺继续各方之间的四方会谈，以期达成一项协议。

---

① CLCS/83[EB/OL].（2014-03-31）[2023-12-15]. https：//documents. un. org/doc/undoc/gen/n14/284/31/pdf/n1428431. pdf?token=UV5JtM9HakCQULIYOs&fe=true.

2011 年 4 月 5 日,冰岛提交关于丹麦所提交关于法罗－罗科尔海台区域划界案的普通照会,表示申请案所涉的法罗-罗科尔海台区域是冰岛大陆架的一部分,与丹麦(法罗群岛)、爱尔兰和英国主张存在重叠而存在争议。冰岛认为,委员会审议丹麦对该地区大陆架划界申请案将损害冰岛在这一地区大陆架的权利。因此,冰岛不同意委员会对提交的文件进行审议。冰岛指出,冰岛 2009 年 4 月 30 日提交委员会的划界案是根据委员会《议事规则》附件一第 3 段提交的部分划界案。根据该规定,沿海国可就其大陆架的一部分提出划界案,以便不损害以后可能提出划界申请的大陆架任何其他部分与国家间边界划定有关的问题,尽管有 1982 年《公约》附件二第 4 条关于 10 年期的规定。这项规定完全符合 1982 年《公约》第 76 条和附件一,上述期限不适用于就争议地区提交的划界案。为了不影响对有争议的法罗－罗科尔海台区域国家间划界问题,冰岛在其 2009 年 4 月 30 日提交委员会的划界申请材料中没有将该地区列入其划界案,而将在稍后阶段就该地区单独提出划界案。目前正在进行四方磋商,以期就法罗-罗科尔海台区域大陆架划界争端找到解决方案。①

(二)丹麦关于格陵兰大陆架划界申请案

丹麦继 2009 年和 2010 年向大陆架界限委员会提交关于法罗群岛北部和南部外大陆架划界申请,又于 2012 年 6 月 14 日、2013 年 11 月 26 日和 2014 年 12 月 15 日分别提交关于格陵兰南部、东北部和北部大陆架的划界申请。

在 2012 年部分划界案中,格陵兰南部 200 海里大陆架的外部界限有两个独立的部分:一部分位于拉布拉多海西南部分,一部分在伊尔明厄海东部部分。在西南部分,外部界限终止于加拿大北部和南部的 200 米线,然后在东部终止于格陵兰的 200 米线。在东部,外部界限南部止于格陵兰岛 200 米线,北部止于冰岛 200 米线。② 对于丹麦提交的申请,加拿大和冰岛分别于 2012 年 6 月

① Permanent Mission of Iceland to the United Nations[EB/OL]. (2009-06-15)[2023-12-15]. https://www.un.org/Depts/los/clcs_new/submissions_files/dnk54_10/isl_5apr11.pdf.

② Partial Submission of the Government of the Kingdom of Denmark together with the Government of Greenland to the Commission on the Limits of the Continental Shelf-The Southern Continental Shelf of Greenland[EB/OL]. (2012-06-14)[2023-12-15]. https://www.un.org/Depts/los/clcs_new/submissions_files/dnk61_12/DNK2012_EX_SUM_S_GREENLAND.pdf.

15 日和 2013 年 1 月 17 日确认不反对委员会审议该划界案并提出建议，但该建议不得妨碍两国后期向委员会提交外大陆架划界申请，也不得妨碍冰岛和加拿大各自与丹麦之间的大陆架划界。

格陵兰东北大陆边缘南起 70°N，北至 82°N，长约 1 300 千米。大陆架的宽度从南部和北部的约 60 千米到中部的 300 多千米不等。2013 年丹麦划界申请的格陵兰东北部大陆架是根据 1982 年《公约》第 76（7）条用连接海德堡公式定点的直线划定的，外部界限在格陵兰岛 200 米线以西和挪威（斯岛）200 米线以东终止。在 2013 年丹麦提交格陵兰东北部大陆架划界申请后，丹麦代表团团长尼尔森先生表示，部分划界案涉及的大陆架区域不存在任何争端。格陵兰东北部大陆架"存在来自挪威的重叠权利主张，而委员会在 2009 年通过了有关该主张的建议"。2014 年 1 月 21 日，挪威向委员会提交照会确认挪威不反对委员会审议该部分划界案。

丹麦王国政府与格陵兰自治政府在 2014 年 12 月 15 日共同提交的关于格陵兰北部的申请案对北极外大陆架提出权利主张，该主张与俄罗斯在北冰洋中央海域的外大陆架主张存在大面积重叠。丹麦主张，罗蒙诺索夫海岭是海底高地，且为格陵兰陆地领土在北冰洋水下的自然延伸。丹麦请求大陆架界限委员会将包括北极点、横亘北冰洋中央海区的罗蒙诺索夫海岭以及邻接北美洲北部海岸的阿蒙森海盆在内的大片北冰洋中央海区海床认定为格陵兰陆地的自然延伸。在外部界限的定点选取上，丹麦同时兼用了"爱尔兰公式"和"海德堡公式"来提交相关的定点数据信息，并在某些定点上突破了"350 海里"的一般限制规定，采取了"2 500 米等深线＋100 海里"的计算方法，以求划出最大面积的 200 海里外大陆架范围。丹麦认为，从罗蒙诺索夫海岭获得的岩石样本以及海洋地质与地球物理数据充分表明该海岭同格陵兰地质构造相似，属于格陵兰北部大陆边缘的组成部分，且属于 1982 年《公约》第 76 条第 6 款中不受 350 海里法律线限制的海底高地。丹麦在此次申请案中的主张范围涵盖了包括北极点在内的罗蒙诺索夫海岭的几乎全部区域，主张面积达 90 万平方千米。[①]

① Partial Submission of the Government of the Kingdom of Denmark together with the Government of Greenland to the Commission on the Limits of the Continental Shelf-The Northern Continental Shelf of Greenland-Executive Summary[EB/OL]．（2014-12-15）[2023-12-15]．https://www.un.org/Depts/los/clcs_new/submissions_files/dnk 76_14/dnk 2014_es.pdf．

相较 2012 年和 2013 年的申请案,由于在北冰洋核心区域主张大面积的外大陆架,丹麦 2014 年提交的外大陆架划界案迅速引起关注,俄罗斯、加拿大、挪威和美国就该案提交了评论照会。四国虽然均表示不反对大陆架界限委员会对该案进行审议并提出建议,但都提请委员会注意丹麦划界案可能与其产生重叠的部分。挪威认为,丹麦划界案中有关格陵兰的外大陆架主张有一部分覆盖了其与挪威之间的潜在争议海区,大陆架界限委员会不能对该部分的划界主张进行审理。加拿大和俄罗斯也要求大陆架界限委员会不要因为对丹麦划界案的审议而拒绝将来两国对北冰洋中央区的外大陆架划界申请。美国确认不反对大陆架界限委员会对该案进行审议并提出建议,但这些建议不得妨碍美国确定大陆架的外部界限,也不得妨碍丹麦与美国之间大陆架的划界。①

2016 年 8 月 17 日和 18 日,在大陆架界限委员会第 41 届会议上,丹麦代表团团长尼尔森先生和格陵兰政府法律顾问比约恩•库努瓦就丹麦关于格陵兰南部、东北部和北部大陆架的部分划界案作了介绍:丹麦向委员会提交的五个部分划界案中的这三个部分划界案涉及的大陆架区域均不存在任何争端。具体而言,在伊尔明厄海,与冰岛在 2013 年就"冰岛对格陵兰南部大陆架东部部分的重叠权利主张"达成了一项谅解,对 200 海里以外大陆架的重叠权利主张进行划分;在拉布拉多海,格陵兰南部大陆架存在加拿大提出的重叠权利主张,加拿大在 2013 年向委员会提交了拟议的大陆架外部界限,加拿大和丹麦在 2012 年就"如何解决对拉布拉多海提出重叠权利主张可能引发的问题"达成了一项谅解;格陵兰东北部大陆架存在来自挪威的重叠权利主张,但挪威表示不反对委员会审议该部分划界案;格陵兰北部大陆架有一小块区域存在来自挪威的重叠权利主张和俄罗斯的权利主张,可能还存在分别来自加拿大和美国的重叠权利主张,但是,由于与上述国家签有协定,不存在《议事规则》第 46 条和附件一含义范围内的争议。

北冰洋海底地质状况复杂难辨,为外大陆架划界主张提供可靠证据的科学考察背后是国家间综合国力、财政投入和科研能力的较量。丹麦务实地审视自

---

① Communications Received with Regard to the Submission Made by the Kingdom of Denmark to the Commission on the Limits of the Continental Shelf: Norway, Canada, Russian Federation, United States of America [EB/OL]. (2014-12-17)(2014-12-29) (2015-07-21)(2015-10-30)[2023-12-15]. https://www.un.org/Depts/los/clcs_new/submissions_files/submission_dnk_76_2014.htm.

身在北极地缘政治经济格局中的优劣势,从本国实际出发,在北冰洋外大陆架划界问题上表现出高度的灵活性,即在依据国际法向大陆架界限委员会提出权利主张的同时,主动同其他北极大国开展北极划界外交,主张划界争端当事国开展对话与合作以达成共识的方式来解决海洋划界难题。而这种灵活的处理方式最符合丹麦和其他北冰洋沿岸国的利益。[①]

五、冰岛 200 海里外大陆架划界

(一)冰岛 2009 年关于埃吉尔海盆地和雷克雅内斯海脊海域西部和南部区域部分划界申请案

2009 年 4 月 29 日,冰岛向大陆架界限委员会提交关于埃吉尔海盆地(Aegir Basin)和雷克雅内斯海脊(Reykjanes Ridge)海域西部和南部区域,涉及北极圈内的外大陆架划界问题,但未超过 350 海里(或者 2 500 米等深线+100 海里)。根据冰岛的说法,这是一项部分申请案,"不包括其他国家提出重叠主张的冰岛在哈顿-罗科尔地区(the Batton-Rockall Area)的大陆架,也不包括可能与哈顿-罗科尔地区重叠的雷克雅内斯海脊东部的大陆架。为了不影响有关哈顿-罗科尔地区国家间边界划界的问题,将在稍后阶段提出关于这两个地区的问题"。

针对冰岛的提案,委员会收到丹麦和挪威的普通照会。丹麦和挪威不反对委员会审议冰岛提交的有关埃吉尔海盆地地区的提案,同时主张该提案不得影响这些国家在今后的某个阶段提交文件,也不得妨碍这三个国家之间以双边方式划定大陆架的界限。丹麦不反对委员会在此基础上审议冰岛提交的有关其伊明厄海 200 海里外大陆架外部界限的文件并提出建议,同时主张该提案不得影响丹麦于 2012 年 6 月 14 日提交的(关于格陵兰岛南大陆架的)划界案中所载文件,不得影响丹麦在今后的某个阶段进一步提交文件,也不得影响丹麦和冰岛之间大陆架的划界。因丹麦关于格陵兰岛基线变更,影响到冰岛关于雷克雅内斯海脊西部划界案中所载三个外部界限定点的位置,委员会决定继续审议该划界案。

2016 年 3 月 10 日,经过对冰岛提交的材料中所载数据和资料以及之后补充的数据和资料的审议,委员会认为,在埃吉尔海盆地区域,冰岛提供通过科学技术数据所列的 FOS 点符合《科学和技术准则》第 76 条和第 5 章的要求。委

---

① 肖洋. 格陵兰:丹麦北极战略转型中的锚点[J]. 太平洋学报,2018(6):78-86.

员会建议这些 FOS 点作为在埃吉尔海盆地区域确定大陆边缘外缘的基础;在雷克雅内斯海脊西部,FOS 点 ICE-RRW-03 至 ICE-RRW-08 符合《科学和技术准则》第 76 条和第 5 章的要求。委员会建议这些 FOS 点应作为在雷克雅内斯海脊西部确定大陆边缘外缘的基础。委员会建议用上述定点作为划定埃吉尔海盆地和雷克雅内斯海脊海域西部和南部区域大陆架外部界限的基础。①

(二)冰岛 2021 年关于雷克雅内斯海脊西部、南部和东南部的部分订正划界案

2021 年 3 月 31 日,冰岛提交了关于雷克雅内斯海脊西部、南部和东南部的划界相关资料,② 此案尚在审议中。根据冰岛代表团在 2023 年 7 月 5 日至 8 月 22 日的大陆架界限委员会第 58 届会议中对申请案的介绍,该划界案"不包括冰岛在哈顿罗科尔区的大陆架,丹麦(法罗群岛)、英国对其提出了相互冲突的主张",而且,"所提交的在雷克雅内斯海脊东南部的地区与争议地区不重叠"。雷克雅内斯海脊东北部不包括在该划界案的范围内,因为"其他争论"对其适用,而且"这些争论可能导致与哈顿罗科尔区的相竞主张重叠"。冰岛将在稍后阶段提交雷克雅内斯海脊东北部和哈顿罗科尔区的部分划界案。

第四节 北极地区 200 海里外大陆架划界的趋势走向和划界对域外国家的影响

一、北极地区 200 海里外大陆架划界的趋势走向

当前北极海域沿岸国外大陆架划界问题的焦点在于大陆架界限委员会对

---

① Summary of Recommendations of the Commission on the Limits of the Continental Shelf in Regard to the Submission Made by Iceland in the Ægir Basin Area and in the Western and Southern Parts of Reykjanes Ridgeon 29 April 2009[EB/OL]. (2016-03-10)[2022-12-28]. https://www.un.org/Depts/los/clcs_new/submissions_files/isl27_09/2016_03_10_sc_isl.pdf.

② 值得注意的是,冰岛于 2009 年 4 月 29 日提出了部分划界,其中包括同一区域。2016 年 3 月 10 日,大陆架界限委员会通过了《大陆架界限委员会关于冰岛在埃吉尔海盆地区和雷克雅内斯海脊西部和南部提出划界的建议》,并已公布各项建议摘要。

各国划界案作出何种建议,建议内容将对该海域外大陆架的最终归属产生决定性影响。美国作为非 1982 年《公约》缔约国,虽未提交正式的划界申请,但在北极地区外大陆架划界争夺战中同样扮演举足轻重的角色。从整体上考察当前各国提交划界案的情况,有四点新动向值得关注。

首先,在各国申请案的国际实践中,越来越多的国家开始依据《议事规则》附件一第 3 款,通过部分申请案的方式分区域、分阶段提出划界主张,灵活解决本国外大陆架划界问题,从而提高申请案得到大陆架界限委员会认可的成功率。俄罗斯通过多个海域的外大陆架划界主张解决在北极区域的 200 海里外大陆架划界问题就是一个典型事例。这也是当前全球外大陆架划界国家实践中表现出的突出特点和主要趋势之一。

其次,梳理各国申请案提交后争端国外交照会的内容可以发现,在北极海域外大陆架划界问题上,目前环北冰洋国家内部已就互不反对对方将争端海域提交大陆架界限委员会审议达成共识。[①] 虽然这背后反映出环北冰洋各国在一定程度上企图通过将北极外大陆架划界问题"区域化"以排斥国际社会干预的倾向,[②] 但在国际法层面各国申请案进入委员会实质审议阶段已经不存在障碍,这为北冰洋外大陆架争端的法律解决创造了必要前提。

再次,美国虽因 1867 年从俄罗斯处购得阿拉斯加而成为北极国家,但其至今仍未批准加入 1982 年《公约》,因此,也就没有向大陆架界限委员会申请北极外大陆架并获得国际社会认可的法律依据。[③] 但面对环北冰洋各国间激烈的北极大陆架争夺战,美国自始便积极参与,在此问题上作了相当充分的准备,并积极关注 200 海里外大陆架划界议题,因为北冰洋大陆架花落任何国家都将严重蚕食美国在北极的整体利益。俄罗斯、丹麦和加拿大三国博弈的同时,作为局外人的美国的参与使北冰洋中央海域的外大陆架划界前景更加不明朗。

最后,当前环北冰洋各国外大陆架主张范围呈明显扩大趋势,北冰洋国际海底区域未来有被瓜分殆尽的危险。截至目前,俄罗斯、丹麦和加拿大三国均基于北冰洋洋底脊状隆起为本国陆地领土自然延伸这一科学主张将大陆架申

---

① 尹洁,李家彪,方银霞. 北冰洋 200 海里外大陆架划界主张之比较分析[J]. 极地研究,2020(4):538-539.

② 匡增军. 俄罗斯的北极战略[M]. 北京:社会科学文献出版社,2017:141.

③ 刘亮. 论大陆架界限委员会建议的性质与效力:简评中国东海部分海域大陆架划界案[J]. 太平洋学报,2014(5):28.

请范围扩大到涵盖北极点在内的广阔区域。各国对 1982 年《公约》中涉及外大陆架划界规则的条款普遍存在进行扩大化解释的倾向。① 而北极国际海底区域关乎全人类在北极的共同利益,域外各国对此应当高度关注。

国际社会应在支持环北冰洋国家依据 1982 年《公约》获得外大陆架权利的同时,密切关注其发展趋势,避免对域外国家和国际社会在北极的利益造成损害。应在准确把握当前北冰洋中央海域外大陆架划界最新动向的基础上,对其特征趋势和未来走向进行合理预判,并借此进一步明确我国参与北极事务的战略定位和谋划我国处理外大陆架划界问题的基本立场。

二、北极地区 200 海里外大陆架划界对域外国家的影响

北冰洋海域 200 海里外大陆架外部界限的划定不单纯是北极国家的"家事",划界结果关乎包括我国在内的所有非北极沿岸国的切身利益。划界趋势走向和最终结果将对包括中国在内的域外国家在北极的一系列国际法权利产生重要影响。中国不会越位介入完全属于北极国家之间的事务,但在北极跨区域和全球性问题上,中国也不会缺位,可以并且愿意发挥建设性作用。通过对当前北冰洋中央海域外大陆架划界趋势走向的分析研判,明确我国参与北极事务战略定位和应对与邻国外大陆架划界争端问题上可采取的因应策略包括以下几点。一是尊重环北冰洋各国依据 1982 年《公约》获得本国在北极的大陆架权利。中国是国际法的积极践行者和坚定维护者,中国尊重北冰洋周边各国在国际法规则下取得的海洋划界成果和主权以及主权权利、管辖权的行使。② 二是鼓励当事国优先通过外交谈判解决 200 海里外大陆架划界问题,支持当事国在达成海洋划界协议之前作出临时安排,实行共同开发。我国同当事国家达成政府间协议,以第三方身份参与北极油气资源勘探开发合作是实现各方共赢的现实路径。三是敦促大陆架界限委员会严格依据 1982 年《公约》授权履职,划界程序和建议应充分考虑域外国家和国际社会的整体利益。四是积极参与国际北极科学合作,推动实现北极科考国际化。当前,环北冰洋各国已就互不反对对方将北冰洋海域外大陆架问题提交大陆架界限委员会达成共识,这的确

① 方银霞,尹洁. 大陆架界限委员会的工作进展及全球外大陆架划界新形势[J]. 国际法研究,2020(6):69.
② 白佳玉,隋佳欣. 论北冰洋海区海洋划界形势与进展[J]. 上海交通大学学报:哲学社会科学版,2018(6):44.

会加快北极外大陆架争端的解决,但该做法也为域外国家与国际社会的利益遭受损害埋下了隐患。域外国家的充分参与能为北极科考注入新鲜血液,这有助于在科学上更加高效、准确地认定北冰洋洋底的地质属性,进而推动北极域内国家间大陆架争端的加速解决。中国应通过北极科学部长级会议等现有北极多边机制积极参与国际北极科学合作,促进北极国家间、北极国家与域外国家间开展实质性技术与信息交流,推动实现北极科考国际化。

第三部分
北极开发利用

第六章
北极航运法律制度

北极航道的适航性受自然条件、法律环境、现实需求等因素的影响。适宜的气候和冰情是利用北极航道的前提条件;航道及相关水域的法律地位是否清晰是影响航道利用的社会因素;北极航道与已有的国际航线相比,在经济成本、风险承担及战略价值上是否具有优势则是直接驱动北极航线开发利用的现实要素。

第一节　北极航道概述

目前北极航道共有三条:东北航道、西北航道和中央航道。东北航道、西北航道和中央航道不是法律概念,没有确切的地理坐标和界限,只是泛泛地指称穿越北冰洋海域的三大海上通道,每个航道都跨越一定宽度的海域,包含数条航线。

从大致走向上看,东北航道西起挪威北角附近的西北欧,经亚欧大陆北方沿海和西伯利亚,穿过白令海峡,向东延至太平洋,全长约 5 620 海里。俄罗斯所称北方海航道西起喀拉海峡,东至白令海峡,是东北航道的重要组成部分。

西北航道始于白令海峡,穿越北美海岸,途经加拿大北极群岛海域,终于戴维斯海峡。西北航道在加拿大北极群岛海域分为两条支线:一条是经麦克卢尔海峡、梅尔维尔子爵海峡、巴罗海峡,到兰开斯特海峡;另一条是经阿蒙森湾、多芬联合海峡、维多利亚海峡,到兰开斯特海峡,全长约 6 400 海里。西北航道经过的加拿大北极群岛位于加拿大大陆向北极点延伸的区域,从西部的班克斯岛到东部的巴芬岛横跨 2 400 千米,从大陆向北延伸到北段的埃尔斯米尔岛约 1 900 千米。加拿大北极群岛约有 36 000 个岛屿,岛屿和海域总面积约 210 万平方千米,这些岛屿之间以及岛屿与大陆之间形成了错综复杂、回旋曲折的海峡与海湾,水情与冰情非常复杂。由于西北航道沿岸环境恶劣、人烟稀少,对各种气象情况的观测设备和相关人员都难以配备,短期内无法实现大规模商业化运营,只有破冰船、渔船、邮轮和科考船航行于西北航道。

中央航道不经过任何国家的内水或领海,只有 188 海里的航段位于沿海国专属经济区,其余穿越北冰洋海盆的广阔海域均是公海,在国家管辖范围之外的国际水域内,各国船舶均享有公海航行自由,不受沿海国国内法管控,主要依赖船旗国执行有关船舶航行安全、环境保护等国际公约。由于中央航道经过北极点,途经路线常年气候恶劣,坚冰覆盖,航行条件较差,将是最后被开发利用的航道,本文对中央航道不进行详细讨论。

全球变暖为北极航运提供了极大的便利。在过去 20 年中,北极地表气温增速是全球平均气温增速的 2 倍,海冰和积雪的减少导致了气候变暖的加剧。目前,北极航线仅在夏季短暂开通,其中东北航道和西北航道夏季通航时间最长分别可达 45 天和 64 天。北极航线的全面商业化运营取决于北冰洋夏季无冰年,美国国家海洋和大气管理局研究指出,2034 年北极可能会在夏季无冰,届时北极航线将不需要破冰船引航,东北航道和西北航道的通航时间将大大延长。①

北极日益加剧的融冰现象使得北极地区航道利用成为可能,北极地区的商业价值也得以凸显。与传统航线相比,北极航线不仅在降低运输成本、安全成本方面有优势,还在增加航运利润方面占据有利地位。② 与传统航线相比,东北航线缩短 2 563 海里,西北航线缩短 1 912 海里,航行时间缩短了 1.6 至 6.6 天,使北极航线较传统航线航次的距离和时间成本分别下降了 27.8% 和

---

① 陈奕彤,刘惠荣,王晨光. 在地缘博弈与全球治理之间的北极 [M]// 北极地区发展报告(2021),北京:社会科学文献出版社,2022:2;李振福,邓昭. 北极航线应用前景及对世界经济和地缘政治的影响[M]// 北极地区发展报告(2019),北京:社会科学文献出版社,2020:202.

② 郭培清. 北极航道的国际问题研究[M]. 北京:海洋出版社,2009:1.

5.3%,燃油成本实现较大缩减,使北极航线的航次成本总体低于传统航线。[①]
相对于南部马六甲-苏伊士航线来说,北极航道中的东北航道、中央航道能够
为我国联络俄罗斯及东亚、北欧、西欧国家提供一条新的便捷通道。随着通航
条件的改善,东北航线相对传统航线的经济成本优势会逐渐凸显。北极航线西
北航道的通航条件虽然目前逊于东北航道,但伴随着北极冰融的加快,商业通
航的可能性在不断增加。从经济安全角度看,北极航线是 21 世纪海上丝绸之
路非常重要的备选航线,是传统海上丝绸航线的良好补充。北极航线沿线国家
政局相对稳定,矛盾冲突较少,更加安全稳定。研究显示,北极航线的航运利润
高于传统航线 56%(需要破冰服务时)和 105%(不需要破冰时)。[②] 学者给出
的数据显示,2024 年北极航线货物运输量将达到 10 500 万吨,2030 年货运量
将达到 3.7 亿吨。[③] 如果北极航线完全开通,我国每年可以节省 533 亿～1 274
亿美元的海运成本。

　　随着北极航道的商业通航日渐进入可操作阶段,中国将在北极航道中拥有
越来越多的利益。把北极航线开发纳入 21 世纪海上丝绸之路建设范围,有利
于我国优化海上通道地理空间格局,提高航运效率,增强安全保障。中国参与
北极航道治理,无论是资源开采、渔业捕捞还是商贸航行,都需要中国的船舶航
行于北极水域之中,因而航行既关乎利益也是重要手段。[④]

第二节　北极航道及相关水域的法律地位

　　北极问题的首要矛盾是北极海域的主权问题,北极海域分为公海和北极沿
岸国管辖海域,而北极航线贯穿其中,一旦进行商业航行便会牵扯到一系列主
权问题,因此,北极海域的主权问题也多以航线主权博弈的形式展开。在考察

① 李振福,邓昭. 北极航线应用前景及对世界经济和地缘政治的影响[M]//北极地区发
　展报告(2019). 北京:社会科学文献出版社,2020:193.
② 陈奕彤,刘惠荣,王晨光. 在地缘博弈与全球治理之间的北极[M]//北极地区发展报告
　(2021). 北京:社会科学文献出版社,2022:9.
③ 李振福,邓昭. 北极航线应用前景及对世界经济和地缘政治的影响[M]//北极地区发
　展报告(2019). 北京:社会科学文献出版社,2020:205-207.
④ 丁煌. 极地国家政策研究报告(2015—2016)[M]. 北京:科学出版社,2016:244.

北极航道航行环境时，北极航道的法律地位是一个重要因素，但关于北极航道的法律性质一直众说纷纭。

一、东北航道

船舶穿越东北航道会经过挪威沿岸、斯瓦尔巴北部海岸，进而经过俄罗斯沿岸边缘海及海峡，争议主要集中在俄罗斯沿海的北方海航段上。挪威在北极航行活动的管理上没有明显超越国际法的规制，除了与北极航行关系密切的《航行安全法》对技术、操作安全、人员安全及环境安全等方面作出了细致的规定（如强制要求船东持有安全证书并制定足够的内部安全管理条例）外，挪威在斯瓦尔巴周围建立了200海里的渔业保护区，对于从事非渔业活动的船舶航行活动，适用公海规定。与挪威相比，无论从地理位置角度、历史发展还是国际法律规定方面，俄罗斯对于北方海航线的主权把控是毋庸置疑的，然而正是因为这种绝对性，在某种程度上也限制了东北航线的商业开发。近年来，俄罗斯先是对北方海航道范围进行明确界定，其后修改《北方海航道破冰船领航和引航员引航规章》，在一片国际争议中将强制引航制度修改为许可证制度，看似放宽限度，但实质上对于北方海航道的管控依然没有松懈，对于外国军舰更是实行通行许可制度。尽管近10年来俄罗斯对东北航线的对外寻求合作开发的诉求愈发强烈，然而东北航线的巨大商业价值也迫使俄罗斯采取过于谨慎的开放态度，希望为本国谋求更多的利益份额。在此自相矛盾的发展战略下，俄罗斯北极沿岸落后的基础设施建设与强制交纳的高额破冰引航费用，成为影响东北航线发展的主要制约因素。

在俄罗斯联邦成立初期，北方海航线主要作为俄罗斯国内的海运航线使用，仅限于能源资源运输和极地科学考察。1990年，苏联制定了《北方海航道海路航行规则》（Regulations for Navigation on the Seaways of the Northern Sea Route，以下简称《航行规则》）以及关于破冰船领航、船舶设计装备的一系列技术规则，奠定了北方海航道管理的法律基础。虽然《航行规则》界定了北方海航道海域范围并将其界定为国家交通干线，[①]但其对航道海域范围的界定并不

---

① 1990年《航行规则》1.2条款规定，北方海航道是位于苏联北方沿岸内水、领海（领水）或专属经济区内的苏联国家交通干线，包括适宜冰区领航的航道。西起新地岛诸海峡的西部入口和北部热拉尼亚角向北的经线，东至白令海峡北纬66°与西经168°58′37″交会处。

清晰,北部界限、西部范围不确定,甚至可能超过 1982 年《公约》规定的沿海国 200 海里的管辖海域范围。另外,《航行规则》要求通行船舶应当向苏联北方海航道管理局提交事前航行通知和引航服务申请,并为破冰船服务费提供担保,在四个内水海峡航行必须接受强制性破冰领航服务并交纳高昂费用,对于其他海域,管理局也要根据情况指定某种引航方式。

1999 年 4 月 30 日俄罗斯颁布的《俄罗斯商业航运法》对北方海航线的商业航行开始适度放开,而且 2001 年俄罗斯颁布的《至 2020 年期间俄罗斯联邦海洋政策》允许外国承运人进入该航线并享受破冰服务,其后 2008 年的《北极政策基础》以及 2009 年的《北极保障战略》也均表达了俄罗斯方面要大力发展北方海航线航运的决心。

俄罗斯于 2013 年修订了 1990 年《航行规则》及其配套规则,旨在强化对北方海航道的航行管控。俄罗斯要求计划进入北方海航道水域的船舶须提前至少 15 日向北方海航道管理局提交申请,管理局经审核后决定是否许可。获得航行许可的船舶在航行前后及整个航行途中均要履行报告义务。除军舰和其他公务船舶外,进入上述海域航行或开展其他海事活动的船舶均要受到俄罗斯法规的管辖。同时,《俄罗斯商业航运法》增加了 5.1 条款,明确界定了北方海航道的范围和水域性质,进一步强调了俄罗斯在海域管辖上主张的有争议的"扇形理论"。总体上看,俄罗斯北方海航道管理局的新规定减少了旧规则的被诟病之处,规则和程序更加清晰和符合国际预期,有利于推动北方海航道乃至东北航道更大程度的开发利用。

受到刻赤海峡冲突事件的影响,俄罗斯不断加强对北方海航道的安全防卫和控制。继普京表示限制外国制造的船舶在北方海航道运输在北极地区开采的石油、天然气等资源之后,俄罗斯国防部宣布自 2019 年起,外国军用船舶在使用北方海航道航行前,必须提前 45 天向俄政府有关部门通报,未在俄罗斯建造的民用船舶则需获得俄政府的许可才能使用该航道,并指出俄方保留拒绝外国船只进入北方海航道的权利,若船舶未经允许通过俄北方海航道,俄方可采取强制措施加以制止。

二、西北航道

西北航道争议由来已久,主要集中在加拿大北极群岛西北航道水域究竟是加拿大主张的历史性内水还是美国主张的国际通行的海峡。加拿大主张其为加拿大的历史性内水,但美国及欧盟认为,西北航道构成国际海峡,应适用过境通行制度。与"无害通过"相区别,"过境通行"制度不仅包括商船,而且包括军舰和飞机,潜水艇可以不浮出水面而在水下潜行。过境通行仅涉及航行,不影响构成这种海峡的水域的法律地位,也不影响海峡沿岸国对这种水域及其上空、海床和底土行使其主权或管辖权。

加拿大政府意识到直接提出对西北航道的主权是不现实的,因而自20世纪70年代以来,其通过制定多项国内法规的形式,从污染防治、航行原则和标准、船舶构造、海图信息等各方面来加强对这一地区的控制和管理,[1]而"曼哈顿"号和"极地海"号两次重要事件亦成为加拿大出台相关立法的界碑。

(一)西北航道法律地位之争

1985年,美国准备让美国海岸警卫队的一艘配备武器的重型破冰船"极地海"号穿越西北航道,加拿大要求美国提出通航申请,但美国对此置之不理,擅自强行通过西北航道。对此,加拿大发表声明称西北航道水域属于加拿大内水,不适用"无害通过"。虽然加拿大最初以"扇形理论"作为主张西北航道为加拿大内水的依据,但从未以官方声明方式对"扇形理论"予以正式确认,且"扇形理论"在国际上也并未获得支持,没有发展成为一个有价值的习惯法原则。随着加拿大政府主张历史性权利声音渐起,"扇形原则"逐步淡出。[2]

1986年,加拿大宣布采取直线基线法将西北航道划为其内部水域,其主权性质依据来源于历史所有权,即从19世纪晚期在该地区就适用加拿大法律进行管辖。[3]加拿大以此为依据,通过国内立法加强对西北航道的管理控制,意图通过持续的控制,让其他国家接受其"历史性水域"的主张以及"实际控制与管理的事实"。[4]

加拿大对北极群岛水域采用直线基线法能够满足其将北极群岛水域纳作

---

① 相关法规主要有《北极水域污染防治法》《北极水域污染防治规章》《北极航运污染防治规章》《航行安全控制区法令》《加拿大北方船舶交通服务区规章》《北极冰情航运制度》《海图和航海出版物规章(1995)》《海上运输安全法》《海上运输安全规章》《通航水域保护法》等。

② 郭培清,张侠,梅宏,等. 北极航道的国际问题研究[M]. 北京:海洋出版社,2009:116.

③ 陈奕彤,朱孟伟. 大变局背景下的丹麦北极政策转型[M]//北极地区发展报告(2020). 北京:社会科学文献出版社,2021:254.

④ 王泽林. 北极航道法律地位研究[M]. 上海:上海交通大学出版社,2014:150.

本国内水的主张。但是,根据 1958 年《公约》第 4 条和 1982 年《公约》第 8 条第 2 款,沿岸国在划定直线基线时"不得与海岸一般方向相去过远",而且,"如果按照直线基线的方法确定直线基线的效果使原来并未认为是内水的区域被包围在内成为内水,则在此种水域内应有本公约所规定的无害通过权"。在这种情况下,即使加拿大对北极群岛采取直线基线的方法划界,仍然不能完全实现将北极群岛水域纳入"内水"范围而实现绝对的主权控制。基于上述考虑,加拿大并未批准 1958 年《公约》,在 1986 年加拿大宣布采取直线基线时 1982 年《公约》尚未生效,而当时已经有 60 个国家划定本国直线基线。因此,加拿大认为其在北极群岛水域划定直线基线的依据不是这两个公约,而是国际习惯法。[①]

但是,根据《习惯国际法的识别》,要确定一项习惯国际法规则的存在及内容,必须查明是否存在一项被接受为法律(法律确信)的一般惯例。而惯例可有多种形式,既包括实际行为,也包括言语行为。在某些情况下,还可包括不作为。如果一国在一项习惯国际法规则的形成过程中对其表示反对,只要该国坚持其反对立场,则该规则不可施用于该国。反对立场必须明确表示,向其他国家公开,并始终坚持。

美国对西北航道的立场是一贯的,即认为西北航道属于国际海峡,应当适用 1982 年《公约》的过境通行制度。在每次加拿大对西北航道的主权宣示或者立法控制西北航道之时,美国都表示了抗议以及对航行自由权的严重关切。在 1969 年"曼哈顿"号事件后,加拿大通过《北极水域污染防治法》加强对北极水域的管理和控制,同时将管辖范围从加拿大领土外缘向外延伸 100 海里至公海之中。美国表示,"如果不经美国反对,加拿大的行为将为世界上其他地方违反海洋自由原则开创一个先例……商船航行将会严重受限,海军活动将会遭受严重损害"。1986 年,加拿大宣布采取直线基线法将西北航道划为其内部水域。对此,美国政府以国际法上没有依据支持加拿大的主张明确表明反对。美国认为:"帕里水道很宽,足以将加拿大北极群岛分成南北两部分,而且北美大陆北冰洋沿岸的大致走向呈东西方向。"因此坚持西北航道是适用于过境通行的国际海峡。即使在"极地海"号事件后的 1988 年美国和加拿大为缓和矛盾而达成的《加拿大—美国北极合作协定》中,美国虽同意美国政府所有或其所

---

① 丁煌. 极地国家政策研究报告(2015—2016)[M]. 北京:科学出版社,2016:214.

用的破冰船在通过西北航道时,有向加拿大寻求通行许可的法律义务,但协议明确声明相关国家实践不影响美加两国的相关立场。2009 年 1 月 9 日,美国在其颁布的《国家安全总统指令与国土安全总统指令》中再次表明了立场:"海洋自由是美国最优先的事情。西北航道是用于国际航行的海峡,北方海航线包括了用于国际航行的海峡;过境通行制度适用于经过这些海峡的航道。维护在北极地区涉及航行和飞越的权利和义务,这将使我们有能力在全球行使这些权利。"

除美国外,欧洲国家或组织(主要是欧盟)也认为西北航道不能妨碍航行自由、适用过境通行和无害通过。欧盟理事会重审依据包括 1982 年《公约》在内的国际法的有关规定——船旗国、港口国和沿岸国享有涉及航行自由、无害通过权和过境通行权的权利和义务。

因此,因加拿大主张遭到美国及欧盟的反对,其并不能完全满足《习惯国际法的识别》规定的要件。但有学者认为,这并不妨碍加拿大将历史性权利作为其对北极群岛水域主张主权的法理依据,并且随着时间的推移,倘若加拿大能逐渐加强对西北航道的实际管理和控制,历史性权利主张或更有说服力。[①]

(二)加拿大的船舶航行服务制度

1968 年 8 月,美国商船"曼哈顿"号油轮以水代油,满载通行西北航道,在从阿拉斯加返回纽约时象征性地带回一桶原油。该次西北航道通行并未征得加拿大同意,加拿大政府出于维护其在北极的传统主张和利益的考虑,于 1970 年通过《北极水域污染防治法》,单方面将环境管辖权扩展至领海基线起 100 海里的范围,规定了船舶排污以及设计、建造标准等,以保证北极水域的航行不会破坏脆弱的生态系统,从而以低政治敏感度的环境保护来实现对西北航道的现实控制。这里的"北极水域"被界定为加拿大陆地向海 100 海里的水域,并在 2009 年修订至 200 海里专属经济区外部界限,明确了水域性质包含加拿大内水、领海和专属经济区。该法经历了几次修订,至今仍是加拿大防控北极水域污染方面最重要的法律。

此外,加拿大分别于 2001 年和 2010 年出台了适用于在加拿大内水和专属经济区的一切船只的《加拿大航行法》和《加拿大北方船舶交通服务区规定》,

---

① 丁煌. 极地国家政策研究报告(2015—2016)[M]. 北京:科学出版社,2016:213.

由此建立了船舶交通服务区制度,要求进出或途径服务区的船舶必须实现申请通关,由加拿大海上通信和交通服务官员以"推动安全有效的航行或环境保护"为判断标准决定是否准许。而且船舶实行强制性的报告制度,包括航行计划报告、船舶位置报告、最终报告、偏航报告等,从而确立了对进入西北航道北极群岛水域船舶的全程监控和管理。

同时,加拿大通过在海洋法会议上的外交努力,成功将利于加拿大的"北极例外条款"纳入1982年《公约》,即第234条冰封区域条款,又被称为"北极条款"或"加拿大条款"。该条规定:"沿海国有权制定和执行非歧视性的法律和规章,以防止、减少和控制船只在专属经济区范围内冰封区域对海洋的污染,这种区域内特别严寒的气候和一年中大部分时候冰封的情形对航行造成障碍或危险,而且海洋环境污染可能对生态平衡造成重大的损害或无可挽救的扰乱。这种法律和规章应适当顾及航行和以现有最可靠的科学证据为基础对海洋环境的保护和保全。"该条规定为冰封区域沿海国的特殊环境管辖权提供了法律依据。

加拿大上述立法规定实际上融合了船舶报告系统和交通服务系统两类航行安全系统,而国际海事组织对两类航行安全规则的制定出台了一般原则和指南,其他国家对于加拿大单边建立的北极海域交通管理系统提出质疑。[①]2010年,美国驻加拿大使馆代表美国政府向加拿大递交了一份照会,基于1982年《公约》第234条和第236条,对《加拿大北方船舶交通服务区规定》提出质疑:过于严格的许可和报告制度对外国船舶专属经济区内的航行自由和领海内的无害通过构成彻底的侵犯,并违反"应当顾及航行"的义务;对加拿大军舰和他国军舰不同对待违反了"无歧视性"的规定;加拿大法律和规章并未基于"最可靠的科学证据"。[②]

从目前来看,西北航道的法律性质争议依然悬而未决,而西北航线目前由于航行条件导致航运安全尚不能得到保障,因此,短时间内无法实现商业通航。但是,一旦满足通航条件后,因其极大地缩减了美国东部至东亚的航运距离,将

---

① 刘惠荣,马炎秋."一带一路"视阈下的北极航线开发利用[M]//北极地区发展报告(2015),北京:社会科学文献出版社,2016:90-93.

② Yoshifumi Tanaka. *The International Law of the Sea*[M]. 3rd Edition. Cambridge: Cambridge University Press, 2019:383-384.

使美国成为最大受益方,届时难免会出现美国重新采取强硬措施对加拿大施压以谋求在西北航线上的更多经济利益的情况,而未来有关北极航线主权争议的问题也将主要围绕西北航线展开。①

第三节 北极航运法律规制

一、1982年《公约》第234条冰封区域条款

为保护北极地区的海洋环境,1982年《公约》第234条赋予冰封区域的沿海国超出一般专属经济区的管辖权,即沿海国不受一般国际规则与标准的限制,② 单方面制定和执行比国际法更为严格的在其专属经济区内冰封区域适用的国内法。与此同时,该条也对沿海国行使该权利作出诸多限制,要求沿海国制定的法律和规章应适当顾及航行和以现有最可靠的科学证据为基础对海洋环境的保护和保全,从而维护其他国家在该地区的航行权利。

但是,由于1982年《公约》第234条的谈判与达成是平衡多方利益的结果,内容较为笼统,留下诸多不清晰之处,被认为是1982年《公约》中最为模糊的条款。③ 歧义主要集中在该条款的适用范围、沿岸国据此享有的权利与所受限制等方面。

对于该条款适用的地理范围"专属经济区范围内"存在两种解释:一种解释为"200海里之内的所有水域",包括领海、专属经济区和用于国际航行的海峡;④ 另一种解释为仅限于专属经济区本身,并不包括领海和用于国际航行的

① 李振福,李诗悦.北极地区的治理进程、态势评估及应对之策[M]//北极地区发展报告(2020).北京:社会科学文献出版社,2021:32-33.

② Yoshifumi Tanaka. *The International Law of the Sea*[M]. 3rd Edition. Cambridge:Cambridge University Press,2019:383.

③ Alexander Proelss ed. *United Nations Convention on the Law of the Sea: A Commentary*[M]. Oxford:Hart Publishing,2017:1573-1574.

④ Yoshifumi Tanaka. *The International Law of the Sea*[M]. 3rd Edition. Cambridge:Cambridge University Press,2019:383-384.

海峡,① 因此,沿海国的权利不应超过沿海国对其领海享有的权利,也不得适用于国际海峡。②

　　为防止沿海国被赋予的此项特殊权利影响其他国家的航行自由,该条款除要求沿海国制定与执行的规章仅限于专属经济区内的冰封区域且应当是非歧视性的外,还对沿海国的这项权利作出了两项限制,即沿海国的国内法应适当顾及航行,并要以现有最可靠的科学证据为基础。有学者基于“适当顾及航行”的规定认为,气候变暖和北极冰川融化情况下仍然适用该条款会使其他国家的航行权利受到限制。③ “以最可靠的科学证据为基础”实际上为沿海国设定了实施管辖权时应说明其科学性和合理性的义务,将沿海国的单边行动置于国际社会的监督之下。当科学证据表明适用条件不复存在时,沿海国所获之额外权利自然不应继续保留,④ 或者至少应对其法律和规章作出修正。⑤

　　由于 1982 年《公约》对于“冰封区域”并未作出明确定义,对其的界定因“气候特别严寒”和“一年中大部分时间被海冰覆盖”缺乏明确的标准而存在不确定性,“特别严寒气候”和“一年中大部分时候冰封”的情况减少甚至消失的情况下,该条款能否适用就成为一个问题。有学者认为,该条款的目的在于保护脆弱的海洋环境,即使冰川融化,也不影响该条的适用。但也有学者认为,当因冰封区域消失冰封区域条款失去适用必要时,沿海国在领海和专属经济区的权利应受 1982 年《公约》中有关规定的限制,在制定法律和规章时不侵害他国享有的航行权利,相关内容也应符合一般接受的国际标准。而《极地规则》可视为广泛接受的通用北极航行管理规范,除特殊情况外,沿海国制定的有关航行安全和环保的国内法中船舶设计、建造、人员或装备等内容超过《极地规

① Alan, E. Boyle. Marine Pollution under the Law of the Sea Convention[J]. *American Journal of International Law*, 1985, 79: 361-362; Yoshifumi Tanaka. *The International Law of the Sea* [M]. 3rd Edition. Cambridge: Cambridge University Press, 2019: 383-384.

② 刘惠荣, 李浩梅. 北极航行管制的法理探讨[J]. 国际问题研究, 2016(6): 96-97.

③ Kristin Bartenstein. The Arctic Exceptin in the Law of the Sea Convention: A Contribution to Safer Navigation in the Northern Passage?[J]. *Ocean Development & International Law*, 2011, 42(1-2): 30.

④ 冯寿波.《联合国海洋法公约》中的“北极例外”: 第 234 条释评[J]. 西部法律评论, 2019(2): 108.

⑤ Yoshifumi Tanaka. *The International Law of the Sea*[M]. 3rd Edition. Cambridge: Cambridge University Press, 2019: 383-384.

则》规定的标准的,将面临失去国际法支撑的问题。^①

二、《极地规则》

(一)《极地规则》概述

极地恶劣的气候和脆弱的环境,对该地区近乎空白的船舶航行管理提出了更高的要求,加之北极域内国家国内法对航行的规定较为零散和严苛,因此,国际社会对出台统一的极地航行准则的呼吁越发高涨。通过国际社会的共同努力,《极地规则》于 2014 年 11 月在国际海事组织海事安全委员会第 94 届会议上通过,并于 2017 年 1 月 1 日正式生效。^② 从生效方式看,为利于更有效地实现《极地规则》的强制效力并加速其生效步伐,《极地规则》未像通常国际海事公约生效程序通过满足批准条约的国家数及其代表的世界航运业吨位数的要件才能生效,而是通过修订案将《极地规则》的相应内容纳入《国际海上人命安全公约》《防止船舶造成污染国际公约》和《海员培训、发证和值班标准国际公约》,即适用默示接受程序,以上述几个公约修正案的形式生效。上述公约修正案得到的批准书数量远远高于实际生效标准所需的批准书数量,表明这些公约修正案及《极地规则》对应的部分将在生效后得到充分的认可与接受。但《极地规则》的批准与生效并不能直接使其成为"一般接受的国际规则和标准",还需要在遵守国内程序的前提下对缔约国具有强制力。由于《极地规则》的技术性较强,各国能否实际遵守将是一项艰巨的任务。因此,通过一定时间的缔约国国内履约阶段才能真正衡量《极地规则》能否成为"一般接受的国际规则和标准"。

《极地规则》与国际海事组织制定的其他海事公约一样,都是维护国际航行安全与环境保护的关键工具,技术性是这些公约的基本属性。而参与制定《极地规则》的除了被定义为"技术机构"的国际海事组织的海上安全委员会

---

① 白佳玉,李俊瑶.《极地规则》的生效与北极航道沿岸国法律规制发展[M]//北极地区发展报告(2015),北京:社会科学文献出版社,2016:128.

② 《极地规则》第一部分中的航行安全要求对自 2017 年 1 月 1 日以后建造的新船舶立即生效,而对于在此日期前建造的船舶则须在 2018 年 1 月 1 日以后的第一次换证检验时符合《极地规则》的要求。《极地规则》第一部分中人员配备和培训要求自 2018 年 7 月 1 日起对新船舶和现有船舶同时生效;《极地规则》第二部分环境保护的新要求于 2017 年 1 月 1 日起对新船舶和既有船舶同时生效。

和海洋环境保护委员会,还有作为国际海事组织认可的技术咨询机构的国际船级社协会。因而,制定主体和规则内容均体现出很强的技术性。在制定《极地规则》的过程中,国际海事组织对极地水域航行的危险源进行评估,采用基于安全水平法的 GBS、操作限制等多种方法,并奉行软硬相结合的立法理念,从而避免《极地规则》出现严重的滞后性。①

《极地规则》因其适用地区的独特性,能否得到北极国家之外多数非北极国家的承认与实践,是其成为“一般接受的国际规则和标准”的关键。“一般接受的国际规则和标准”主要规定了国家的立法管辖权,对于船旗国而言,形成了强制性的最低标准;对于沿海国而言,则为最大限度的容忍。② 国际海事组织作为航行安全和防止船舶造成海洋污染方面的主管国际组织是被广泛接受的。③ 但是,《极地规则》的部分条款采纳了非政府组织的国际船级社协会的技术标准,被称为“本组织接受的标准”,但《极地规则》条款中对国际船级社协会规范的参考引用已经得到各国的实际认可。如前所述,《极地规则》包含强制性措施和建议性规定两部分,前者无疑成为“一般接受的国际规则和标准”,但应排除其中参考引用国际船级社协会的部分规定。虽然建议性规定的制定主体也是国际海事组织,但并没有约束各国的效力,不应被视为“一般接受的国际规则和标准”。

《极地规则》适用于包括南极区域和北极水域的大部分极地水域。④《极地规则》分为环保规则和安全规则两部分,每个部分又包含强制性措施和建议性规定两部分。环保规则适用于所有在极地水域航行的船舶,而安全规则适用于在极地水域作业的客船和 500 总吨及以上的货船,但不适用于渔船、游艇和小型探险船以及公务船。⑤ 虽然《极地规则》不适用于缔约国政府拥有或营运的,

---

① 袁雪. 北极治理法律问题研究[M]. 哈尔滨:哈尔滨工业大学出版社,2021:15-16.

② 傅崐成. 海洋法专题研究 [M]. 厦门:厦门大学出版社,2004:65.

③ E. J. Molenaar. Coastal State Jurisdiction over Vessel-source Pollution[J]. *Kluwer Law International*,1998,8(1):7-11.

④ 南极区域是指南纬 60° 以南的海域,北极水域为规定的一系列连线以北区域,其中北极大部分水域均在此连线区域内,包括格陵兰岛、加拿大、俄罗斯等北极沿岸水域。

⑤ 虽然相比邮轮或油轮,这几类船舶的事故对北极环境的损害可能不那么严重,但因渔船是北极水域中数量最多的航运主体,其安全性还涉及人员伤亡的问题,有学者认为应将其纳入《极地规则》安全条款的考虑范畴中。

以及仅用于非商业服务的政府船舶,但鼓励该类船舶在合理和可行的范围内符合规则要求。因此,除满足特殊条件的政府船舶享有适用豁免外,其余在极地水域航行的船舶均应遵守《极地规则》的安全以及环保标准。

《极地规则》是国际海事组织为极地水域专门制定的多边国际规则,与1982年《公约》中的冰封区域条款所指向的冰区覆盖的专属经济区存在重叠,多边国际规则与冰封区域沿海国单边管辖权之间可能存在潜在的冲突。

作为规范人类海洋行为的全球性法律文件,1982年《公约》是适用于北冰洋的最基本条约法,其他国际组织包括国际海事组织制定的海事法规不应与其相冲突。然而,由于对1982年《公约》第234条冰封区域条款文本和理解存在歧义,在该法条的执行层面缺少能被国际社会普遍接受和认可的执行标准或规范。① 专门适用于南北极水域的《极地规则》可一定程度上对该条款予以补充完善,有利于更为科学地理解该条款,形成较为统一的北极水域海上安全和防污规范。这是因为,《极地规则》适用于包括公海领域在内的南北极水域,而不考虑海域所处位置以及是否具有冰封的特点,因而可更好地解决由于海冰融化产生适用争议的问题。而且,《极地规则》较为科学和严格的航行安全和防污标准能在一定程度上降低北极航道沿海国推行单边行动的必要性,沿海国需要证明其单边行动的公正性且争取到更广泛的支持才能推行其单边行动。②

前已述及,加拿大和俄罗斯依据1982年《公约》第234条分别制定有关北极水域的国内法,在保护海洋环境的同时,也意在加强对该区域的管控。这些国内法均含有管制船舶航行活动的内容,包括船舶的航行区域、船舶报告以及船舶建造、配备、操作、人员等。这些规定内容较为严格,高于国际所接受的一般标准,与1982年《公约》第234条有所出入,因而受到以美国和欧盟国家为代表的其他国家的质疑。而且,在北极冰线整体后退的情况下,1982年《公约》第234条能否继续作为俄罗斯制定国内法的国际法依据受到质疑。

(二)《极地规则》对北极航运船舶适航性要求

各国海商法都规定,从事海上运输的承运人应当谨慎处理,确保船舶适

---

① 刘惠荣,董跃. 海洋法视角下的北极法律问题研究[M]. 北京:中国政法大学出版社,2012:156.

② 白佳玉,李俊瑶.《极地规则》的生效与北极航道沿岸国法律规制发展[M]//北极地区发展报告(2015). 北京:社会科学文献出版社,2016:127.

航。而《极地规则》适用于所有极地水域航行的客船和 500 总吨及以上的极地船，因此，所有停靠美国、加拿大和俄罗斯北极地区港口的船舶，以及通行北极的船舶都将受《极地规则》约束。该规则对于船舶的质量与配备以及对船员的培训都提出了极高的要求。

船舶适航方面，在极地航行的船舶应具有完整的结构，足以应对以下风险：一是船体与海冰碰撞引起的可预期的载荷，如船舶破冰载荷；二是船体可能遇到的意外的冰载荷，如大块坚硬浮冰的冲击冰块在压载舱内坠落；三是船体材料的低温脆裂。根据《极地规则》的规定，意图在南北极水域从事船舶营运者都应持有极地船舶证书（Polar Ship Certificate，PSC）和《极地水域操作手册》（Polar Water Operation Manual，PWOM）。只有持有《极地规则》要求的极地船舶证书的船舶才能进入极地水域操作。目前，北冰洋航道全年多数时间只适合有加厚船壳的抗冰货轮航行，而全球范围内此类货轮为数不多。当北极航道海面在某些时间段出现封冻而致普通船舶无法通航时，为保证安全，商船需要破冰船的引导，并且保持低速航行。

船舶装备方面，由于北极地区的海上交通设施数量少、绘制海图所需的资金数目大、天气海况的复杂多变，目前，北极地区的水道测量远没达到其他海域的覆盖范围和精度，有很大一部分水域没有合理探测。因此，北极地区绝大多数地区的海图现状无法满足目前和将来海上航行的需求。2009 年英国货轮"埃德蒙顿"号和 2010 年一艘加拿大油轮在北极航道搁浅，其事故原因几乎都可以归结为地图上没有标识"搁浅风险"区域。就导航定位设施而言，北极地区存在地磁暴现象，严重影响北冰洋冰区航行。目前，我国还没有编制出版北极地区的海图，这必会影响我国北极利益拓展的进程和成效。

在极区航行的船舶，除满足前述船舶适航和船舶装备的要求外，船员的配备也是一个不可或缺的要件。这是因为，极区水域地理位置偏远，水文、海洋、气象、冰河现象独特，在搜救援助和疏散人员以及处理环境污染问题时会遇到严重的操作和后勤保障困难。《极地规则》对北极航行船舶的船长和高级船员提出了极高的要求，他们需要具备在极地海冰覆盖水域航行所需的基础知识和熟练技能。《极地规则》要求船舶在冰区航行时配备冰区驾驶员，冰区驾驶员应具有能表明其合格地完成了冰区航行的培训课程的书面证明。《海员培训、发证和值班标准国际公约》对于冰区航行和航线设计提出强制培训要求。同时批准使用认可的训练模拟器来帮助冰区驾驶员达到训练的要求和标准。《海员培训、发证和值班标准国际公约》还要求相关船员进行规章制度的培训,特别是要学习环北极地区国家的一些特殊规定。对于冰区驾驶员,要求具有在航行船舶或破冰船舶甲板 30 天的值班经历以及另外 20 天的航行经历。①

三、北极航运的绿色治理制度

虽然《极地规则》为北极航运治理提供的可执行的强制规范和建议性措施有助于降低北极海域的环境和安全风险,但其在环保方面的软弱性依然受到了相关批判,具体表现在尚未正式禁止使用重燃油、未严格控制黑碳和灰水排放、未将外来物种入侵和船舶压载水纳入考虑范围等方面。② 北极理事会在支持《极地规则》后续实施的同时,也通过自身在协调北极国家能动性上的有利优势,有计划地弥补《极地规则》的不足。

(一)北极重油禁令

重燃油为残留燃油料,是一种具备高毒性和黏性的燃料,主要用于散货船、货船或邮轮这些大型船舶。重燃油一旦发生意外泄漏,将对海洋环境造成严重污染,危及海洋生物。由 21 个非政府组织组成的"清洁北极联盟"呼吁在 2021 年之前在北极地区禁止使用重油,而在国际海事组织框架内,芬兰、德国、冰岛、荷兰、新西兰、挪威、瑞典和美国共同发起提议,禁止在北极水域使用重燃油。在国际海事组织海洋环境保护委员会第 72 次会议上,一项禁止在北极海域使用和运输重燃油作为燃料的提议得到了广泛支持。2021 年 6 月,该委员会第 76 次会议通过了对《国际防止船舶造成污染公约》附则 1 的修正案,要求自 2024 年 7 月 1 日起禁止在北极水域航行的船舶使用和携带重油作为燃料,允许从事保障船舶安全、搜救行动的船舶和专门从事海上溢油应急反应的船舶获得豁免。对于已经在油箱保护方面符合双层船体建造标准的船舶,自 2029 年 7 月 1 日起遵守该规则,北极沿岸缔约国可以在此日期前对悬挂其国旗的

---

① 而俄罗斯于 2013 年修订的《北方海航道水域航行规则》对船长在北极冰区航行经历的要求由原来的 15 天增加到了 3 个月。

② 早在 2011 年,南极海域就已经禁止使用重燃油,但因 2015 年时穿越北极海域的船舶使用了超过 83 万吨重燃油,占到了北极船舶燃料总量的 57%,国际海事组织在制定《极地规则》时认为禁止在北极使用重燃油难以在实践中得以实施,在《极地规则》最终文本中并未禁止重燃油在北极海域的使用。

船舶在其主权或管辖权水域作业时暂时免除上述要求。这种分阶段、分船舶、分国家的实施步骤和计划也使禁令的后续遵守与实施更加具有可操作性和现实性。

（二）控制北极黑碳排放决议

黑碳是气溶胶的一种形式,被认为是继二氧化碳之后对气候变化影响最大的排放物,黑碳的大量沉积会导致北极变暖乃至全球变暖迅速加剧。北极冰融化导致的航运量上升会加大船只的黑碳排放量。虽然黑碳减排一直未被纳入国际海事组织相关立法的适用范围,但国际海事组织、北极理事会、联合国欧洲经济委员会、气候和清洁空气联盟等很多机构均努力将北极黑碳问题列入议程,形成了当前黑碳国际治理多元主体并存的碎片化治理格局。

2015年5月,国际海事组织海洋环境保护委员会第68次会议确定了黑碳定义。2016年2月,国际海事组织污染预防及响应分委会第3次会议制定了《黑碳测量报告议定书草案》,2018年2月5日至9日,污染预防及响应分委会第5次会议专门讨论了国际海运黑碳排放对北极的影响,重点讨论船舶黑碳排放的测量方法和可能的减排措施,并形成了《黑碳数据收集自愿测量研究报告协议》。在加拿大等国的提议下,2021年12月,国际海事组织海洋环境保护委员会第77次会议通过了控制北极黑碳排放的决议,敦促成员国和船舶运营商在北极地区或附近作业时,自愿使用对船舶安全的馏分燃料或其他更清洁的替代燃料或推进方法,以减少船舶运营时的黑碳排放。尽管这一措施是建议性质的,但标志着国际海事组织迈出了控制北极黑碳排放的第一步。

北极理事会也越来越重视气候变化问题,成立了专门的工作组和专家组进行这方面的工作。2009年北极理事会发布的《北极海运评估报告》中就已经列出了黑碳减排对于北极气候可能产生的益处。工作组在2011年发布的《黑碳对北极气候的影响报告》认为,北极理事会国家占该地区目前海运活动的90%,因此,应通过采取早期的自愿减排措施和参与国际海事组织等国际监管机制来影响未来北极海运黑碳排放的发展。2015年4月,北极理事会在加拿大伊魁特召开的部长级会议通过了《黑碳和甲烷减排加强行动框架》,要求北极理事会成员国承诺根据理事会框架下的共同愿景采取国家层面的减排行动,在定期评估框架下加强集体行动,同时应重视对黑碳和甲烷的科学研究和检测工作。该框架鼓励北极理事会观察员和其他利益相关者也参与框架执行,积极采取减排行动,同时加强北极理事会成员国与这些主体的进一步合作。但因北极理事会的性质使然,该框架文件不具有强制约束力,仅仅以集体政治愿景的形式发出一个强有力的政治信号。

因黑碳并非气体,并未被纳入应对气候变化的国际法律框架《联合国气候变化框架公约》中。① 而北极海运黑碳排放的监管主体多元化和缺乏统一的国际监管法律文件等因素决定了北极海运黑碳排放的国际治理呈现出碎片化和不成体系化的特点。如何协调这些机构在规制黑碳问题上所起的作用是探讨黑碳排放国际治理需要考虑的问题。通过立法和实践举措在区域层面寻求行业性的解决方案,应该比《联合国气候变化框架公约》这样广泛的、多边的、跨部门的选择更为适合。可以由上述机构共同制定具有较强的客体单一性和适用范围的区域性特征的《北极海运黑碳减排协定》来规制与海上运输黑碳排放有关的事项。再者,从黑碳的来源、成因、减排措施等方面看,其与其他大气污染物和温室气体具有类似的特征,都是以船舶为排放载体,有必要根据《国际防止船舶造成污染公约》在北极地区港口区域实施排放控制区制度,将北极区域港口纳入国际海事组织的排放控制区管辖范围,要求在北极区域航行的船舶符合相应规定。国际海事组织应当充分利用已有的相对成熟的技术和营运机制,建立符合海运发展要求的基于市场的措施,并将成熟的海运减排措施推广适用于北极海运。

第四节 我国船舶北极商航民事法律制度分析

从欧盟 27 国对中国进出口主要商品构成来看,中欧间贸易货物多为适箱货,运营船舶也以集装箱船为主。另外,北极拥有非常丰富的自然资源,液化天然气有潜力成为大规模海运的货物。随着北极地区的开发和利用,越来越多的

---

① 2012年修订的《哥德堡议定书》和2015年北极理事会《黑碳和甲烷减排加强行动框架》将黑碳纳入规制范围,但均为框架性的,前者并未赋予成员国强制性义务,而后者仅仅表明北极理事会成员国黑碳减排的政治意愿。虽然国际海事组织开展国际海运黑碳治理工作有近 15 年,但至今尚未形成任何关于黑碳减排的法律文件,而作为调整船舶污染的《国际防止船舶造成污染公约》和第一个为北极海运设置约束性规则的国际法律《极地规则》均未将黑碳减排纳入规制范围。

游客前往北极旅游,北极将成为中国公民旅游的热衷地。在北极地区,中国游客约占到每年游客总量的 25% 到 50%。而且,依据《斯约》,中国公民无须申请签证就可以自由进出斯匹次卑尔根群岛。近年来,由于煤矿产业的不景气和政府的政策支持,旅游业成为挪威在斯岛的另一个主要产业,并已发展成挪威斯匹次卑尔根群岛的第一大产业。①

我国目前只有"雪龙"号科考破冰船可以进出北极冰区,该船只于 1993 年从乌克兰进口改造而成,是我国进行极地考察的唯一一艘功能齐全的破冰船。而分别于 2013 年和 2015 年穿越东北航道的中国商船"永盛轮"并非专为极地航行建造,而是在航行前采取了加固措施。因此,我国商船开发利用北极航道需要根据《极地规则》的要求,在船舶设计、建造和装备上予以加强,从而达到海商法针对海上运输所要求的"能够抵御合同约定的航次中通常出现的或者能合理预见的风险"的适航水平,否则承运人将对因船舶不适航而造成的货损或人身伤亡承担法律责任,这对于船舶公司而言是极为不利的。而且,我国不仅极度缺乏具有极地航行技能和经验的船员,同时,针对航海人员进行的专门的极地航行专业培训也未成体系。虽然为满足 STCW 马尼拉修正案的新要求,并与国内法规相协调,我国交通运输部于 2013 年修订了《船员培训管理规则》,但并未针对极地航行设立特殊培训项目。因此,我国目前还没有冰区航行船员的培训标准,也未对冰区航行船舶的配员进行系统的研究。

无论是货物运输还是邮轮旅游,当船舶发生海事事故导致货油或燃油污染、船舶本身损害或者造成船上人员伤亡时,根据海商法的规定,船舶所有人依法承担赔偿责任。当船舶在北极发生航海事故导致人身伤亡和财产损失,特别是油污损害时,船舶所有人可能承担的赔偿责任的额度是我国船舶公司尤为关注的问题。北极国家的群体标签均为发达国家,体现在海商法民事责任制度方面则是其加入的国际公约或其议定书均为最新的,而这些最新公约或其议定书的主要内容是提高赔偿限额和要求强制责任保险并赋予受害方对责任保险人的直接请求权。美国属于环北极国家中比较特殊的国家,没有加入上述任何有关民事责任的国际公约,而是制定自己的相关国内法。

---

① 1990 年,斯岛第 50 号产业政策措施报告(1990—1991)提出要促进斯岛旅游业的发展。随后斯岛第 9 号报告(1999—2000)和第 22 号报告(2008—2009)均强调要把旅游产业发展成为斯岛经济活动的重要基础。

一、船舶油污损害民事责任制度

船舶油污大致可分为船舶运输的散装货油造成的油污、船舶燃油造成的油污以及其他油类物质造成的油污。前两类油污各自有专门的国际公约加以规制,对于其他油类物质造成的油污,虽然已经制定国际公约,但尚未生效。三个国际公约均适用于在缔约国领土、领海和专属经济区内发生的船舶污染损害,以及不论在何处采取的防止或者减轻此种损害的预防措施,包括由于采取预防措施而造成的进一步的灭失或损害。

(一)散装货油造成油污的民事责任制度

适用于货油损害赔偿的国际公约除了《1969 年国际油污损害民事责任公约》及其议定书和《1971 年设立国际油污损害赔偿基金国际公约》外,还有《1992 年国际油污损害民事责任公约》及其议定书和《1992 年设立国际油污损害赔偿基金国际公约》及其 2000 年议定书和 2003 年补偿基金议定书。《1992 年国际油污损害民事责任公约》及其议定书规定了赔偿限额,属于第一层次保障。不超过 5 000 吨的船舶责任限额为 300 万特别提款权,而超过 5 000 吨位的船舶,其赔偿责任限额除了包括前项规定的以外,每一吨另外加 420 万特别提款权,同样公约也规定了任何情况下不能超过的最高赔偿责任限额为 5 790万特别提款权。油污方面的国际公约虽然逐渐提高赔偿责任限额,但是始终坚持限制责任人的赔偿责任。在该限额不能对受害人提供充分保护时,《1992 年设立国际油污损害赔偿基金国际公约》提供污染损害赔偿,属第二层次保障,但其同样有赔偿限额;而 2003 年补偿基金议定书是在提高船舶所有人的最低责任限额的同时,对油污损害赔偿提供上述两个公约之外的额外保障,即第三层次的保障,以避免对上述两个公约进行修改。

环北极国家(美国除外)除加入了《1992 年国际油污损害民事责任公约》和《1992 年设立国际油污损害赔偿基金国际公约》外,还加入了 2003 年补偿基金议定书。三者构成了船舶所有人民事赔偿责任的有效机制,对受害方提供双重甚至三重的保护。简而言之,受害方在依据前者获得赔偿后,对未足额赔偿部分可再依据后者主张。我国仅加入了《1992 年国际油污损害民事责任公约》和《1992 年设立国际油污损害赔偿基金国际公约》,但后者仅在香港地区适用,并不适用我国其他地区。因此,受害方不能得到充分的补偿,而船东对赔偿限额以外的损害要独自承担民事赔偿责任,这无论是对我国受害方还是船方都不利。

（二）船舶燃油造成油污的民事责任制度

《2001 年燃油公约》主要适用于船舶燃油导致的油污损害的赔偿。但是，与货油污染赔偿制度不同的是，该公约并无独立的赔偿限额，而是与《1976 年海事赔偿责任限制公约》及其议定书或者国内法共享一个限额。当一船发生燃油污染事故，同时造成他人船舶或货物损害，燃油污染损害受害人的债权将与其他财产损害的债权按比例分享该船所适用的海事赔偿责任限制的限额。同样，我国海商法规定的赔偿限额与《1976 年海事赔偿责任限制公约》的赔偿限额基本一致，而北极国家基本采用《1976 年海事赔偿责任限制公约》1996年议定书所规定的责任限额，后者除了赔偿限额高外，还要求船东应投保强制责任保险或者提供相应的财务担保，否则，船舶不被允许进入环北极国港口。

二、海上人身伤亡的民事责任制度

（一）海上人身伤亡赔偿责任

原政府间海事协商组织于 1974 年 12 月在希腊雅典召开的海上旅客及其行李运输国际法律会议上通过了《1974 年海上旅客及其行李运输雅典公约》，之后相继通过了《1974 年海上旅客及其行李运输雅典公约》的 1976 年议定书、1990 年议定书和 2002 年议定书，依次提高承运人的赔偿限额，且 2002 年议定书增加了强制责任保险和直接请求权的规定。

挪威、芬兰、丹麦和冰岛等北欧国家都统一适用欧盟有关海上旅客人身伤亡和财产损害的法律《欧洲议会和欧盟理事会关于海上事故发生时承运人责任 2009 年第 392 号条例》。该条例内容与《1974 年海上旅客及其行李运输雅典公约》2002 年议定书的实际效果是一样的。俄罗斯也加入了《1974 年雅典公约》2002 年议定书。2002 年议定书借鉴国际油污损害赔偿责任制度中的严格责任原则、强制责任保险机制，加重承运人的责任，给予受害方更为充分的保障。

加拿大虽然未加入相关国际公约或其议定书，但通过其国内法《海事责任法》使《1974 年雅典公约》1990 年议定书在国内生效。我国加入的是《1974 年海上旅客及其行李运输雅典公约》的 1976 年议定书，除了与上述国家在赔偿限额方面要低得多，也无强制责任保险和直接请求权的要求。

（二）民事赔偿所涉的强制责任保险和直接请求权

强制责任保险是以被保险人对第三人所承担的损害赔偿责任为标的的保险。第三人直接请求权是指当事人的权利因被保险人的责任遭受损害时，根据法律规定或者保险合同的约定，直接向保险人提起诉讼请求赔偿的权利。直接请求权的最根本的特征是突破了合同相对性，赋予第三人直接向责任保险人主张损害赔偿的权利。

根据该法律制度，受害方可对责任保险人或财务担保人直接提出索赔诉讼，但后者有权援引法律赋予船方的免责事由和赔偿责任限制，即使船方丧失援引赔偿责任限制和抗辩事由的权利。此外，责任保险人或财务担保人还可援引损害系被保险人或被保证人有意的不当行为造成的抗辩。

因我国加入的国际公约属较早版本，均无强制责任保险和直接请求权的规定，受害方不能直接依国际公约向责任保险人或财务担保人提起直接诉讼，而只能退而依据国内法主张。我国现行法中有关第三人对海上责任保险人的直接请求权的规定可以分为无先决条件的特殊直接请求权和有先决条件的一般直接请求权两大类。前者适用于船舶油污损害强制责任保险，《海事诉讼特别程序法》第 97 条对此有专门规定。而后者适用于所有商业保险，由《保险法》第 65 条加以规定。《保险法》第 65 条为第三人提供了依照法律规定取得对保险人的保险金请求权和在被保险人应负的赔偿责任确定且被保险人怠于请求时的保险金请求权。前者情况下，保险人"可以"而非"必须"直接向第三人支付保险赔偿金；后者情况下，保险人仅是被动地"根据被保险人的请求"向受害方履行保险金给付义务，受害方并无"直接"的请求权。

三、美国相关民事责任制度

在美国，有关油污的立法主要有《1990 年油污法》。该文件建立了美国国内船舶油污损害赔偿机制，使美国成为世界上船东责任限制最高、基金补充最多的国家。而在海事赔偿责任限制方面则适用《船东责任限制法》。该法明确规定，所有船主均可依据本法提起责任限制之诉，不考虑船主的国籍、航程出发地、目的地以及损害的发生地。此外，该法还规定，从事往返于美国和其他国家间运输的船主，不得以任何形式的协议和任何人约定有关海事损害赔偿责任的免除、责任限制的金额、损害的衡量方式等事项。

在美国,联邦海事法适用于海上旅客损害赔偿,即使在合同期间内造成损害的事故发生在陆上。因此,对于陆上观光等活动过程中旅客遭受人身伤亡的,也由美国海事法加以调整。美国联邦海事法是一个联邦法律体系,大部分未经编纂,是一个已被联邦法院长期采纳和阐明的概念、原则和规则的体系,是传统习惯法规则、对这些规则的修改以及新制定的规则的混合体。美国有关邮轮旅游损害赔偿的法律由大量零散的成文单行法组成,散见于《美国统一法典》第46目中,此外还有大量建立在海事法条文、法理和实务之上的联邦和州法院判例,主要有《航运法》《公海死亡赔偿法》《邮轮安保法》。此外还有并非美国联邦立法但在美国生效的国际邮轮协会的《国际邮轮旅客权利法案》。① 美国没有加入涉及承运人责任限制的《1974 年雅典公约》及其议定书以及《1976 年海事赔偿责任限制公约》,而是适用美国联邦海事法来界定邮轮公司对旅客人身伤亡的赔偿责任。

相比欧盟国家适用的法律规定,美国法下的承运人对旅客承担的是过错责任,而非陆上运输法下的严格责任,并由旅客举证证明因果关系的存在;即使要承担赔偿责任,符合条件的情况下,还可限制自己的赔偿责任,且责任限额实行"船舶中的利益和待付运费";诉讼时效和索赔通知时限仅为 1 年和 6 个月。②

四、我国海商法相关制度的完善

随着海运的发展,国际社会意识到《1974 年雅典公约》的规定并不一定能够充分保护受害旅客的利益,这一共识促成了《1974 年雅典公约的 2002 年议定书》的产生。对于我国是否加入议定书,或者即使不加入议定书,《中华人民共和国海商法》(简称《海商法》)有关旅客承运人的责任制度应如何修改,意见不一,这从《海商法》第五章的修改建议稿几次易稿可见一二。对于承运人责任限额,学者提出两种完善方案,一是提高责任限额至《蒙特利尔公约》确定

---

① 虽然国际邮轮协会(Cruise Lines International Association)并非美国国内组织,但是,由于国际邮轮协会的工作主要以国际邮轮协会(北美)为主来开展,加之美国国内的 26 家邮轮公司均为国际邮轮协会成员,此部法案最先已于美国生效,法案规定,美国旅客只要购买了国际邮轮协会北美成员的航线,就受到此法的保护。因此,笔者将此部法案也列在美国邮轮立法之中加以分析,实际上,其并非联邦立法。

② 虽然近年来向美国国会提交了《邮轮旅客保护法案》(2007 年、2017 年、2020 年)、《邮轮消费者信任法案》和《The Hammer's Act》几个有利于保护消费者的法律提案,但至今尚未获得法律效力。

的国际航空旅客承运人责任限额,二是直接采用《1974年雅典公约的2002年议定书》的双轨制模式以及承运人赔偿多层多维机制。笔者倾向于后者。这是因为,该议定书除了大幅提高承运人责任限额外,还确定了更为严格的归责原则。即使我国不加入,也存在该议定书强制适用的可能。①

　　从海商法角度看,我国利用北极航道从事商业运输,特别是油类货物及海上邮轮旅游时,如果发生航海事故,航运公司要承担较大的赔偿责任,而且,如果没有投保强制责任保险或由相关机构出具财务担保,环北极沿岸国会拒绝我国商船进出其港口。即使在海事责任限制方面,如果船舶所有人意图限制自己的赔偿责任,也须先行设立责任限制基金,而该基金数额多数情况下是根据船舶吨位计算,而且北欧国家的赔偿限额远远高于我国的规定。这对于航行于北极的我国船舶而言必然是一个很大的经济负担。因此,我国对于北极航行可能遭遇的海上风险应建立专门的保险制度,使得船东可通过保险来分摊风险,降低北极航运的成本。另外,可以借鉴美国、加拿大等国的基金模式,建立基金保障机制。

---

① 因为根据该议定书管辖权的规定,被告永久居住地或主营业所所在地、运输合同约定的起运港或到达港所在地、索赔人住所地或永久居住地、运输合同签订地或者损害事故发生后当事人约定的法院具有管辖权。

第七章
《斯匹次卑尔根群岛条约》下的北极开发和利用

　　近年来,全球气候变暖使得北极冰川融化加速,北极潜在的价值凸显,成为世界各国关注的热点地区,各国纷纷将敏锐的"触角"延伸到北极地区。但是,因北极独特的地理位置和地缘政治环境,非北极国家参与北极地区的开发与利用存在障碍,唯一例外是挪威所属的斯匹次卑尔根群岛。

　　斯匹次卑尔根群岛位于北冰洋,在巴伦支海与格陵兰海之间,由西斯匹次卑尔根岛、东北地岛、埃季岛、巴伦支岛等组成,其中西斯匹次卑尔根岛最大,约占总面积的一半。斯匹次卑尔根群岛是最接近北极的可居住地区之一,总面积约6.2万平方千米,居民约3 000人。目前,已探明斯匹次卑尔根群岛石油储量价值2 670亿挪威克朗,居挪威国内石油储量首位,已探明天然气储量达到840亿挪威克朗,居挪威国内天然气储量第二位。

　　1920年2月9日,由挪威、美国、英国、爱尔兰、丹麦、法国、意大利、日本、荷兰、英国海外殖民地和瑞典在巴黎签署了《斯匹次卑尔根群岛条约》(简称《斯约》),规定挪威对斯匹次卑尔根群岛连同熊岛等"具有充分和完全的主权",但各缔约国的公民可以自由进入,在遵守挪威法律的范围内自由出入该岛,无需签证,享有在斯匹次卑尔根群岛地域及其领水内的捕鱼、狩猎权,开展海洋、工业、矿业、商业活动的权利和开展科学调查活动的权利。该条约于1925年8月14日生效,同年,挪威基于其国内法《斯瓦尔巴法案》把斯匹次卑尔根群岛与熊岛等岛屿合称斯瓦尔巴群岛(简称"斯岛")。

　　1920年缔结的《斯约》使斯岛成为非北极国家参与北极地区开发利用的

一个例外。中国作为非北极国家,其开发利用北极的权利很大程度上取决于对北极国际海底区域范围的认定和《斯约》的适用范围。进入 21 世纪以来,北极地区的开发与利用日益受到世界各国关注,而斯岛因其独特的法律地位以及处于北极地区的地理位置,更加受到国际社会的关注。中国作为北极事务的利益攸关方和《斯约》签约国,对北极事务治理极为关切,斯岛将是中国参与北极事务治理的新的桥梁。

第一节 《斯约》的制定背景

荷兰探险家威廉·巴伦支和英国航海家亨利·哈德逊于 1596 年和 1606 年先后发现斯匹次卑尔根群岛,遂使该群岛为世人所知。按照国际惯例,确立无主土地的领土权应当具备"首先发现"和"有效的行政管辖"这两个基本条件,但对于斯岛来说,没有任何一个国家完全符合这两项条件。虽然荷兰和挪威均声称自己是最早发现国,但两国对于斯岛均未设立有效的行政管辖。因此,各国对斯岛的归属问题都显得格外关切,其中尤以距离斯岛最近的挪威最为积极。在挪威的推动下,相关国家于 1912 年和 1914 年召开了两次会议,确立了斯岛"无主地"的法律地位,并试图建立管理委员会,对各国在斯岛的资源开发行为进行规范。但因俄国反对美国和德国参加会议,该委员会未能组成。丰富的自然资源以及"无主地"的法律地位使得斯岛的政治、经济价值和对挪威等国的吸引力攀升,在对斯岛主权之争的长期拉锯战中,各国在斯岛的利益纠纷愈演愈烈。

1919 年,为了协调各国在斯岛的利益,避免因该岛的利益争夺行为引发列国之间新的冲突和战争,美国、英国、法国、意大利等国召开巴黎和会,并专门成立了"斯匹次卑尔根委员会"。虽然委员会认可挪威提出的将该岛主权授予挪威的主张,但美国、英国、法国、意大利等国又不愿失去在该群岛的利益。在此情况下,委员会同意在征集利益相关国家和感兴趣国家意见的基础上,就斯岛问题缔结一份国际条约,在承认挪威主权的同时,允许其他国家在不侵害他国权益、和平共享的前提下对斯岛继续进行开发。1920 年 2 月 9 日,在巴黎和会落幕之际,英国、美国、丹麦、挪威、瑞典、法国、意大利、荷兰及日本等 18 个国家在巴黎签订了《斯约》。《斯约》赋予挪威对斯匹次卑尔根群岛和熊岛拥有充分和完全的主权,其中包括位于东经 10° 至 35° 之间、北纬 74° 至 81° 之间的所有岛屿,特别是西斯匹次卑尔根群岛、东北地岛、巴伦支岛、埃季岛、希望岛和查理王岛以及所有附属的大小岛屿和暗礁。[①]

《斯约》使挪威成为主权的唯一合法拥有者,同时也规定了其他缔约国船舶和国民在斯岛陆地及其领水中享有平等的捕鱼和打猎权利、自由进出的权利、开展科学考察的权利以及从事海洋、工业、矿业和商业活动的权利,由此对挪威主权予以限制与制衡。所有缔约国公民均可自由进出该地区,并在该地区内进行任何不违反挪威政府法律的行为,不需得到挪威政府签证许可,但进入该地区则需接受挪威政府的法律管制。条约同时还规定,斯岛"永远不得为战争的目的所利用"。至此,斯岛问题算是得到了挪威和其他缔约国都相对满意的解决。

斯岛的外国居民中,俄国和乌克兰籍居民最多,约占 62%,俄国在斯岛所占有的厂矿也不少,可谓利益攸关之地。《斯约》签订之时,素来对斯岛有着主权声索的俄国,因爆发"十月革命",被排斥于巴黎和会之外,也就未能参加《斯约》的商讨和缔约。其后,苏联虽加入了该条约,但未能恢复其沙俄时期在该群岛的旧有权益。自 1944 年起,苏联政府就向挪威政府提出谈判修约的要求,理由之一是《斯约》订立时,英美法三国将原属于苏俄的美德维什岛划入斯岛,并在缔约过程中将苏俄政府排除在外。挪威方面虽然愿意与苏联展开谈判,但一直采取消极拖延的态度。由于《斯约》的国际条约属性,加之战后两极格局的制约,苏联单方面的修约要求并未获得实质性的成果。至今,《斯约》仍是规范列国在该区域进行活动的基本规章。[②]

第二节　《斯约》缔约国对斯岛的开发利用

《斯约》以"主权明确、权益共享"的模式结束了北极重要岛屿斯岛的主权争议,条约在把斯岛主权赋予挪威的同时,将在斯岛陆地及领水自由进出、捕

---

① 《斯约》第 1 条。

② 段鑫. 中国加入《斯匹次卑尔根群岛条约》史实考述[J]. 云南师范大学学报:哲学社会科学版,2019,51(2):117.

鱼、狩猎,开展海洋、工业、矿业或商业等活动的权利平等地赋予所有缔约国,以此建立了一种公平制度,以实现对该地区的和平利用。其他缔约国在享有权利的同时,需要遵守《斯约》赋予挪威依据《斯约》确立的基本原则制定的关于环保、科考和设立国际气象站以及关于采矿等相关内容的法律,而挪威也需要保证缔约国在斯岛的权利得以平等适用。

《斯约》的制定在一定程度上缓解了来自挪威与其他缔约国之间关于斯岛及其周边海域利用的争议。但随着现代国际海洋法的发展以及斯岛在北极地区战略意义的凸显,围绕斯岛主权性质以及斯岛的开发利用问题也产生了相应的争议。自《斯约》制定至今的 100 多年间,挪威制定了一系列可适用于斯岛的国内法与政策,并采取了相应的活动,本质上或明或暗地强化对斯岛及周边海域的主权,对其他缔约国的权益造成了影响,与其他缔约国等相关利益方产生了诸如地缘政治、经济利益、环境、安全与军事等多方之争。这根源于《斯约》赋予斯岛独特的法律地位以及挪威主权与其他缔约国权利之间的模糊和分歧。

一、自由通行权

斯岛位于进出大西洋和北冰洋的咽喉,既是地缘政治要冲,也是开展北极研究和北极搜救的重要平台。17 世纪以来,欧洲各国船只将斯岛作为停靠口岸,便于进行资源开发活动。随着北极航道的开发和旅游业的发展,斯岛逐渐成为北极地区重要的旅游停靠港和资源转运港。根据《斯约》第 3 条的规定,所有缔约国的国民,不论出于何种原因或目的,均享有平等自由进出条约第 1 条所指领土的水域、峡湾和港口的权利。该规定对于各缔约国来说都是平等适用的,不能包含歧视性因素。其中,在港口的自由通行包括船舶停泊和上下客货,这也就表明各缔约国拥有在斯岛港口的自由停泊权。[①]

目前,斯岛周围的海上交通主要包括邮轮和货运交通。海上的交通运输主要以重油为主要的动力和补给燃料。依据 2001 年的《斯瓦尔巴环境保护法案》,挪威自 2007 年起在斯岛及其周边海域的大部分保护区实施重油禁令,使用重油的船舶不能在南斯匹次卑尔根国家公园、弗兰德国家公园、西北斯匹次卑尔根国家公园和斯匹次卑尔根东侧的自然保护区航行。挪威政府还考虑将重油

---

① 卢芳华. 斯瓦尔巴地区法律制度研究[M]. 北京:社会科学文献出版社,2017:68.

禁令定为一般禁令,并对在斯瓦尔巴保护区海域航行的船舶实施规模限制。① 挪威颁布的重油禁令一方面有利于保护斯岛及其周边海域的环境不受重油的污染。另一方面也在一定程度上限制了缔约国依靠重油作为主要动力燃料的船舶的自由航行。这实际上在一定程度上禁止了一些依靠重油作为燃料补给的船舶在斯岛上下货客或者将斯岛作为其他地区通行北极航道的中途停靠站,将会为前往北极航行的船舶造成燃料不能及时补充的限制或增加航行的风险。2020 年 2 月,俄罗斯驻斯岛及其周边海域的总领事谢尔盖•古什钦声称,挪威在对《斯瓦尔巴环境保护法案》制定修正草案时并没有咨询俄罗斯的意见,并且挪威政府的重油禁令对其科研人员在群岛的科研活动造成了限制。挪威政府对斯岛的航行船舶采取管辖的这些措施,在实施过程中违背了《斯约》赋予各缔约国在斯岛自由航行的权利。②

另外,根据斯岛的航空法规,往返斯岛的所有航班都必须经过朗伊尔城的斯瓦尔巴机场,但 2017 年挪威交通运输和通信部突然决定将朗伊尔斯瓦尔巴机场从国际机场改为国内机场,国际航班不能直飞斯瓦尔巴机场。③ 这使得不需要签证即可自由进入斯岛的缔约国国民不得不通过挪威本土辗转前往斯岛。④ 挪威降级斯瓦尔巴国际机场以及与苏联签署单独的机场使用协议已经打破了《斯约》平等原则中无差别对待的平衡,从而违背了《斯约》的宗旨和目的。而另一方面,这有利于挪威对前往斯岛的人员实行更好的管控,便于维护和加强挪威对斯岛的主权。

随着北极地区的开发和利用,越来越多的游客前往北极旅游。依据《斯约》,缔约国的国民无须申请签证就可以自由进出斯岛,旅游业已发展为挪威斯

---

① David Nikel. Large Cruise Ships Could Soon be Banned from Svalbard, Forbes[EB/OL]. (2019-12-19)[2021-12-15]. https://www.forbes.com/sites/davidnikel/2019/12/19/large-cruise-ships-could-soon-be-banned-from-svalbard/#2f66b4067634.

② 白佳玉,张璐.《斯匹次卑尔根群岛条约》百年回顾:法律争议、政治博弈与中国北极权益维护[J].东亚评论,2020(1):76-77.

③ Thomas Nilsen. Svalbard Airport Longyear no longer International, the Barents Observer[EB/OL]. (2017-10-03)[2021-12-15]. https://thebarentsobserver.com/en/travel/2017/10/svalbard-airport-longyear-no-longer-international.

④ 郭培清. 挪威斯瓦尔巴机场降级事件探讨[J]. 学术前沿,2018(11):44. 但是,苏联在 1974 年与挪威签订了一项苏联有权使用斯瓦尔巴机场的协议,因该协议仍适用于俄罗斯,故俄罗斯并未因机场降级而受影响。

岛的第一大产业。挪威 2002 年颁布的《斯瓦尔巴机动交通法规》禁止缔约国国民在斯岛使用飞机作为观光交通工具,只有挪威籍驾驶员驾驶的飞行器可以在斯岛领空参与商业飞行。2007 年颁布的《关于收取前往斯瓦尔巴游客环境费的条例》对来访斯岛的游客征收环境费,即无论是乘坐飞机还是通过船只抵达斯岛的游客都需要支付金额为 150 挪威克朗的环境费。该措施不仅宣誓了挪威对斯岛的主权,同时起到了为斯岛环境保护和行政管理筹集资金的作用。

近 10 年来,挪威基于《斯约》赋予其对斯岛的领土主权和一定的管辖权,开展了一系列活动,其中包括对进出斯匹次卑尔根群岛的人员,特别是外国国民加以严格限制。此外,挪威的最新防疫政策对其他缔约国的通行权、科考权等权益造成一定减损,本质上直接或潜在地强化了挪威对斯岛的主权。2016年 9 月,挪威颁布《关于驱逐斯瓦尔巴人条例》规定:斯瓦尔巴省长应驱逐受挪威已同意并适用于挪威王国其他地区的旅行限制的国际限制性措施所涵盖的人员。2020 年 3 月,挪威政府表示将提供导游资格认证制度并对朗伊尔城公共住房实行收紧政策,这将使斯岛私营企业员工(多数为从事旅游服务产业的外籍人员)陷入无房可住的困境,将会导致大量非挪威籍公民离开斯岛,进而间接提升挪威公民在斯岛人口中所占的比重。[①] 新冠疫情期间,挪威制定了一系列防疫措施,对进出斯岛的人员加以限制,特别是禁止作为研究人员的外国公民进入斯岛。这对其他缔约国在斯岛的科考权益也有很大影响。[②]

二、科学考察权和建立国际气象站权

根据《斯约》第 5 条的规定,缔约国可以通过缔结公约的方式,规定在斯岛从事科学考察和研究需要的条件。目前,科考活动是缔约国在斯岛最为活跃也是最重视的权利之一。由于斯岛为北极圈内唯一可供非北极国家建立科考站的陆地,斯岛的重要性不言而喻,这也是《斯约》吸引众多国家加入的原因之一。截至 2020 年,德国、英国、法国、意大利、日本、韩国、印度、中国等国在斯岛

---

① 刘涵.《斯匹次卑尔根群岛条约》经济权益制度性安排与挪威政策[J]. 极地研究,2022,34(4):497.

② 刘惠荣,马丹彤. 挪威在斯匹次卑尔根群岛与海域的新近活动及其影响[M]//北极地区发展报告(2020). 北京:社会科学文献出版社,2021:77.

建立了近 20 个科考站。① 除了科学考察站外,在斯瓦尔巴地区还有许多其他
附属科研机构,包括斯瓦尔巴大学中心、新奥尔松科学管理委员会等。科学研
究和考察活动是斯岛除经济性活动以外最主要的活动之一,但是《斯约》没有
对有关科学考察研究活动的具体事项作出规定,也没有明确说明各缔约国在斯
岛进行科学考察和研究是否能够像进行经济性活动或者和自由通行制度一样
地自由与平等地进行,而是将其模糊化为"缔约国可以通过缔结公约的方式"
进行探讨和作出规定,这为缔约国在斯岛从事科学考察和研究活动留下了争议
空间。②

　　挪威颁布多项相关法规加大对斯岛的管控力度,致使其他缔约国在斯岛的
科学考察活动因需遵循挪威的法律制度而受到影响:2012 年 9 月,由斯瓦尔巴
总督颁布的《斯瓦尔巴科学家指南》规定在斯岛实地研究需得到总督的许可;
2018 年,挪威教育研究部颁布的《斯瓦尔巴高等教育研究开发战略》指出,人
类活动和气候变暖给斯岛的自然环境保护和文化遗产保护带来挑战,必须对群
岛的科学活动和教育活动加以限制;2018 年,《新奥尔松研究站研究战略》限定
了缔约国在新奥尔松进行科学调查的范围、参与人员、设备使用,但这些规定对
于在朗伊尔、巴伦支堡、霍恩桑德等斯岛其他地区建站的缔约国并不适用,实际
上造成了斯岛科考权的不平等;2019 年,挪威发布的有关缔约国在斯岛新奥尔
松地区进行科学考察活动的《新奥尔松科学考察站考察政策》规定,在新奥尔
松进行的科学考察活动以及科学考察站的建设,必须适当考虑斯岛当地的自然
环境,所有的科学考察活动都必须遵循《斯瓦尔巴环境保护法案》和《奈阿勒
桑德土地使用计划》有关环境和文化遗产保护的规定,并明确限定了在新奥尔
松地区进行科学考察的活动为自然科学范畴的活动。挪威颁布《新奥尔松科
学考察站考察政策》,一方面是为了通过与其他国家合作进行科学考察的方式,
促进斯岛地区人文教育的发展,并通过以国际合作数据共享的方式提升挪威在
斯岛地区甚至是在其他北极地区的科学研究能力;另一方面,对于在斯岛地区
进行科学考察活动的其他缔约国而言,《新奥尔松科学考察站考察政策》在一

---

① 卢芳华.《斯匹次卑尔根群岛条约》中的平等权利:制度与争议[J]. 太平洋学报,2020,
　 28(10):17.

② 白佳玉,张璐.《斯匹次卑尔根群岛条约》百年回顾:法律争议、政治博弈与中国北极
　 权益维护[J]. 东亚评论,2020(1):71-72.

定程度上是对其他缔约国在斯岛权利的一种侵害,是对其他缔约国在斯岛地区进行科学考察活动的某种限制。面对挪威加强对斯岛科学考察活动管控的行为,俄罗斯外交部发言人玛丽亚·扎哈罗娃(Maria Zakharova)在 2020 年 2 月 20 日的新闻发布会上表示,俄罗斯在斯岛的科学考察活动受到了挪威环境保护政策的限制,希望通过与挪威进行双边会谈进行解决,但是挪威拒绝了这一提议。

依据《斯约》无法得出挪威在对斯岛拥有主权的前提下,可以对缔约国在斯岛的科学考察活动采取约束的判断。挪威颁布上述规定是根据《斯约》制定的国内法规和政策,以保护斯岛的自然环境和文化遗产为由,对缔约国在斯岛的科学考察活动进行约束和限制,也意味着挪威对斯岛的管辖权进一步扩大。

三、采矿权

斯岛蕴藏着丰富的煤、磷灰石、铁等矿产资源。17 世纪,岛上的煤矿资源就被陆续发现和开发,煤矿产业成为该岛的传统产业。20 世纪初期,美国、英国、挪威、荷兰、瑞典等国对煤炭资源的争夺推动了《斯约》的最终缔结。《斯约》第 3 条规定,在遵守当地法律和法规的前提下,缔约国国民可以在绝对平等的基础上进行所有海洋、工业、矿业和商业活动。《斯约》第 7 条保障缔约国国民在斯岛对矿产权的获得、享有和行使方式,第 8 条对矿产品的进出口税收和矿工保护作出相应规定。

针对斯岛的资源开发,挪威制定了专门的法律规定,并承诺平等地适用于所有缔约国及其国民。1925 年,作为《斯约》缔约后的衍生扩展产物,挪威政府颁布《斯瓦尔巴采矿法典》和《斯瓦尔巴法案》,对斯岛矿业活动及地产所有权进行规制。《斯瓦尔巴采矿法典》对缔约国在斯岛矿产勘探和开发权的申请、矿产生产和经营、矿主同土地所有者的关系,以及矿主对矿工的保护等问题进行规定。缔约国有权在斯岛进行探查和开采煤炭、矿物油以及其他矿物和岩石,但需遵守《斯瓦尔巴采矿法典》以及有关税收等的规定,开采资格的认定、地点的选定、探矿活动涉及的法律责任、申请国矿区发现权,以及所有权取得、转让、分割与出售等需遵守挪威相关规定。而《斯瓦尔巴法案》在明确斯岛是挪威主权不可分割的一部分的基础上,规定斯岛所有未分配给个人作为财产的土地均为挪威的国有土地,受国家所有权支配。作为斯岛主权国,挪威通过国内法规范了缔约国国民在斯岛开展矿产开发活动的具体流程,明确了斯岛土地国有化,同时完善挪威司法机制在斯岛的应用。依据《斯瓦尔巴采矿法典》和《斯瓦尔巴法案》的规定,挪威政府紧缩之前宽松的石油开采政策,加强对石油公司的管控权并签订税收合同和参与合同,并于 1973 年颁布《1973 年 6 月 1 日皇家法令》,设立斯岛环境保护区,规制缔约国国民的石油开采活动。

2001 年挪威颁布的《斯瓦尔巴环境保护法案》标志着对缔约国国民在斯岛经济权益的管理进入一个全方位阶段。此后,缔约国国民若想在斯岛进行矿产勘探,不仅需要通过《斯瓦尔巴采矿法典》制定的勘探申请评估流程,还需要通过《斯瓦尔巴环境保护法案》提出的许可证制度和环境评估制度等繁复流程,最终被授予采矿许可证。最重要的是,依据《采矿法典》的规定,缔约国国民若想在斯岛探矿,需满足注册公司董事会设在挪威以及在斯岛拥有私有地产权这两个前提条件。尽管勘探申请国在不影响各类生产生活进行并获得许可证的情况下,可以在他人地产或国有土地上进行探矿活动,但根据《斯瓦尔巴环境保护法案》,挪威已在斯岛 65% 的陆地和 87% 的领海建立保护区,并规定在国家公园、自然保护区、生物和地质保护区等多种保护区内禁止探矿,这缩小了缔约国国民的探矿范围。

四、捕鱼权和狩猎权

斯岛所在的巴伦支海是世界重要的渔业产区,海洋生物资源多样,斯岛陆地上的众多动物资源也具有重要经济价值。自 17 世纪起,渔业一直是挪威的支柱产业。《斯约》第 2 条赋予了缔约国的船舶和国民在指定地域和领水内平等享有捕鱼和狩猎的权利,并对地产所有者的狩猎范围进行了规定。该条规定,所有缔约方的船舶和国民在第 1 条规定的领土及其领水中均享有捕鱼和狩猎的权利。挪威应自由地维护、采取或颁布适当措施,以便确保保护并于必要时重新恢复该地域及其领水内的动植物;并应明确此种措施均应平等地适用于各缔约国的国民,不应直接或间接地使任何一国的国民享有任何豁免、特权和优惠。

1976 年,挪威出台《挪威经济区法令》,并据此于 1977 年建立 200 海里斯岛渔业保护区,该区的一般性的渔业管辖权归属于挪威。该法令对限定保护区中禁渔区、捕捞权和捕捞配额、最小网口尺寸及最小捕鱼尺寸的渔具限制、附加渔获物、丢弃物以及禁渔期作出管理规定。随着渔业保护区的建立,挪威对斯匹次卑尔根群岛毗邻海域管辖权的范围随之扩大。挪威根据 1977 年之前 10 年内的捕捞记录,赋予俄罗斯、冰岛、丹麦等国家各不相同的捕捞配额,而大部分非斯岛水域的《斯约》缔约国国民在保护区内没有被赋予捕捞权。① 这遭到缔约国的质疑。挪威迫于压力,承诺渔业保护区在限定捕捞配额的基础上向部分国家开放,并实行无歧视原则的管理。依据1983年《挪威海水渔业法案》,由挪威海岸警备队作为主要执法力量,巡逻区域涉及挪威管辖的所有领海和专属经济区,包括斯岛渔业保护区水域,主要执法任务涉及渔业监督检查、搜寻和救援。

2001年挪威颁布的《斯瓦尔巴环境保护法案》禁止缔约国国民在斯岛国家公园、自然保护区、生物和地质保护区内开展对环境造成长期影响的活动,包括狩猎和捕鱼活动。在捕捉动物权利方面,该法案规定,如在斯岛陆地及领海区域捕猎,缔约国国民须持有由斯岛总督颁发的许可证。2003年颁布的《斯瓦尔巴捕猎岩雷鸟和驯鹿的地方规定》在捕捞种类上对永久居民和非永久居民实行不同管理方案。比如,只有斯岛永久居民可在总督的许可下猎杀斯瓦尔巴驯鹿和北极狐狸,非永久居民无权猎杀此类动物。

对于其他缔约国能否依据《斯约》在渔业保护区享有平等权利这一缔约国最为关注的问题,以加拿大和芬兰为代表的缔约国对挪威提出的斯岛渔业保护区制度最初公开支持,但随后有所改变。② 质疑挪威在该海域的管辖权的冰岛、西班牙和俄罗斯认为,尽管挪威称渔业保护区是建立在无歧视原则基础上,但是渔业保护区对各国可捕量配额的分配是根据这些国家在该区域的历史捕鱼量确定的,这本身就是对《斯约》所确立的公平原则的违反。俄罗斯与挪威就渔业保护区问题进行了多次博弈,挪威数次对俄罗斯渔船采取了极为严厉的扣押措施。不仅是俄罗斯,冰岛和西班牙等国船只均遭到挪威海岸警备队扣押,这些国家多次提出要将争端提交国际法院。③ 对挪威建立斯岛渔业保护区并实施排他性管辖持有异议的西班牙和冰岛认为,依据1982年《公约》挪威有权建立斯岛渔业保护区,但《斯约》也应当适用于该水域。

挪威于2015年颁布了一项除非获得挪威政府颁发的许可证,否则禁止在

① 卢芳华. 挪威对斯瓦尔巴德群岛管辖权的性质辨析——以《斯匹次卑尔根群岛条约》为视角[J]. 中国海洋大学学报:社会科学版,2014(6):7-12.
② 《加拿大与挪威双边渔业条约》(1995年)序言规定,挪威完全有权行使1982年《公约》赋予沿海国的主权权利和管辖权,《斯约》在斯岛渔业保护区和大陆架不适用,芬兰在1976年支持挪威的立场,但在2005年收回这一立场。
③ 卢芳华. 斯瓦尔巴地区法律制度研究[M]. 北京:社会科学文献出版社,2017:171-174.

挪威大陆架区域捕捞雪蟹的禁令。但是,挪威实际上仅将许可证颁发给了本国渔民。欧盟虽然不是《斯约》的缔约国,但欧盟成员国多为《斯约》缔约国。欧盟认为,欧盟船只与挪威船只一样享有在斯瓦尔巴海域捕捞雪蟹的权利,挪威政府区分挪威渔船和外国渔船的行为违反了《斯约》。欧盟委员会于 2016 年向部分欧盟捕捞船只发放了在斯岛周围捕捞雪蟹的许可证,并决定 2017 年颁发在巴伦支海斯岛海域捕捞雪蟹的许可证,尽管欧盟在这片水域没有管辖权,也没有颁发许可证的权利。挪威认为,欧盟在斯岛水域颁发捕捞雪蟹许可证是为了更加广泛地获取北极资源。

除欧盟外,《斯约》的部分缔约国对于挪威主张对斯岛海洋区域资源的专属管辖权也产生了争议,尤其与拥有 0.4% 斯岛土地的俄罗斯频发冲突。俄罗斯自始至终对挪威在斯岛周围建立渔业保护区表示反对,即使后来出于各种实际目的接受了挪威在渔业保护区内的监管和执法措施,但从未正式承认挪威对渔业保护区的管辖权。[①] 加拿大和芬兰则对挪威根据 1982 年《公约》对领海以外的专属资源权利的主张表示支持,但这种支持并没有持续太久。英国、荷兰、丹麦认为,挪威可以划定渔业保护区,但是挪威对保护区内资源的利用要符合《斯约》的规定,挪威对保护区内的资源并不拥有专属权利,应受到《斯约》的约束。

值得注意的是,挪威与俄罗斯在斯岛渔业保护区的部分海域的渔业合作具有共享性,两国的合作源于 1975 年 4 月 11 日签订的《挪威与苏联关于渔业合作的协定》,并由此组建挪威—苏联渔业联合委员会。1978 年 1 月 11 日两国签署《挪威与苏联关于巴伦支海重叠海域渔业临时协定》,在斯岛渔业保护区南部海域,两国可行使管辖权,对各自本国渔船进行监管。1980 年两国签订《关于养护生物资源的协定》,排除第三国在争议海域开采生物资源的可能。2010 年,俄罗斯和挪威签订的《俄罗斯联邦与挪威王国关于在巴伦支海和北冰洋的海域划界与合作条约》生效。这些双边合作在一定程度上能够防止因渔业引发的纠纷进一步恶化,但没有带来争议海域法律地位以及争议的完全确定,留下了发生冲突的危险。

由此可见,各国对挪威在斯岛建立渔业保护区持有不同的态度和立场,这

---

① Geir Honneland. *Making Fishery Agreements Work: Post-agreement Bargaining in the Barents Sea*[M]. Cheltenham:Edward Elgar,2012:56.

些立场源于对《斯约》能否适用于斯岛领海以外的海洋区域的争议。以挪威为代表的一方主张《斯约》不能适用于斯岛领海以外的海洋区域。挪威对斯岛以外的海洋区域的管辖权来自 1982 年《公约》赋予的沿海国的权利,在《斯约》中并没有提及斯岛以外的海洋区域。反对的一方则认为,《斯约》应当适用于斯岛领海以外的海洋区域,挪威对斯岛的主权来源于《斯约》的规定,依据条约的目的解释原则,尊重和保障缔约国在斯岛的权利和自由,伴随着海洋法的发展,缔约国的权利应当延伸到斯岛领海以外的海洋区域。①

第三节 《斯约》的适用争议

《斯约》与 1982 年《公约》以及挪威在斯岛制定的一系列国内法一并构成了目前规范缔约国在斯岛活动的基本法律框架,让斯岛海域平静了将近 100 年。随着北极海权争议升级,围绕着《斯约》,缔约国对斯岛权利的争夺愈益凸显。挪威以 1982 年《公约》为依据主张斯岛渔业保护区、大陆架及其外大陆架等一系列主权权利已经引起了《斯约》其他缔约国的广泛关注和质疑。争论的焦点在于挪威是否有权依据《斯约》赋予的主权主张更为广泛的管辖水域。②

一、对《斯约》适用范围"领水"的不同解释

《斯约》制定当时,领海制度尚未确立。《斯约》第 2 条在规定条约适用范围时,使用了从当今海洋法发展趋势看来颇具争议的术语"领水",即条约适用于斯岛的"领土"和"领水",但并未明确界定"领水"的宽度。对于"领土"的范围,其他缔约国并无争议,争议集中在"领水"的具体地理范围。历史上,"领水"曾指一国主权管辖下的一切水域,包括一国的内水和领海两部分。③1958年《公约》首次确立了领海制度,自此,"领海"的概念基本取代了"领水"。1920 年,挪威宣称其领海宽度为 4 海里,从沿岸各岛屿和海湾的低潮线为起点。

① 白佳玉,张璐.《斯匹次卑尔根群岛条约》百年回顾:法律争议、政治博弈与中国北极权益维护[J]. 东亚评论,2020(1):75-76.
② 卢芳华. 挪威对斯瓦尔巴德群岛管辖权的性质辨析——以《斯匹次卑尔根群岛条约》为视角[J]. 中国海洋大学学报:社会科学版,2014(6):7.
③ 屈广清,曲波. 海洋法[M]. 第四版. 北京:中国人民大学出版社,2017:56.

2003 年 6 月 27 日,挪威颁布《挪威领海与毗连区第 57 号法令》,将挪威领海宽度由 4 海里延长至 12 海里。

　　随着国际海洋法的发展,对于《斯约》"领水"的范围,缔约国基于各自不同的立场对《斯约》所规定的经济性权利的适用海域范围产生了不同的理解,而"领水"的内涵和外延的不确定性导致了法律适用空间的不确定性,进而引发了挪威与其他缔约国之间在立场和行动方面的权利冲突。根据挪威官方及学界的立场,《斯约》的主要目的是赋予挪威主权,因此赋予主权的相关条款是所谓的"一般条款",而其他为限制性条款,是"例外条款"。而且,在《斯约》缔结时未产生专属经济区和大陆架的概念,对该术语的解释应当限制在条约成立之时,即采用限制解释或称静态解释的方法将"领水"文义解释为仅指领海,并不适用于条约未提及的海洋区域。[①] 但也有观点认为,对"领水"这一术语应进行演化解释,即该公平机制适用范围包括领海、专属经济区(渔业保护区)、大陆架等区域。理由是"领水"是一个开放性的术语,且《斯约》是一个持续性存在的条约,符合演化解释的适用标准,并且演化解释的方法在国际司法实践中已经存在先例,如 1978 年阿根廷大陆架划界案以及 2009 年航行权案。[②]

二、对挪威建立渔业保护区的争议

　　20 世纪 70 年代初,专属经济区概念方兴未艾,挪威不安于将自身在斯岛的活动限制在《斯约》规定的区域内,便抓住时机在 1976 年 12 月 17 日颁布《关于设立挪威经济区的皇家法令》,抢在 1982 年《公约》签署前宣布建立外部界限位于从领海基线起 200 海里处的经济区,从而依据国际习惯设立 130 万平方千米的渔业保护区。挪威宣布在渔业保护区内实施捕捞配额制,依据 1977 年前 10 年的捕捞记录给予俄罗斯(苏联)、法罗群岛、欧盟等国家和国际组织在斯岛渔业保护区鳕鱼、鲭鱼、鲱鱼、龙虾捕捞配额。挪威希望运用国内法来管理斯岛周边的渔业活动,以此强化在斯岛的主权和管辖权。因该法令也适用于其所称的斯岛海域,这引起《斯约》部分缔约国以及一些利益攸关方对其在该群岛及海域的权益的担忧。这一举动可视为挪威试探突破《斯约》对其主权限制的

---

① Torbjørn Pedersen. Denmark's Policies Toward the Svalbard Area[J]. *Ocean Development & International Law*, 2009, 40(4): 322.

② Qin T B. Dispute over the Applicable Scope of the Svalbard Treaty[J]. *Journal of East Asia and International Law*, 2015, 8(1): 149-170.

一种信号,试图为其在《斯约》未规定海域主张专属权利创制国内法依据。[①]

在各缔约国的反对下,挪威转而在 1977 年 6 月 3 日颁布《斯瓦尔巴渔业保护区条例》,宣布在其所称的斯岛周围建立 200 海里的渔业保护区而非专属经济区,理由是保护和管理斯岛海域的鱼类资源,避免直接引起《斯约》其他缔约国对其建立专属经济区的质疑。与专属经济区相比,渔业保护区在资源性权利与管辖权方面功能有限。挪威在设立渔业保护区之后规定了一系列限制捕捞的措施,比如对渔具的限制、对最小捕鱼网口尺寸的限制以及争议极大的历史配额捕捞制度,而挪威海岸警备队则成为该水域的主要执法力量。从 20 世纪 70 年代挪威划定 200 海里渔业保护区至今,挪威关于渔业保护区的执法实践从未停止过,其执法活动不断与相关国家产生摩擦。

围绕斯岛渔业保护区问题,缔约国争论的焦点集中在两个层面:一是权利合法性问题,即挪威是否可依 1982 年《公约》设定斯岛渔业保护区;二是权利的适用性问题,即这一权利是挪威专属还是平等适用于所有缔约国。挪威依据国际习惯法主张挪威具有斯岛渔业保护区专属且排他的管辖权。对于挪威在斯岛海域建立渔业保护区的做法,除以美国、法国、德国为代表的国家主张保留对斯岛渔业保护区争议的态度立场外,其他缔约国的态度大致可分为两派:以丹麦、英国、荷兰、西班牙、冰岛为代表的部分支持派认为,斯岛符合 1982 年《公约》第 121 条岛屿的规定,有权建立斯岛渔业保护区,但基于《斯约》"平等利用原则",这些权利应平等地、无歧视地赋予所有《斯约》缔约国。而以俄罗斯、波兰、匈牙利、捷克为代表的反对派则否认挪威有权建立斯岛渔业保护区,认为从传统国际法领土取得原则看,挪威对群岛的主权不是通过先占、征服、时效等传统领土取得方式获得的绝对的、完全排他性的主权,而是由条约约定的权利,仅在缔约各方承诺履行约文义务时才享有条约项下的权利。因而,挪威的权利仅限于斯岛陆地与领海,对斯岛人、物和事件拥有的占有、收益、处分等管辖权应受到《斯约》的限定。[②] 欧盟也认为挪威的斯岛渔业保护区是对《斯约》赋予主权的扩大使用。2014 年 5 月 12 日,欧盟议会将挪威对《斯约》解释的合法性作为讨论的重要议题之一加以讨论,来自西班牙和葡萄牙的代表均表示,

---

① 董利民. 北极地区斯岛渔业保护区争端分析[J]. 国际政治研究,2019(1):73.

② 卢芳华. 制度与争议:斯瓦尔巴群岛渔业保护区权益的中国考量[J]. 太平洋学报,2016,24(12):16.

挪威对《斯约》的解释违反国际法,建议委员会在这个问题上对挪威要坚决表示反对。而以丹麦、英国、荷兰为代表的缔约国则主张挪威可以拥有斯岛的专属经济区,但这一权利应平等适用于其他《斯约》缔约国,挪威没有独占性的管辖权。[①] 由此可以看出,大多数《斯约》缔约国主张《斯约》仅适用于斯岛及其领海,其他水域均属于公海,挪威无权单方面设立渔业保护区。对斯岛渔业保护区的不同解释导致斯岛海洋经济权益的争端持续涌现,影响了斯岛的和平发展和利用。虽然英国等国和欧盟区域性组织曾呼吁利益攸关方采取协调一致的立场,但预计该争议不会在短时间内有明确定位,争议的解决主要取决于各缔约国的实力博弈。[②]

三、挪威依《斯约》主张斯岛大陆架的争议

1982 年《公约》生效后,《斯约》的缔约国先后批准或加入 1982 年《公约》,挪威也于 1996 年加入 1982 年《公约》,使得斯岛海域同时受 1982 年《公约》和《斯约》的规制。

斯岛大陆架在 20 世纪 70 年代后期即被发现蕴藏着丰富的油气资源。2006 年以来,挪威开始主张拥有斯岛大陆架的主权权利。为了避免直接提出大陆架权利主张会招致缔约国质疑,挪威称斯岛没有独立的大陆架,斯岛在挪威陆地大陆架自然延伸区块上,这一立场在挪威的国内法或相关政策文件中有所体现。[③] 由于斯岛及其大陆架潜在油气资源对挪威来说意义重大,挪威政府必须确保对巴伦支海能源的独享权,挪威逐渐放弃了"斯岛没有独立大陆架"的主张,转而声称,依据 1982 年《公约》每个国家有权主张大陆架权利。

2006 年 2 月,挪威与丹麦依"等距离"原则划分了斯岛与格陵兰岛大陆架和专属经济区边界,这一划界代表着双方承认斯岛拥有独立的大陆架和专属经济区。此外,2006 年,挪威还向大陆架界限委员会提交了 200 海里外大陆架申

---

① Torbjørn Pedersen. Denmark's Policies Toward the Svalbard Area[J]. *Ocean Development & International Law*, 2009, 40(4): 324.

② 刘涵. 《斯匹次卑尔根群岛条约》经济权益制度性安排与挪威政策[J]. 极地研究, 2022, 34(4): 500.

③ 1974 年,挪威在《斯岛问题白皮书》中宣布斯岛没有独立大陆架,挪威开发的大西洋东北部区域是挪威大陆到北海海域大陆架的自然延伸;2001 年,挪威颁布《石油法令》明确将斯岛及其领海排除在适用范围外,其主要目的就是表明斯岛没有单独的大陆架。

请，其中也包括斯岛北部大陆架的外部界限。在 2009 年大陆架界限委员会给出的建议中，委员会基本肯定了挪威的主张，认为南森海盆大陆架穿过斯岛是挪威本土大陆架的一部分。[①]关于定界申请案，相关缔约国均未表示反对，丹麦和冰岛只是申明大陆架界限委员会的审议应不妨碍之后达成的文件和未来的协议；俄罗斯表示不反对大陆架界限委员会在不妨碍今后任何划界工作的情况下审议相关部分，并重申不会改变俄罗斯对斯岛及其大陆架的立场，且强调审议不应妨碍《斯约》的适用。挪威学者认为，大陆架界限委员会的程序确认了沿海国享有的主权权利并支持了挪威作为沿海国的管辖权，且该界限是"最终的且有拘束力的"，各国接受挪威提交申请案即承认挪威依据 1982 年《公约》所享有的权利，暗含了各缔约国也会接受挪威设立专属经济区。[②]

对于挪威作为 1982 年《公约》缔约国可否根据 1982 年《公约》第五部分和第六部分的相关规定来主张斯岛享有专属经济区和大陆架这一问题，挪威认为，作为沿海国，挪威可依据 1982 年《公约》拥有斯岛的大陆架，即挪威获得斯岛大陆架与《斯约》无关，并不会对《斯约》造成影响。有观点认为，挪威对斯岛的主权范围限定在斯岛的领土和领水，并未涉及其他海域，因而并不能主张在斯岛的专属经济区和大陆架上享有主权权利；另有观点认为，不能限制挪威对《斯约》中未明确规定的事项或地理区域主张权利，包括专属经济区和大陆架。从目前《斯约》缔约国的立场看，美国、加拿大、丹麦、法国、德国、冰岛、荷兰、俄罗斯和西班牙等缔约国大都主张在 1982 年《公约》框架下解决日益凸显的斯岛专属经济区和大陆架争议。但也有缔约国主张依据情势变迁原则，为避免权利义务严重失衡，应重新协调斯岛的制度框架，终止条约或寻求某种补救措施。如英国就曾呼吁利益相关方应采取协调一致的立场，协商解决斯岛专属经济区和大陆架争议，2006 年英国也就此问题邀请美国、法国、加拿大、德国、俄罗斯、荷兰、西班牙、丹麦和冰岛代表参加在伦敦举行的专门会议，并把挪威排除在外。

对斯岛应适用何种法律而产生的争议背后实为挪威与其他缔约国为斯岛大陆架所蕴含的自然资源的利益与权利的归属及分享的争议，其中争议最大的

① 匡增军. 2010 年俄挪北极海洋划界条约评析[J]. 东北亚论坛, 2011, 20(5): 45-53.

② Pedersent, Henriksent. Svalbard's maritime zones: The end of legal uncertainty?[J]. *The International Journal of Marine and Coastal Law*, 2009, 24(1): 141-161.

资源是雪蟹,而雪蟹物种属性的认定实质上关乎着挪威大陆架自然资源的开发专属权利。这是因为,根据 1982 年《公约》第 77 条的规定,沿海国为勘探大陆架和开发其自然资源的目的,对大陆架行使主权权利。这里的"自然资源"包括定居种生物 ①。如果雪蟹被认定为定居种生物,则仅有挪威对其享有专属的开发权利。如果挪威允许其他国家捕捞雪蟹,则意味着允许其他国家在其大陆架从事勘探开发自然资源的活动,当然也就包括作为非生物资源的石油、天然气以及海底矿物资源的开发。

2017 年,挪威以非法捕捞雪蟹扣留了一艘在斯岛海域捕捞雪蟹的拉脱维亚籍渔船,挪威最高法院裁定挪威有权监管巴伦支海环洞雪蟹的捕捞渔业,并认为雪蟹为定居种生物,挪威对大陆架的资源享有开发的主权权利。尽管船主在上诉时主张雪蟹非定居种生物,可以在大陆架移动,但挪威最高法院仍裁定雪蟹为定居种生物,且挪威拥有雪蟹的排他性开发权。挪威将雪蟹认定为定居种生物,从而将雪蟹排除在《斯约》所赋予缔约国的平等的开发对象当中,规避了其他缔约国对《斯约》平等捕鱼权的适用。然而在美国和加拿大等国家,雪蟹被官方认为是属于经济价值较高的渔业资源,而非大陆架定居种。雪蟹显然不符合有关定居种的规定,可被认为是一类渔业资源,也就可以成为《斯约》中平等捕鱼权的客体。挪威将雪蟹捕捞的许可证只发给挪威船只的行为致使其他缔约国的船舶无法在斯岛周边海域捕捞雪蟹。这有悖于挪威保证所有缔约国捕鱼权的平等适用的义务。

挪威认为,其依据《斯约》对斯岛享有"完全和绝对的主权",有在斯岛周围建立相应海洋区域的权利。缔约国享有的权利行使范围仅限于《斯约》确定的适用范围,即斯岛及其领水,并不包括斯岛的大陆架,缔约国在斯岛专属经济区和大陆架的任何活动应当遵守挪威的国内法及相关国际公约规定。对此,美国、英国、西班牙、丹麦、冰岛等缔约国认为,条约签署的目的是在群岛区域(延伸到海域)建立"公平机制",确保群岛的和平发展。基于条约的平衡机制,斯岛的主权权利是"流动的",挪威主权的每一次扩展应平等地带来其他缔约国权利的扩张。英国、俄罗斯、丹麦、意大利和荷兰依据《斯约》的平等原则,主张所有缔约国都同时享有在斯岛大陆架的非歧视性的经济权利;捷克斯洛伐克、

---

① 定居种生物是指在可捕捞阶段海床上或海床下不能移动或其躯体须与海床或底土保持接触才能移动的生物。

匈牙利、波兰等国以及作为自治省份的格陵兰和法罗群岛还有欧盟均对挪威在斯岛领海之外的单方面行动表示抗议,对挪威在斯岛专属经济区和大陆架的管辖权提出疑问。到目前为止,只有芬兰和加拿大明确表示支持挪威对斯岛及其大陆架管辖。还有一些缔约国没有在这个问题上提出明确的看法,但保留任何可能基于《斯约》在斯岛水域主张相应权利的可能,基于这种观点的国家有法国、德国、西班牙和美国。

四、对于《斯约》适用争议的法律分析

纵观历史可以发现,斯岛在历史上是"无主地",任何一个国家都未对其实施有效控制。在过去 100 多年内,挪威通过制定政策法规不断加强对斯岛经济活动的管理。《斯约》将斯岛主权以条约形式赋予挪威,同时规定缔约国国民享有在斯岛平等无歧视地开展经济活动的权利。从《斯约》正文内容看,仅有第 1 条宣告了挪威对斯岛享有主权,之后的数条内容均是有关其他缔约国所享有权利的制度构建。在行为体趋利避害的本性驱使下,比起将斯岛主权赋予挪威,更值得关注的是如何最大限度平衡共同利益。对于挪威能否基于《斯约》赋予其对斯岛的"充分和完全的主权"而依据 1982 年《公约》主张专属经济区和大陆架等,首先要审视挪威对斯岛主权的法律性质。

挪威对斯岛专属经济区和大陆架的管辖权之所以引发《斯约》缔约国的广泛质疑,主要在于挪威对斯岛主权并不是上述传统意义上的国家主权,而是一种基于协商同意并以国际条约的形式表现出来的有限主权,《斯约》将斯岛主权赋予挪威的同时代表着缔约国对斯岛领土主张的撤回,但这种权利的撤回不是无条件的,从管辖时空和实体范围来看,挪威不能独自占有斯岛所有的主权与主权权利,在斯岛陆地及其领海,缔约国与挪威平等享有采矿权、捕鱼权、科考权、停泊权等权利,从而在群岛建立一种"主权确定,共同利用"的法律框架。如果这一条件发生变化,导致缔约国平等权利无法实现,缔约国可以依情势变迁的原则,有权解除该条约或是达成新的协议。因此,挪威对于斯岛的主权是附条件的、附义务的主权,挪威以这种"有限的主权"主张专属经济区和大陆架的主权权利本身就是有争议的。即使具有这种权利也不是专属性的,而仅仅是一种有限的权利。挪威对斯岛主权性质的认定明显存在着疏远条约本身目的和价值的缺陷,从而贬损了《斯约》实际意义和价值,因此,应当回归条约制定的原点重新认识挪威对斯岛主权的法律属性。

　　《斯约》制定于 100 多年前，当时尚无领海、专属经济区和大陆架制度。对于《斯约》"领水"的解释应采用演化解释方法。演化解释方法是指随着时间的推移，条约用语的意义可能发生变化，出现缔约时不具有的新含义，从而用新含义解释条约的方法。联合国国际法委员会 2018 年通过的《与条约解释有关的嗣后协定和嗣后惯例的结论草案》也提及条约用语意思可随时间变化。① 基于此，《斯约》里"领水"可以赋予新的含义来涵盖领海、专属经济区和大陆架，由此实现内容的动态演化。因《斯约》赋予挪威对斯岛的主权是受限制的，依此所产生的专属经济区和大陆架权利也应是受限的，其他缔约国的权利也相应地扩展至斯岛的专属经济区和大陆架。

　　由于《斯约》对挪威主权和其他缔约国权利仅作出总括性的规定，在实践中，需要缔约国通过长期、稳定、连续的国家实践来巩固。而且，因制定于距今 100 多年前的 1920 年，很多内容除了基于缔约目的进行演化解释外，《条约法公约》的嗣后惯例的适用也是一个极佳选择。嗣后惯例是《条约法公约》第 31 条明文规定的部分，属于依据条约上下文解释即脉络解释中一并考虑的内容。它所揭示的是一种嗣后意图，是缔约国达成的一种对条约理解的全新的共识。一般来说，成立嗣后惯例需要满足以下四个条件：（1）该行动必须反映所有缔约国对于条约解释的立场；（2）该行动必须达到一致的标准；（3）该行动必须出现在适用条约时；（4）形成嗣后惯例必须基于缔约国共同理解，因此，此种行动必须得到其他缔约国的赞同，依据一般国际法，即使未明示同意，至少也需要沉默。② 对于挪威将领海宽度由 4 海里扩为 12 海里，其他缔约国并未表示异议，这反映了缔约国对领海宽度的一致理解，随着领海宽度的加大，缔约国依据《斯约》所享有的的变化权利范围也随之扩大，这并不是"质"的变化，而是"量"的变化。③ 对于渔业保护区法律地位问题，以俄罗斯为代表的部分国家否认挪威有权建立渔业保护区，俄罗斯与挪威就渔业保护区问题进行了多次博弈，挪威数次对俄罗斯渔船采取了极为严厉的扣押措施。不仅是俄罗斯，冰岛

---

① 该草案第 8 项。

② ARATO J. Subsequent Practice and Evolutive Interpretation：Techniques of Treaty Interpretation Over Time and Their Diverse Consequences[J]. *The Law and Practice of International Courts and Tribunals*，2010，9（3）：459.

③ 李文君，《斯匹次卑尔根群岛条约》经济性权利条款的法解释学分析[J]. 辽东学院学报：社会科学版，25（4）：50.

和西班牙等国船只均遭到挪威海岸警备队扣押,这些国家多次提出要将争端提交国际法院。[①] 可以看出,无论是挪威设立渔业保护区制度的行为,还是相关执法实践均遭到其他缔约国的反对,各国并未就此问题达成共识,因此,挪威的这一系列行为不构成嗣后惯例,不能作为对《斯约》进行解释的证据。

关于斯岛大陆架的划定问题,挪威学者认为大陆架界限委员会的程序确认了沿海国享有的主权权利并支持了挪威作为沿海国的管辖权且该界限是"最终的且有拘束力的",各国接受挪威提交申请案即承认挪威依据1982年《公约》所享有的权利,暗含了各缔约国也会接受挪威设立专属经济区。[②] 然而事实上,大陆架界限委员会定界的工作是技术性的而非法律性的,大陆架界限委员会作出的建议的法律效力需要由相关国际条约或司法机关的裁决赋予。总之,《斯约》的目的是在斯岛及周边海域设立一种衡平制度,保障该区域的发展以及和平利用。除挪威外,几乎没有缔约国明确支持挪威在斯岛周边海域设立渔业保护区的行为和在大陆架上享有排他主权权利的主张。在此情况下,运用演化解释可以可出的结论是,"领水"应从条约目的去解释,缔约国所享有的各项经济权益应当扩展至专属经济区和大陆架。

挪威与其他缔约国之间的上述争议表面上看是对《斯约》的适用范围以及《斯约》能否扩展适用至所有海域的问题,实质上是资源开发相关权利的适用的争议,即其他缔约国能否在斯岛专属经济区和大陆架范围内仍然依《斯约》享有经济权益的争议。在对斯岛大陆架资源需求的驱动下,一些缔约国主张将《斯约》的适用范围延伸到斯岛大陆架。而如果挪威排斥《斯约》对斯岛大陆架的适用,其他缔约国将失去平等开发利用斯岛大陆架资源的机会。而英国等《斯约》缔约国则主张斯岛大陆架应适用《斯约》,《斯约》赋予其他缔约国在斯岛的权利应当扩大适用于斯岛的大陆架。目前,无论是渔业保护区还是大陆架,挪威均难以接受《斯约》扩大适用。可以预见的是,挪威对斯岛大陆架和专属经济区的管辖权的性质争议不会在短时间内有明确的定位,各方在特定情况下进行讨价还价的过程还具有不确定性和结果的不可预见性,争议的解决将取决于各缔约国的实力博弈,而非完全依赖于缔约国的同意或是

---

① 卢芳华. 斯瓦尔巴地区法律制度研究[M]. 北京:社会科学文献出版社,2017:171-174.

② Pedersen T., Henriksen T. Svalbard's Maritime Zones: The End of Legal Uncertainty? [J]. *The International Journal of Marine and Coastal Law*, 2009, 24(1):141-161.

善意。

　　按国际社会公认的一般的法律原则和规则看,对于 1982 年《公约》与《斯约》的关系,1982 年《公约》作为总则性的规定,优于《斯约》适用,具体问题方面《斯约》作为特别法优先适用。具体而言,对于斯岛的水域管辖权问题,如果两个条约的缔约方一致,就可以认为 1982 年《公约》在某些方面代表缔约当事国最新的意思表示。但问题是,并非所有的《斯约》缔约国均为 1982 年《公约》缔约国,美国作为《斯约》的缔约国并非 1982 年《公约》的缔约国,因此,1982 年《公约》作为后约并非在所有的缔约国之间适用,按照惯例,可以认为在除美国以外的其他《斯约》缔约国之间,在斯岛问题上优先适用 1982 年《公约》,对于美国来说应以《斯约》规定的缔约国的权利赋予美国在斯岛的权利。美国虽然没有批准 1982 年《公约》,但早在 1982 年 1 月 29 日,美国总统里根曾发表声明,美国愿意遵守 1982 年《公约》已经达成一致的部分(除 1982 年《公约》十一部分外)。

　　1925 年,受法国邀请,中国加入《斯约》。作为《斯约》缔约国,我国国民在斯岛及其周边水域与其他缔约国国民平等享有捕鱼、采矿、停泊、科考等重要权益。得益于《斯约》,中国在地处北极的斯岛开展了各项活动。但迄今为止,我们只在斯岛从事科考和旅游活动,对《斯约》赋予我国在斯岛陆地及领海的捕鱼权、狩猎权、矿产开发权、航行权、通讯权等诸多重要权利还未充分利用。作为《斯约》缔约国和北极利益攸关方,对斯岛权益的维护是我国在北极地区维护自身权益的缩影。随着北极冰融,《斯约》赋予我国在斯岛陆地及领海的各项权利的重要性会日益显现。为更好地利用这些权利,我国应加强对《斯约》以及相关挪威国内法的研究,在尊重国际法、国际规则和国际习惯法基础上实现北极合法权益的拓展。中国在坚持挪威对斯岛的主权系受限的主权的前提下,在存在争议的海域与包括挪威在内的其他缔约国加强合作,并关注这些缔约国对于斯岛争议海域的权益诉求的变化,适时表态并积极行使相关权利。

参考文献

专著

[1] 陈德恭. 现代国际海洋法 [M]. 北京:海洋出版社,2009.

[2] 丁煌. 极地国家政策研究报告(2015—2016) [M]. 北京:科学出版社,2016.

[3] 傅崐成. 海洋法专题研究 [M]. 厦门:厦门大学出版社,2004.

[4] 高健军. 中国与海洋法 [M]. 北京:海洋出版社,2004.

[5] 高伟浓. 国际海洋法与太平洋地区海洋管辖权 [M]. 广州:广东高等教育出版社, 1999.

[6] 郭培清,张侠,梅宏,等. 北极航道的国际问题研究 [M]. 北京:海洋出版社,2009.

[7] 华敬炘. 海洋法学教程 [M]. 青岛:中国海洋大学出版社,2009.

[8] 国家海洋局政策研究室. 国际海域划界条约集 [M]. 北京:海洋出版社,1989.

[9] 国际海道测量组织,国际大地测量协会. 1982《联合国海洋法公约》技术手册(中文版)[M]. 北京:海洋出版社,2022.

[10] 贾宇. 极地周边国家海洋划界图文辑要 [M]. 北京:社会科学文献出版社,2015.

[11] 贾宇. 极地法律问题研究 [M]. 北京:社会科学文献出版社,2014.

[12] 匡增军. 俄罗斯的北极战略 [M]. 北京:社会科学文献出版社,2017.

[13] 梁淑英. 国际法教学案例 [M]. 北京:中国政法大学出版社,1999.

[14] 刘惠荣,董跃. 海洋法视角下的北极法律问题研究 [M]. 北京:中国政法大学出版社,2012.

[15] 刘楠来,周子亚,王可菊,等. 国际海洋法 [M]. 北京:海洋出版社,1986.

[16] 卢芳华. 斯瓦尔巴地区法律制度研究 [M]. 北京:社会科学文献出版社,2017.

[17] 陆俊元. 北极地缘政治与中国应对 [M]. 北京:时事出版社,2010.

[18] [美]路易斯·B.宋恩,克里斯汀·古斯塔夫森·朱罗,约翰·E.诺伊斯,等.海洋法精要[M].傅崐成,等译.上海:上海交通大学出版社,2014.

[19] 邱君,张海文.世界海洋政治边界欧洲分册[M].北京:海洋出版社,2014.

[20] 屈广清,曲波.海洋法[M].第四版.北京:中国人民大学出版社,2017.

[21] 邵沙平.国际法院新近案例研究(1990—2003)[M].北京:商务印书馆,2006.

[22] 王铁崖.国际法[M].北京:法律出版社,1995.

[23] 王泽林.北极航道法律地位研究[M].上海:上海交通大学出版社,2014.

[24] [英]詹宁斯,瓦茨.奥本海国际法(第一卷第二分册)[M].王铁崖,等译.北京:中国大百科全书出版社,1995.

[25] 袁古洁.国际海洋划界的理论与实践[M].北京:法律出版社,2001.

[26] 袁雪.北极治理法律问题研究[M].哈尔滨:哈尔滨工业大学出版社,2021.

[27] 张海文.《联合国海洋法公约》释义集[M].北京:海洋出版社,2006.

[28] 赵理海.海洋法问题研究[M].北京:北京大学出版社,1996.

[29] 周洪钧.国际法[M].北京:中国政法大学出版社,2007.

[30] 周健.岛屿主权和海洋划界国际法案例选评[M].北京:测绘出版社,1999.

[31] 周忠海.国际海洋法[M].北京:中国政法大学出版社,1987.

[32] Alexander Proelss.（ed.）. *United Nations Convention on the Law of the Sea: A Commentary*[M]. Oxford:Hart Publishing,2017:1573–1574.

[33] David Anderson. *Modern Law of the Sea-Selected Essays*[M]. Leiden:Martinus Nijhoff,2008:453–454.

[34] Division for Ocean Affairs and the Law of the Sea. *Baselines: An Examination of the Relevant Provisions of the United Nations Convention on the Law of the Sea*[M]. New York:United Nations,1989:55.

[35] Division for Ocean Affairs and the Law of the Sea. *Guidelines on Deposit with the Secretary-General of Charts and Lists of Geographical Coordinates of Points Under the United Nations Convention on the Law of the Sea*[M]. New York:United Nations,2021:19.

[36] Donat Pharand. *Canada's Arctic Waters in International Law*[M]. Cambridge:Cambridge University Press,1988:153.

[37] D. P. O'Connell. *The International Law of the Sea (Vol.I)*[M]. Oxford:Clarendon Press,1992:209.

[38] George K. Walker.（ed.）. *Definitions for the Law of the Sea: Terms Not Defined by*

the 1982 Convention[M]. Leiden: Martinus Nijhoff, 2012: 213.

[39] Hugo Caminos. (ed.). *Law of the Sea*[M]. London: Taylor and Francis, 2001: 115-134.

[40] ICJ. *I.C.J. Reports*[M]. New York: International Court of Justice, 1951: 166-169.

[41] ICJ. *I.C.J. Reports*[M]. New York: International Court of Justice, 1982: 283.

[42] J. Ashley Roach and Robert W. Smith. *Excessive Maritime Claims*[M]. Leiden: Martinus Nijhoff Press, 2012: 68-69.

[43] Jayewardene H. W. *The Regime of Islands in International Law*[M]. Leiden: Martinus Nijhoff Publishers, 1990: 40.

[44] Jens Evensen. *Certain Legal Aspects Concerning the Delimitation of the Territorial Waters of Archipelagos, Official Records of the United Nations Conference on the Law of the Sea (Volume I)*[M]. New York: United Nations, 1958: 290.

[45] Judge Dolliver Delson and Coalter Lathrop. *Baselines Under the International Law of the Sea*[M]. Brussels: International Law Association, 2012: 546.

[46] Mohamed Munavvar. *Ocean States: Archipelagic Regimes in the Law of the Sea*[M]. Dordrecht: Martinus Nijhoff Publishers, 1995: 136.

[47] Nordquist M. H., Rosenne S., Yankov A., et al. *United Nations Convention on the Law of the Sea 1982: A Commentary (Volume II)*[M]. Leiden: Brill Nijhoff, 1993: 145.

[48] Office for Ocean Affairs and the Law of the Sea (United Nations). *Baselines: An Examination of the Relevant Provisions of the United Nations Convention on the Law of the Sea*[M]. New York: United Nations, 1989: 1-5.

[49] P. B. Beazley. *Maritime Limits and Baselines: A Guide to Their Delineation*[M]. Dagenham: The Hydrographic Society Special Publication, 1987: 8.

[50] Pharand D. *Polar Regions and the Development of International Law*[M]. Cambridge: Cambridge University Press, 1996: 182.

[51] Piemas Carlos Jimenez. *Archipelagic Waters* [M]. Oxford: Oxford University Press, 2012: 533-559.

[52] Robin Churchill and Vaughan Lowe. *The Law of the Sea*. [M]. 3rd Edition. Manchester: Manchester University Press, 1999: 244.

[53] Satya N. Nandan and Shabtai Rosenne. *United Nations Convention on the Law of the Sea 1982: A Commentary (Vol.II)*[M]. Leiden: Martinus Nijhoff Publishers, 2002: 408.

[54] Sophia Kopela. *Dependent Archipelagos in the Law of the Sea*[M]. Leiden: Martinus

Nijhoff Publishers, 2013:125.

[55] Suarezs. *The Outer Limits of Continental Shelf: Legal Aspect of Their Establishment* [M]. Heidelberg: Springer, 2008:237.

[56] Suzette V. Suarez. *The Outer Limits of Continental Shelf: Legal Aspect of their Establishment* [M]. Heidelberg: Springer, 2002:212.

[57] UN Office for Ocean Affairs and the Law of the Sea United Nations. *Baselines: An Examination of the Relevant Provisions of the United Nations Convention on the Law of the Sea* [M]. New York: UN, 1989:21.

[58] Victor Prescott and Clive Schofield. *The Maritime Political Boundaries of the World* [M]. 2nd Edition. Leiden: Martinus Nijhoff Publishers, 2005:95-96.

[59] W. Michael Reisman and Gayl S. Westerman. *Straight Baselines in Maritime Boundary Delimitation* [M]. London: Palgrave Macmillan, 1992:10.

[60] Yoshifumi Tanaka. *The International Law of the Sea* [M]. 3rd Edition. Cambridge: Cambridge University Press, 2019:383-384.

论文

[1] 埃尔尼. 北大西洋的宠儿——巴伦支海 [J]. 海洋世界, 2016(2):24-25.

[2] 白佳玉, 张璐.《斯匹次卑尔根群岛条约》百年回顾:法律争议、政治博弈与中国北极权益维护 [J]. 东亚评论, 2020(1):66-88.

[3] 白佳玉, 隋佳欣. 论北冰洋海区海洋划界形势与进展 [J]. 上海交通大学学报:哲学社会科学版, 2018(6):31-44.

[4] 白佳玉, 李俊瑶.《极地规则》的生效与北极航道沿岸国法律规制发展 [M]// 北极地区发展报告(2015), 北京:社会科学文献出版社, 2016:114-134.

[5] 白续辉. 规避"人工岛屿陷阱":海洋岛屿的"经济生活"概念及海洋旅游的特殊价值 [J]. 中山大学法律评论, 2014(1):201-229.

[6] 包毅楠. 论大陆国家的远洋群岛制度 [J]. 上海大学学报:社会科学版, 2020(1):77-93.

[7] 卜凌嘉, 黄靖文. 大陆国家在其远洋群岛适用直线基线问题 [J]. 中山大学法律评论, 2013(2):97-117;

[8] 曹英志, 范晓婷. 论领海基点和基线问题的发展趋势 [J]. 太平洋学报, 2009(1):66-73.

[9] 陈奕彤, 朱孟伟. 大变局背景下的丹麦北极政策转型 [M]// 北极地区发展报告

（2020）. 北京：社会科学文献出版社，2021：245-258.

[10] 陈奕彤，刘惠荣，王晨光. 在地缘博弈与全球治理之间的北极 [M] // 北极地区发展报告（2021）. 北京：社会科学文献出版社，2022：1-20.

[11] 戴瑛. 群岛整体性法律地位溯源及南海实践 [J]. 法学杂志，2017（8）：66-75.

[12] 董利民. 北极地区斯岛渔业保护区争端分析 [J]. 国际政治研究，2019（1）：70-96，5.

[13] 董利民. 北冰洋 200 海里外大陆架划界分析 [M] // 刘惠荣. 北极地区发展报告（2020）. 北京：社会科学文献出版社，2021：136-150.

[14] 段鑫. 中国加入《斯匹次卑尔根群岛条约》史实考述 [J]. 云南师范大学学报：哲学社会科学版，2019，51（2）：109-118.

[15] 方银霞，尹洁. 大陆架界限委员会的工作进展及全球外大陆架划界新形势 [J]. 国际法研究，2020（6）：61-69.

[16] 冯寿波.《联合国海洋法公约》中的"北极例外"：第 234 条释评 [J]. 西部法律评论，2019（2）：98-109.

[17] 傅崐成，郑凡. 群岛的整体性与航行自由——关于中国在南海适用群岛制度的思考 [J]. 上海交通大学学报：哲学社会科学版，2015（6）：5-13.

[18] 高健军. 国际法院"侵犯主权权利和海洋空间案"中的毗连区问题 [J]. 太平洋学报，2022，30（10）：1-12.

[19] 高圣惕，梅晶晶. 大陆架界限委员会如何处理"争端" [J]. 边界与海洋研究，2021，6（2）：24-51.

[20] 郭培清. 挪威斯瓦尔巴机场降级事件探讨 [J]. 学术前沿，2018（11）：40-49.

[21] 洪农，李建伟，陈平平，等. 群岛国概念和南（中国）海——《联合国海洋法公约》、国家实践及其启示 [J]. 中国海洋法学评论，2013（1）：183-240；

[22] 洪农. 浅析美国对《联合国海洋法公约》的立场演变 [J]. 中国海洋法学评论，2005（1）：132-140，462-475.

[23] 黄瑶，卜凌嘉. 论《海洋法公约》岛屿制度中的岩礁问题 [J]. 中山大学学报：社会科学版，2013（4）：174-188；

[24] 匡增军. 2010 年俄挪北极海洋划界条约评析 [J]. 东北亚论坛，2011（5）：45-53.

[25] 贾楠. 论大陆国家远洋群岛的法律地位 [J]. 中国海洋法学评论，2012（1）：30-58.

[26] 姜丽，张洁. 浅析群岛制度的适用及南海划界 [J]. 中国海洋法学评论，2010（1）：156-186.

[27] 蒋新宁. 有关领海基线的国际法规则 [J]. 求实,2005(2):203-204.

[28] 金永明. 岛屿与岩礁的法律要件论析——以冲之鸟问题为研究视角 [J]. 政治与法律,2010(12):99-106;

[29] 李洁宇. "基线"研究及南海争端中的"基线"因素 [J]. 海南师范大学学报:社会科学版,2015(5):96-102.

[30] 李令华. 中国海洋划界与国际接轨的若干问题 [J]. 中国海洋大学学报:社会科学版,2005(1):1-6.

[31] 李任远. 《联合国海洋法公约》第7条在大陆国家远洋群岛的过度适用问题研究 [J]. 边界与海洋研究,2022,7(6):49-63.

[32] 李振福,李诗悦. 北极地区的治理进程、态势评估及应对之策 [M]//北极地区发展报告(2020). 北京:社会科学文献出版社,2021:25-53.

[33] 李振福,邓昭. 北极航线应用前景及对世界经济和地缘政治的影响 [M]//北极地区发展报告(2019). 北京:社会科学文献出版社,2020:192-215.

[34] 李浩梅. 北极航运的绿色治理:进展与趋势 [M]//北极地区发展报告(2021). 北京:社会科学文献出版社,2022:232-248.

[35] 刘涵. 《斯匹次卑尔根群岛条约》经济权益制度性安排与挪威政策 [J]. 极地研究,2022,34(4):494-502.

[36] 刘亮. 论大陆架界限委员会建议的性质与效力:简评中国东海部分海域大陆架划界案 [J]. 太平洋学报,2014(5):23-31.

[37] 刘惠荣,马丹彤. 挪威在斯匹次卑尔根群岛与海域的新近活动及其影响 [M]//北极地区发展报告(2020). 北京:社会科学文献出版社,2021:69-91.

[38] 刘惠荣,马炎秋. "一带一路"视阈下的北极航线开发利用 [M]//北极地区发展报告(2015). 北京:社会科学文献出版社,2016:83-113.

[39] 刘惠荣,张志军. 俄罗斯200海里外大陆架申请案历史回顾与形势分析 [M]//北极地区发展报告(2019). 北京:社会科学文献出版社,2020:254-279.

[40] 刘惠荣,张志军. 北冰洋中央海域200海里外大陆架划界新形势与中国因应 [J]. 安徽大学学报:哲学社会科学版,2022(5):79-87.

[41] 卢芳华. 《斯匹次卑尔根群岛条约》中的平等权利:制度与争议 [J]. 太平洋学报,2020,28(10):14-25.

[42] 卢芳华. 挪威对斯瓦尔巴德群岛管辖权的性质辨析——以《斯匹次卑尔根群岛条约》为视角 [J]. 中国海洋大学学报:社会科学版,2014(6):7-12.

[43] 马得懿,夏雨. 直线基线规则的演进、适用及其限制:判例、立法与学说 [J]. 中国

海洋大学学报：社会科学版,2022(2)：1-13.

[44] 孟祥春,韩成标.200海里以外大陆架法律制度与中国[J].河北法学,2012(5)：
　　2-12.

[45] 欧水全.大陆架外部界限之划定：国内程序与大陆架界限委员会"建议"的联系
　　与冲突[J].国际法研究,2017(3)：48-59.

[46] 秦蕴珊.大陆架划分与海洋地质学的若干进展[J].海洋科学,1979(1)：6-10.

[47] 童伟华.《联合国海洋法公约》视阈下管辖海域刑法空间效力[J].环球法律评论,
　　2018(5)：140-159.

[48] 王阳.在稳定与公平之间：海平面上升对海洋边界的影响及其应对[J].中国海
　　商法研究,2022,33(4)：15-26.

[49] 王勇.中国在南海地区构建远洋群岛法律制度析论[J].政治与法律,2016(2)：
　　95-111.

[50] 肖洋.格陵兰：丹麦北极战略转型中的锚点[J].太平洋学报,2018(6)：78-86.

[51] 吴金橄,梁其山,吴劲雄,吴艳兰,谭树东.海港工程对海洋划界的影响分析[J].
　　海洋测绘,2016,36(5)：24-25.

[52] 吴继陆.海洋划界中的"灰区"问题[J].国际法研究,2017(1)：84-93.

[53] 颜行志,张凯.冲之鸟礁法律地位的国际法思考[J].江南社会学院学报,
　　2013(3)：72-75;

[54] 尹洁,李家彪,方银霞.北冰洋200海里外大陆架划界主张之比较分析[J].极地
　　研究,2020(4)：533-543.

[55] 尹洁.基于大陆架界限委员会"建议"分析日本外大陆架政令的有效性[J].太
　　平洋学报,2018,26(5)：29-39.

[56] 章成.人类命运共同体视阈下的北极航道的治理规则革新[J].中国海商法研究,
　　2022,33(2)：54-63.

[57] 章成.北极外大陆架划界进程中的大陆架界限委员会：现状检讨与完善路径[J].
　　广西大学学报：哲学社会科学版,2018,40(1)：87-97.

[58] 章成,顾兴斌.国际法视阈下的北极海域外大陆架划界问题论析[J].国际论坛,
　　2013(4)：45-50,80.

[59] 张海文.《联合国海洋法公约》开放签署四十周年：回顾与展望[J].武大国际法
　　评论,2022(6)：1-14.

[60] 张华.国际海洋划界裁判中的"司法能动主义"——以200海里外大陆架划界问
　　题为例[J].外交评论(外交学院学报),2019,36(1)：135-156.

[61] 张华. 中国洋中群岛适用直线基线的合法性:国际习惯法的视角 [J]. 外交评论, 2014(2):133-147.

[62] 张华.《联合国海洋法公约》发展进程中的司法能动主义——基于海洋划界的考察 [J]. 中国海商法研究,2022,33(2):14-24.

[63] 张新军,陈曦笛. 毗连区立法的国际法问题——以"尼加拉瓜诉哥伦比亚案"2022年判决为中心 [J]. 中国海商法研究,2022,33(2):45-53.

[64] 张新军. 变迁中的"航行自由"和非缔约国之"行动"[J]. 南大法学,2020(4):110-129.

[65] 张卫彬. 国际法上岛屿的"占有"与南沙群岛问题 [J]. 法商研究,2016(5):172-183.

[66] 赵红野. 论沿海国对毗连区海底文物的管辖权 [J]. 法学研究,1992(3):76-83.

[67] 赵少群,论领海基线和基点的划定 [J]. 当代法学论坛,2007(4):7-12.

[68] 郑凡. "群岛水域国家实践"研讨会综述 [J]. 中国海洋法学评论,2013(1):292-315.

[69] 周江. 正常基线中海图的效力 [J]. 社会科学辑刊,2017(6):108-112.

[70] 周江,刘畅. 国际司法实践对"水下地形地物"法律内涵的影响 [J]. 江苏大学学报:社会科学版,2020,22(4):64-76.

[71] 周江. 群岛概念下的"其他自然地形"[J]. 社会科学辑刊,2019,244(5):86-91,225.

[72] 朱利江. "毗连区第一案"的司法解析及中国应对 [J]. 政法论丛,2023(5):85-95.

[73] Alan E. Boyle. Marine Pollution Under the Law of the Sea Convention[J]. *American Journal of International Law*,1985(79):361-362.

[74] Avar Y. Y. C. L., Lin Y. C. Aegean Dispute Between Turkey and Greece: Turkish and Greek Claims and Motivations in the Framework of Legal and Political Perspectives[J]. *International Journal of Politics and Security*,2019(1):57.

[75] Clive Ralph Symmons. The Maritime Zones of Islands in International Law[J]. *The Hague*,1979(8):4-5.

[76] David D. Caron. When Law Makes Cimate Change Worse:Rethinking the Law of Baselines in Light of a Rising Sea Level[J]. *Ecology Law Quarterly*,1990(17):621,634-635.

[77] E. J. Molenaar. Coastal State Jurisdiction over Vessel-source Pollution[J]. *Kluwer*

Law International, 1998, *8*(1): 7-11.

[78] Freestone D. , Schofield C. 2016 Maritime Zones Declaration Act: Drawing "Lines in the Sea"[J]. *International Journal of Marine and Coastal Law*, 2016, *31*(4): 733.

[79] G. Honneland. Compromise as Routine: Russian-Norwegian Conflict Resolution in the Barents Sea[J]. *Osteuropa*, 2011, *257*(61): 260.

[80] Gau Michael Sheng-ti. Commission on the Limits of the Continental Shelf as a Mechanism to Prevent Encroachment upon the Area[J]. *Chinese Journal of International Law*, 2011, *10*(1): 19.

[81] Joe Clark. Statement by the Minister for Extern Affairs[J]. *Canada House of Commons Debates (Vol. V)*, 1985(September): 64.

[82] Jon M. Van Dyke. An Overview of the Jurisdictional Issues Affecting Hawaii's Ocean Waters[J]. *The International Journal of Marine and Coastal Law*, 1996, *11*(3): 363.

[83] Kristin Bartenstein. The Arctic Exception in the Law of the Sea Convention: A Contribution to Safer Navigation in the Northern Passage?[J]. *Ocean Development & International Law*, 2011, *42*(1-2): 30.

[84] K. L. Lawson. Delimiting Continental Shelf Boundaries in the Arctic: The United States-Canada Beaufort Sea Boundary[J]. *Virginia Journal of International Law*, 1981(20): 221-246.

[85] Lewis M. Alexander. Baseline Delimitations and Maritime Boundaries[J]. *Virginia Journal of International Law*, 1983, *23*(4): 535.

[86] Lisztwan J. Stability of Maritime Boundary Agreements[J]. *Yale Journal of International Law*, 2012, *37*(1): 190.

[87] Mark Killas. The Legality of Canada's Claims to the Waters of its Arctic Archipelago[J]. *Ottawa Law Review*, 1987, *19*(1): 113.

[88] Mike Perry. Rights of Passage: Canadian Sovereignty and International Law in the Arctic[J]. *University of Detroit Mercy Law Review*, Summer 1997: 664-665.

[89] Nilüfer Oral. Case concerning Maritime Delimitation in the Black Sea (Romania v. Ukraine) Judgement of 3 February 2009[J]. *International Journal of Marine and Coastal Law*, 2010(25): 115, 139.

[90] Pedersent, Henriksent. Svalbard's maritime zones: The end of legal uncertainty?[J]. *The International Journal of Marine and Coastal Law*, 2009, *24*(1): 141-161.

[91] Polomka Peter. Ocean Politics in South-East Asia[J]. *Institute of Southeast Asian*

Studies, 1978(3):11-12.

[92] Politakis G. P. The Aegean Agenda:Greek National Interests and the New Law of the Sea Convention[J]. *Int'l J. Marine & Coastal L.*, 1996(10):497.

[93] Qin T. B. Dispute over the Applicable Scope of the Svalbard Treaty[J]. *Journal of East Asia and International Law*, 2015, 8(1):149-170.

[94] Rama Puri. Evolution of the Concept of Exclusive Economic Zone in UNCLOS III:India's contribution[J]. *Journal of the Indian Law Institute*, 1980(22):497-525.

[95] Scott J. Shackelford. The Tragedy of the Common Heritage of Mankind[J]. *Stanford Environmental Law Journal*, 2008(27):101-157.

[96] Stephanie Holmes. Breaking the Ice:Emerging Legal Issues in Arctic Sovereignty[J]. *Chicago Journal of International Law*, 2008(9):323.

[97] S. W. Boggs. Delimitation of the Territorial Sea:The Method of Delimitation Proposed by the Delegation of the United States at the Hague Conference for the Codification of the International Law[J]. *The American Journal of the International Law*, 1930(12):545.

[98] Suzanne Lalonde. Increased Traffic through Canadian Arctic Waters:Canada's State of Readiness[J]. *Revue Juridique Themis*, 2004, 38(1):72.

[99] Stoutenburg J. G. Implementing a New Regime of Stable Maritime Zones to Ensure the(Economic)Survival of Small Island States Threatened by Sea-Level Rise[J]. *The International Journal of Marine and Coastal Law*, 2011, 26(2):280.

[100] Torbjørn Pedersen. Denmark's Policies Toward the Svalbard Area[J]. *Ocean Development & International Law*, 2009, 40(4):322.

[101] øystein Jensen. The Commission on the Limits of the Continental Shelf:An Administrative, Scientific, or Judicial Institution?[J]. *Ocean Development & International Law*, 2014, 45(2):76.

[102] Vlad M. Kaczynski. US-Russian Bering Sea Marine Border Dispute:Conflict over Strategic Russian[J]. *Analytical Digest*, 2007(20):2-5.

网络文献

[1] 大陆架界限委员会主席关于委员会工作进展情况的说明[EB/OL].(2002-07-01)[2021-12-15]. https://documents. un. org/doc/undoc/gen/n02/452/90/pdf/n0245290. pdf?token=QY6Bm78Ff3yYhEfSjv&feᐁtrue.

[2] 联合国国际法院的报告 [EB/OL]（2013-07-31）[2022-03-15]. https://www. icj-cij. org/sites/default/files/annual-reports/2012-2013-ch. pdf.

[3] 直线基线适用的法律问题研究 [EB/OL]. （2022-07-16）[2023-03-21]. https://kns. cnki. net/kcms2/article/abstract?v=6RtRr0kVastuxtqqIxH-OEo-JqfcLblT-Iw6JO1uLM_h70hnE1A0R_9iehPcAHi9mXDnTmaoaUou.

[4] 关于重新确定我国领海基点和基线的建议 [EB/OL]. （2007-05-14）[2020-05-30]. http://www. acla. org. en/pages/2007-5-14/p46149. html.

[5] Alleged Violations of Sovereign Rights and Maritime Spaces in the Caribbean Sea（Nicaragua v. Colombia）[EB/OL]. （2022-04-21）[2020-05-30]. https://www. icj-cij. org/sites/default/files/case-related/155/155-20220421-jud-01-00-en. pdf.

[6] Canada：Notification Regarding the Submission Made by the Russian Federation to the Commission on the Limits of the Continental Shelf [EB/OL]. （2002-02-26）[2021-12-15]. https://www. un. org/Depts/los/clcs_new/submissions_files/rus01/CLCS_01_2001_LOS__CANtext. pdf.

[7] CLCS/83 [EB/OL]. （2014-03-31）[2021-12-15]. https://documents. un. org/doc/undoc/gen/n14/284/30/pdf/n1428430. pdf?token=zwy9UW0Zi6Np6mmIt2&fe=true.

[8] Communications Received with Regard to the Submission Made by the Kingdom of Denmark to the Commission on the Limits of the Continental Shelf: Norway，Canada，Russian Federation，United States of America [EB/OL]. （2014-12-17）（2014-12-29）（2015-07-21）（2015-10-30）[2023-12-15]. https//www. un. org/Depts/los/clcs_new/submissions_files/submission_dnk_76_2014. htm.

[9] Danmark：Notification Regarding the Submission Made by the Russian Federation to the Commission on the Limits of the Continental Shelf [EB/OL]. （2002-02-26）[2021-12-15]. https://www. un. org/Depts/los/clcs_new/submissions_files/rus01/CLCS_01_2001_LOS__DNKtext. pdf.

[10] David Nikel. Large Cruise Ships Could Soon Be Banned from Svalbard，Forbes. [EB/OL]. （2019-12-19）[2021-12-15]. https://www. forbes. com/sites/davidnikel/2019/12/19/large-cruise-ships-could-soon-be-banned-from-svalbard/#2f66b4067634.

[11] Dissenting Opinion of Judge ad hoc McRae [EB/OL]. （2022-04-21）[2022-12-28]. https://www. icj-cij. org/public/files/case-related/155/155-20220421-JUD-01-

10-EN. pdf.

[12] Exchange of notes constituting an agreement between Denmark and Sweden concerning the Delimitation of the Territorial Waters between Denmark and Sweden[EB/OL].[2022-10-05].https://www.un.org/Depts/los/LEGISLATIONANDTREATIES/PDFFILES/TREATIES/DNK-SWE1979TW. pdf.

[13] Japan: Notification Regarding the Submission Made by the Russian Federation to the Commission on the Limits of the Continental Shelf[EB/OL].（2002-03-14）[2021-12-15]. https://www. un. org/Depts/los/clcs_new/submissions_files/rus01/CLCS_01_2001_LOS__JPNtext. pdf.

[14] Judgement of Fisheries（United Kingdom v. Norway）[EB/OL].（1951-12-18）[2020-01-25]. https://www. icj-cij. org/sites/default/files/case-related/5/005-19511218-JUD-01-00-EN. pdf.

[15] Judgment to Case Concerning Maritime Delimitationand Territorial Questions between Qatar and Bahrain[EB/OL].（2001-03-16）[2020-05-30]. https://www. icj-cij. org/sites/default/files/case-related/87/087-20010316-JUD-01-00-EN. pdf.

[16] Norway: Notification regarding the submission Made by the Russian Federation to the Commission on the Limits of the Continental Shelf[EB/OL].（2002-04-02）[2021-12-15]. https://www. un. org/Depts/los/clcs_new/submissions_files/rus01/CLCS_01_2001_LOS__NORtext. pdf.

[17] Note Verbale to the Secaretary-General of the United Nations[EB/OL].（2007-03-02）[2023-12-15]. https://www. un. org/Depts/los/clcs_new/submissions_files/nor06/esp_0700348. pdf.

[18] Permenant Mission of Japan to the United Nations[EB/OL].（2013-05-23）[2021-12-15]. https://www. un. org/Depts/los/clcs_new/submissions_files/rus01_rev13/2013_05_23_JPN_NV_UN_001. pdf.

[19] Permanent Mission of Danmark to the United Nations[EB/OL].（2015-10-07）[2021-12-15]. https://www. un. org/Depts/los/clcs_new/submissions_files/rus01_rev15/2015_10_07_DNK_NV_UN_001_15-00785. pdf.

[20] Permanent Mission of Canada to the United Nations[EB/OL].（2015-11-30）[2021-12-15]. https://www. un. org/Depts/los/clcs_new/submissions_files/rus01_rev15/2015_30_11_CAN_NV_en. pdf.

[21] Permanent Mission of Denmark to the United Nations[EB/OL].（2007-01-

24）[2023-12-15]. https：//www. un. org/Depts/los/clcs_new/submissions_files/
nor06/dnk07_00218. pdf.

[22] Permanent Mission of Iceland to the United Nations[EB/OL]. （2007-01-29）[2023-
12-15]. https：//www. un. org/Depts/los/clcs_new/submissions_files/nor06/
isl07_00223. pdf.

[23] Permanent Mission of Russian Federation to the United Nations[EB/OL]. （2007-02-
21）[2023-12-15]. https：//www. un. org/Depts/los/clcs_new/submissions_files/
nor06/rus_07_00325. pdf.

[24] Preliminary Information Concerning the Outer Limits of the Continental Shelf of
Canada in the Arctic Ocean [EB/OL]. （2023-12-06）[2023-12-15]. https：//www.
un. org/Depts/los/clcs_new/submissions_files/preliminary/can_pi_en. pdf.

[25] Question of the Delimitation of the Continental Shelf between Nicaragua and Colombia
Beyond 200 Nautical Miles from the Nicaraguan Coast（Nicaragua V. Colombia），
Judgment, 13 July 2023, paras. 79, 81, 82. [EB/OL]. （2023-07-13）[2023-10-30].https：
//www.icj-cij.org/sites/default/files/case-related/154/154-20230713-jud-01-00-en.pdf.

[26] Receipt of Two Addenda to the Executive Summary of the Partial Revised Submission
Made by the Russian Federation to the Commission on the Limits of the Continental
Shelf in Respect of the Arctic Ocean[EB/OL]. （2021-04-01）[2021-12-15].
https：//www. un. org/Depts/los/clcs_new/submissions_files/rus01_rev15/
20210401UnNvAs0021e. pdf.

[27] Revision of the Partial Submission of the Russian Federation to the Commission on
the Limits of The Continental Shelf Related to The Continental Shelf in the Sea of
Okhotsk[EB/OL]. （2013-09-24）[2021-12-15]. https：//www. un. org/Depts/los/
clcs_new/submissions_files/rus01_rev13/part_1_Rezume_MID_engl. pdf.

[28] Reports of Judgments，Advisory Opinions and Ordersfisheries Jurisdiction Case（United
Kingdom of Great Britain and Northernireland V. Iceland） [EB/OL]. （1974-
07-25）[2020-05-30]. https：//www. icj-cij. org/sites/default/files/case-
related/55/055-19740725-JUD-01-00-EN. pdf.

[29] Recommendations of the Commission on the Limits of the Continental Shelf in Regard
to the Partial Revised Submission Made by the Russian Federation in Respect of the
Arctic Ocean On 3 August 2015 with Addenda Submitted On 31 March 2021Permanent
Mission of Denmark to the United Nations[EB/OL]. （2015-10-07）[2021-12-15].

https://www.un.org/Depts/los/clcs_new/submissions_files/rus01_rev15/2015_10_07_DNK_NV_UN_001_15-00785. pdf.

[30] Recommendations Prepared by the Submission Established for the Consideration of the Submission Made by Norway[EB/OL]. （2009-03-13）[2023-12-15]. https://www. un. org/Depts/los/clcs_new/submissions_files/nor06/nor_rec_summ. pdf.

[31] Submissions through the Secretary-General of the United Nations to the Commission on the Limits of the Continental Shelf Pursuant to Article 76, Paragraph 8 of the United Nations Convention on the Law of the Sea of 10 December 1982[EB/OL]. （2024-07-17）[2024-07-20]. https://www. un. org/Depts/los/clcs_new/commission_submissions. htm.

[32] Summary of Recommendations of the Commission on the Limits of the Continental Shelf in Regard to the Submission Made by Iceland in the Ægir Basin Area and in the Western and Southern Parts of Reykjanes Ridgeon 29 April 2009[EB/OL]. （2016-03-10） [2022-12-28]. https://www. un. org/Depts/los/clcs_new/submissions_files/isl27_09/2016_03_10_sc_isl. pdf.

[33] The Reports of International Court of Justice[EB/OL]. （2007-07-31）[2021-12-15]. https://www. icj-cij. org/sites/default/files/annual-reports/2007. pdf.

[34] The Reports of International Court of Justice[EB/OL]. （2001-07-31）[2021-12-15]. https://www. icj-cij. org/sites/default/files/annual-reports/2001. pdf.

[35] Thomas Nilsen. Svalbard Airport Longyear no longer International, the Barents Observer[EB/OL]. （2017-10-03）[2021-12-15]. https://thebarentsobserver. com/en/travel /2017/10/svalbard-airport-longyear-no-longer-international.

[36] United States of America: Notification Regarding the Submission Made by the Russian Federation to the Commission on the Limits of the Continental Shelf[EB/OL]. （2002-03-18）[2021-12-15]. https://www. un. org/Depts/los/clcs_new/submissions_files/rus01/CLCS_01_2001_LOS__USAtext. pdf.

[37] United States Mission to the United Nations[EB/OL]. （2015-11-30）[2021-12-15]. https://www. un. org/Depts/los/clcs_new/submissions_files/rus01_rev15/2015_11_02_US_NV_RUS_001_en. pdf.

[38] United States Mission to the United Nations[EB/OL]. （2021-08-02）[2021-12-15]. https://www. un. org/Depts/los/clcs_new/submissions_files/rus01_rev15/20210802UsNvUN. pdf.

[39] United Nations. Continental Shelf Submission of Norway in Respect of Areas in the Arctic Ocean, the Barents Sea and the Norwegian Sea[EB/OL]. (2006-11-27)[2023-12-15]. https://www. un. org/Depts/los/clcs_new/submissions_files/nor06/nor_2006_c. pdf.

报告

[1] US Department of State. Limits in the Seas No. 48: Straight Baselines[R]. Finland, 1972: 8.